香港黑社會活動真相

章盛 著

天地 www.cosmosbooks.com.hk

書　　名　香港黑社會活動真相
作　　者　章　盛
責任編輯　吳惠芬
美術編輯　楊曉林
出　　版　天地圖書有限公司
香港黃竹坑道46號
新興工業大廈11樓（總寫字樓）
電話：2528 3671　傳真：2865 2609
香港灣仔莊士敦道30號地庫（門市部）
電話：2865 0708 傳真：2861 1541
印　　刷　亨泰印刷有限公司
香港柴灣利眾街德景工業大廈10字樓
電話：2896 3687 傳真：2558 1902
發　　行　香港聯合書刊物流有限公司
香港新界荃灣德士古道220-248號荃灣工業中心16樓
電話：2150 2100 傳真：2407 3062
出版日期　2021年6月 初版/ 10月第二版・香港

ISBN：978-988-8549-58-0

出版說明

章盛先生這本《香港黑社會活動真相》對於一九八〇年代以前的黑社會活動作了詳細的講解，既有戲劇化的浪漫描述，也有嚴謹的考證。匪夷所思的景象，令人唏噓的地下世界，為讀者揭開這個群體神秘的面紗。黑社會的「黃金時代」結束於一九七〇年代，本書也許是那個年代有關這方面題材的經典著作，因此應讀者要求，再推出復刻版。

需要說明的是，此次再版，內容與初版一樣，沒有變動，只是在版面設計上，做了一些梳理使之更為條理及方便閱讀。

天地圖書編輯部

二〇二一年五月

目次

(一) 前言

黑社會問題，是一個為廣大市民關心的問題。但對黑社會問題的看法，卻不盡相同。當然，那是「觀點與角度」的問題。相信任何事物，都難以取得「統一」的看法。

有人認為黑社會問題是「世界性」的。也就是說，連社會主義國家包括在內的任何一個大城市，都有黑社會組織存在。國家或地區負責治安的部門，應將這個問題列入工作「預算」之內，正如小偷、扒手那類人物一樣，是無法避免的；也就等於說，沒有黑社會組織存在才是「怪事」。

亦有人認為黑社會問題是人為問題，只要負責治安的部門有魄力、有決心，是不難徹底將它撲滅的。

更有人認為香港政府對黑社會問題，不但不予重視，且還有姑息之嫌。持有這樣看法的人，大都指責法律上對黑社會人物的懲罰不夠份量。當然，這也有其道理存在的。因為法庭對於「身為黑社會之員」的懲罰，被告如無其他的「併發罪」，一般量刑不會太重；而且，「教導所」之類的機構，對青少年罪犯也過於「優待」。然耶否耶？也是個很難下結論的問題。

一般市民的看法如此，官方又怎樣呢？如果說官方對黑社會組織問題看法也不一致，有人信嗎？請看看下面兩名高級警官的發言。

一九七四年，警方「反黑組」警司譚保禮對傳播界公開表示：「黑社會組織經警方大力掃蕩之後，已沒有健全的組織系統，有的僅是十人八人為一組的零星活動，對社會已無重大威脅……」（大意如此）。譚保禮其後調任油麻地分局警司，在職期內，規定華探長歐陽坤每月替他匯款若干（數目不會少），寄到英國的戶口去。如果黑人物已無法活動，則他的轄區之內，又何來那麼多的孽錢向他奉獻？雖然譚保禮、歐陽坤二人，其後都因貪污罪名成立而被判入獄（另一名警署警長曾啟榮則棄保逃往台灣），但其貪污瀆職的行為和他的公開發言，比對之下，卻成為最尖銳的矛盾。

另一位高級警官，是「刑事偵緝處」處長關賢（官階是助理警務處長，比譚保禮大得多）。他於一九七九年元月某日的一個晚餐例會上發表講話：「黑社會仍然是市民的頭號敵人，其實罪惡問題也就是黑社會問題……」也許關賢比譚保禮較為面對現實，還敢指出「黑社會是市民的頭號敵人」，並沒有像其他高官一樣粉飾太平，大唱高調。

黑社會組織既是市民的「頭號敵人」，那末，我們應該怎樣去了解它的「廬山真面目」，如本質、組織、發展過程及其各種罪行……等等呢？

環顧香港出版的雜誌、報刊及書籍，從未有過較有系統的、揭發性的報道。是諱疾忌醫嗎？抑或這一類的資料難以掌握？但廣大市民需要有這方面的認識，從而探討其根源，了解其本質。這是筆者不自量力，撰述本書的動機。

《七十年代》的編者約筆者撰述本書，是幾年前的事。遺憾的是筆者業務太忙，無法抽出充份時間去搜集資料。一再拖延，直至一九七九年首才能全部脱稿。謹向老編致萬二分的歉意。

香港、澳門兩地的黑社會組織，經常自稱為「洪門正統」。實則他（她）們連「洪門」為何物，絕大多數也不認識。如果說港、澳的黑社會組織，是從前國內具有政治色彩、民族意識的洪門山頭，那簡直是玷辱「洪門」兩個字，使曾經冒險犯難、抗拒清廷的先賢先哲，難以瞑目於九泉之下。

有關警方跟黑社會人物勾結進行各種罪惡活動，在今天，已是無須掩飾的事實。筆者對此類問題的揭發，也是不遺餘力，若干未為人道的內幕，也完全收集本書之內。可喜的是「廉政公署」成立以來，這類醜聞已逐漸減少。筆者絕無「揭瘡疤」的用心，只希望引起高高在上的大人們注意，今後對這些問題，盡可能多加留意，則我輩小民幸甚幸甚。

黑社會的儀式、詩詞、暗語、手勢等，圈內人一向認為是「不傳之秘」。實則完全是欺騙或嚇唬人的東西。一經揭發，自無神秘可言。因而本書對這方面的描述，也佔了相當篇幅。

真正的洪門來歷，以及香港黑社會組織的發展經過，即使是圈中「叔父」輩，相信也知者無多。也許「不識廬山真面目，只緣身在此山中」罷！筆者在這方面確曾花了不少精力，去搜尋有關資料。仍有未盡之處，也是力所不逮了！

非常感謝近三十位「老行尊」提供珍貴的資料。他（她）們之中，有的是「金盆洗手」，好漢不說當年勇的人物；有的則仍然雄視江湖，有稜有角的「大阿哥」，而筆者也自信確已做到再三印證、去蕪存菁的地步。更值得感謝的，是本書部份刊出於《七十年代》月刊之後，讀者來信的鼓勵、支持，確使筆者深銘五內。

最後要指出的是，書中人物，多數使用「綽號」。筆者並非不知他（她）們的真名實姓，而是絕大部份有關人物，目前仍然健在，不便過於揭露。只要事實的真實性達到百分之百，姓名方面，相信讀者不會「苛求」吧！

拉雜而談，作為本書的開始。

（二）秘密組織起源考

本書既名《香港黑社會活動真相》，何以本節標題又稱為「秘密組織」，而不直稱其為「黑社會組織」呢？

因為本節文字，完全是報道二百多年前「洪門」的起源、變遷及其組織內幕等等。當時的「洪門組織」，確實具有鮮明的政治色彩和民族感情，它的最終目的，是「驅除韃虜、還我河山」。在清廷統治者而言，它是一個十惡不赦，沾點邊也要抄家滅族的「造反」組織，但我們卻不能跟滿清皇朝持有同樣看法。縱然在後期的洪門組織，已蛻變為走私販毒、作奸犯科、欺凌弱小的惡勢力，惟是我們仍不能就此貶低它原來的歷史地位。

香港黑社會組織也自稱為洪門組織，其實是風馬牛不相及的。不管「理論」或「實質」上均皆如此。兩者之間，無論宗旨、作風、組織、稱謂、職司名稱以及詩詞、暗語……等等，都有着顯著的分別。故而用「秘密組織」來稱呼昔時國內的「洪門」，以示有所區別。

閒話表過，書歸正文。

明朝末葉，烽煙四起。農民起義的武力攻下北京，而吳三桂引狼入室，清兵得以順利入關，建立了二百多年愛新覺羅氏的皇朝統治。

由於明朝的遺老，以及給鎮壓下去的農民起義存留分子，都不甘於滿清皇朝的統治，便以「反清復明」為政治口號，組成一種廣泛的、強有力的秘密組合。

反清復明口號　前仆後繼精神

滿清皇朝獲得統治權後，揚州十日，嘉定三屠；又如兩王入粵大殺廣州城，殺至「謝恩里」封刀等等殘暴事實，都足以使國人血脈沸騰，矢誓反抗。例如清初的顧亭林、黃梨洲、王船山、劉念台、朱舜水、閻古古及呂留良等輩，皆為民族意識頗為強烈的知識分子。但這些先賢先哲，都不是洪門的直接創辦人。他們有的組織子弟兵，與清兵對抗；有的擁護朱明後裔，反抗清廷；有的毀家紓難，暗助義民；有的奔走呼號，團結反清力量。但當時仍未有洪門的組織成立。不過，由於清廷殘暴的手法，和當時人民極為普遍的反清意識，確已替秘密幫會創下了非常優異的「鋪路」條件。

洪門組織的起源，有着許許多多的傳說，自然還包括若干無法置信的神話故事在內。筆者曾參閱英人活特和司徒利著的《中國洪門》、日人平山著的《中國秘密社會史》，以及梁啟超著的《中國近三百年學術史》、蕭一山著的《天地會神話的背景》和石印本《東華錄》等有關書籍，始終無法獲得較為統一的結論。原因是當時的秘密組織，都有異常濃厚的政治色彩。在滿清皇朝統治之下，只要對「造反」二字沾上點點邊，便是淩遲碎剮、九族株連的大罪，何況洪門還扛着「反清復明」的旗幟？故而這些組合的活動，都在極其秘密之下進行。若干組織大計及縱橫關係，等閒不敢以文字記載。縱有抄錄，亦由於這些湖海豪雄，文化水準一般比較低落，更難免錯誤百出。而這些文字記錄，遇到緊急情況時便又即行毀滅。如此，傳流後世的自然極少極少。後人著述有關書籍時，參考的只是輾轉抄存或口頭上的記述。這樣，更難免以訛傳訛或誇張渲染，其可靠性便相應減低。國人著述此類書籍尚且十分困難，又何況那些自命為「中國通」的外籍作者？

但洪門組織勢力最龐大、流傳地區最廣泛的年代，應該是「雍」、「乾」之間。至所謂「同、光中興」之後，明朝覆滅已相隔多時，最熱心的一班大明遺老，早已老成凋謝，這些組合的政治色彩逐漸褪減，於是便蛻變成為一股作奸犯科的惡勢力。至於幫會中的神秘色彩和一切「幫規」「壇戒」，則並沒有因年代不同而有所改變。

較為接近事實，近代史家亦認為比較可信的洪門起源，有如下述：

雍正十一年，福建少林寺僧人，密謀作反，抗拒清廷，事為清帝所聞，派兵圍攻，並縱火焚燒寺門，僧眾死傷殆盡。逃出的五名僧人是：蔡德忠、方大洪、胡德帝、馬超興及李式開，其後被洪門中人奉為「前五祖」。照說正式受戒僧人，例有「法號」，何以上述五人則均以「俗家」名字存留後世?對此，各有關文獻並無解釋。或者當時少林寺已成「叛逆」巢穴，這些人不敢再以「法號」相稱，避過清廷耳目，亦未可知。

五僧於突圍途中，獲得反清志士吳天成、方惠成、張敬之、楊仗佑及林大江等五人掩護扶持，才得脫離險境，間關前往粵省。因此，洪門中人又將上述五人稱之為「中五祖」。

這群人抵達惠州寶珠寺。當時，許多反清人物，為了逃避緝捕，部份都遁跡空門，以求隱蔽。當即由寶珠寺僧人吳天佑、洪太歲、姚必達、李式地及林永超（亦未見以「法號」傳世）五人，迎入寺中，共謀反清大計。此五人又被洪門中人奉為「後五祖」。

只可惜這班人立足未定，壯志未酬，由北京南下的清兵，已會同當時「平南王」耿精忠的部屬，包圍寶珠寺。於是血戰再起。

由少林寺逃出的「前五祖」，在奮戰之下，殺出重圍，再度脫險；繼而寶珠寺的僧人及一干抗清志士，亦有小部份突圍而出，落荒而逃。沿途並與陸續由寶珠寺逃出的殘餘僧眾，輾轉進入贛境。在贛州城西的「閻君廟」，與另一批抗清志士會合。此處據點係前明參將黃昌成夫婦隱居。彼此會商結果，均認為勢力過於單薄，實不宜於此時和清廷硬碰，僅互相交換秘密詩詞符號，囑黃昌成妥為隱蔽，暗中招賢納士，以圖後舉。又恐多人聚集，頗易引起清廷鷹犬注意，於是「前五祖」等人，又再向鄂境轉移。

進入湖北地區後，聞說有一股反清勢力潛伏於襄陽附近，便逕行前往偵查。果然遇上鄭君達之妻郭秀英及其妹鄭玉蘭二人。鄭君達係鄭成功的世侄，於較早時已被清兵殺害。其妻妹二人與蔡德忠等在少林寺早已認識。此時相見，真有他鄉遇故知之感。

鄭玉蘭姑嫂二人，率領的反清志士為數不多。欲圖武裝起義，仍嫌未足。只有暫時歇息，待與各地反清力量匯合後，再行打算。蔡德忠等聞鄭君達遺骸葬於襄陽城東丁山之陽，為表哀思，乃共同前往致祭。這批反清志士，在墳前瀝血為誓，務必聯同天下反清力量，驅除滿虜，還我山河。

不料襄陽副將張近秋，接獲線報，知悉有「叛徒」糾眾前往丁山致祭「叛逆」鄭君達之墓，便集中精銳兵弁六百人，火速前馳丁山，展開包圍，務求一網打盡，以向清廷表功。

當這群掃墓者正在指天為誓，淚灑碑前之際，聞報有大隊清兵馳至，登高探望，發覺已陷入包圍之中。於是首腦們在墳前緊急商議。當前形勢，除分路衝殺，奮勇突圍之外，便只有束手就擒。鄭玉蘭雖一介婦人，但頗有決斷，且亦武功不弱。乃自告奮勇，由其姑嫂二人，率領若干志士，向張近秋的主力迎戰。戰鬥一起，其餘人馬便同時分批突圍。蔡德忠等起先不表同意，認為由姑嫂二人迎戰敵人主力，己等則突圍逃走，實無以對鄭君達在天之靈。其後經姑嫂二人嚴詞責備，指出反清首腦如果全部犧牲於此，對大局實無裨益，留得青山在，哪怕沒柴燒？自當留此有用之身，繼承先烈遺志。至於姑嫂本身，不但一介女流，生死不足惜，且早欲與亡夫亡兄相從於地下。蔡德忠等無詞以對，惟有忍痛答允。郭秀英又將遺孤二人，託蔡德忠等護出重圍，長成後繼承亡父遺志。

一場驚天地、泣鬼神的戰鬥，於是開始。

郭秀英姑嫂率領三十餘名志士，先向敵人中軍衝殺。志士們以一擋百，前仆後繼，反覆衝入敵人陣腳，並砍殺清兵數十名。

與此同時，蔡德忠等亦率領另一批志士五十餘人，由相反方向突圍而出。清兵畏其神勇，紛紛後退。這批人乃乘機衝出重圍，留下日後洪門組織的種籽。

郭秀英、鄭玉蘭姑嫂，為了牽制清兵主力，反覆衝殺，使敵將張近秋無法追捕蔡德忠等。到底人孤勢單，清兵復以強弓硬弩對待，部屬犧牲殆盡。姑嫂二人為免被俘被辱，乃鼓其餘勇，負傷殺出重圍，雙雙投河自盡。

船戶謝邦恆父子均係反清人物。於戰場下游撈獲姑嫂二人遺體，藏諸艙中。月黑風高之夜，將遺體禮葬於三合河畔，秘密立碑以為表記。是年冬，又於河畔村落附近，建立「姑嫂廟」。外表和一般村落的「社公壇」無異，使清廷官吏無法識別，以便日後抗清志士前來憑弔。

是役也，對於抗清志士的士氣，產生頗大刺激作用。鄭氏姑嫂芳名，亦廣泛流傳於幫會組合之內。目前香港黑社會組織，雖非洪門正統，但經常使用的暗語及詩詞中，頗亦有提及鄭氏姑嫂壯烈事蹟的。如「過五關」的最後一關，稱為「姑嫂墳」；詩詞中的「寶詩」，亦有「一心訪尋姑嫂廟，左右排行是第三」之句（有關「過五關」及「寶詩」等內容，將於下文詳述）。

「紅花亭」上聚義　洪門組合誕生

蔡德忠等數十人突圍之後，於附近山野匿伏兼旬，傷疲盡起，便又再分批喬裝成為各色人等，再向北行。抵鄂省邊境的萬雲山（不知屬於何州何縣），山中有萬雲寺，主持僧萬雲龍，係前明潞王的部將，乃收容蔡德忠等，共謀復明大計。

此外，萬雲山附近亦有一名反清志士，設立白鶴道觀，自稱「白鶴真人」，以研究道教為名，暗中招攬志同道合人等反清為實。此人便是被後世武俠小說家或電影劇作家經常引用的陳近南。

陳近南原名陳永華，雍正初年任翰林院學士。身侍清廷，心懷故國。火燒少林寺後，更對清廷不滿，致仕回鄉，廁身道教。陳近南與萬雲龍一道一僧，居處如此接近，志向彼此相同，自然成為親密戰友。這時，再來了蔡德忠等生力軍，於是密謀成立一個足以號召天下的組合。事前派出許多人手，分別到各省各縣，促請所有反清勢力的首要人物，集中一堂，密謀聚義。乃有「紅花亭」大結義之舉。時為雍正十一年農曆七月二十五日。「紅花亭」據云係在「白鶴道觀」附近。由於此類事蹟，清廷官書上不會記載，而民間著作者，亦無人敢冒「文字獄」之險，去撰述此類稗官野史。直至民國初年，若干史家欲就此事作專題研究時，則已年長月久，對於若干地名、人物，都難以進行考證了。因此，只知「紅花亭」係於「白鶴觀」附近；而「白鶴觀」則在鄂省邊境而已。

此次大會，各方前來聚義的首要人物，在文字上有所記載的，除萬雲龍、陳近南及「前五祖」蔡德忠等人之外，來自廣東的有吳天佑、吳廷貴、洪太歲……等等；來自福建的有吳天成、方惠成、張敬之……等；來自江西的有黃昌成、鍾玉英……等。此外，明室遺臣及各地反清志士，聞訊自動前來的，竟達二千人之眾。

古今中外，凡以宗教形式設立的幫會，不論其為公開或秘密的，多數都預先佈置一些神奇事物，使參與者心悅誠服。像萬雲龍、陳近南及蔡德忠等，全屬老江湖人物，自然亦免不了進行此類佈置。因此，在傳流後世的文字記載中，有紅花亭聚義之前，「前五祖」於某日在河畔發現一具重五十二斤又十三兩的「白石香爐」，爐底刻有「反淸復汨」四字，以暗示「反清復明」之舉，係天意安排的；五十二斤又十三兩的解釋，則為「五湖」、「二京」及「十三省」。此外，又有一名不知來自何處的少年，朱唇方口，儀表非凡。經陳近南查詢之後，「證實」係崇禎皇帝之孫，太子妃李氏之子。於是與會人等，更認為是「天意所歸」，非人力所能抗拒。實則在正史上無法證實崇禎死後，有一個名為朱洪竹（竟與「豬紅粥」同音，一笑）的皇孫，流落在外。至於發現的白石香爐，明眼人都知道是洪門首腦人物「用心良苦」的「傑作」。

「紅花亭」聚義時刻為「丑時」，亦即夜半更闌之際。眾人推陳近南為「香主」。拜祭天地及先皇崇禎時，又有紅光於天際出現（實則初秋季節常有的自然現象），「紅」與「洪」同音，乃以「洪」為姓，其組合則稱為「洪門」。並將「洪」字拆開，成為「三八二十一」，此五個字亦成為洪門組織的暗記。這便是洪門組織正式誕生的經過情形。

屢戰屢敗屢戰　不屈不餒不撓

「紅花亭」聚義之後，香主陳近南，乃與一眾主腦人物密謀武裝起義，由會眾捐出資財，毀家紓難者不計其數。集中財力物力之後，便派專人分頭到各地招兵買馬，陸續集中於襄陽一帶。實則清廷鷹犬，對洪門組織的行動，早已偵查得一鱗半爪；八旗勁旅，也陸續集中於湖北省各重鎮。洪門組織雖說頗得民眾擁戴，但到底是烏合之眾，戰略戰術的認識，亦頗為有限，憑藉的只是個人胸中熱血及有限的武功而已。因此，就當前形勢而論，洪門組織的武裝起義，一開始便注定難有成功的希望。它跟亂世的農民暴動有所不同。因為洪門組織起義時，清廷早已取得全國各地的嚴密控制，一般人亦頗有「亂極思治」之想。若干士大夫階級，此時亦逐漸忘卻前明，反向新朝効力，故而雍、乾年間，倒也呈現「太平盛世」景象。至於較後「太平天國」所以獲得「局部成功」，那是滿清皇朝已開始腐朽，帝國主義勢力亦已開始入侵，和雍、乾年代已大大不同了！本文僅是報道洪門組織的起源，並非對其成敗有所評述。閒話到此為止，回頭再述正文。

同年八月二十一日，陳近南認為諸事就緒，乃發號施令，登壇點將。任蘇洪光為「先鋒」，吳天佑等為「中軍」，吳天成等為「後衛」。向北遙祭崇禎，然後揮軍指向湖北心臟的武漢地區。

進軍之初，倒也「勢如破竹」，攻下若干州縣市鎮，到九月初旬接近武昌時，卻遇上了「八旗勁旅」。清將于成龍，頗具大將之材。一經接觸，便將「洪軍」擊敗。被捧為「皇孫」的朱洪竹在亂軍中失蹤，大將萬雲龍亦力戰身亡。於是，「香主」陳近南下令撤退。沿途復為各地清兵截擊，殘餘力量，退入襄陽死守。

清兵自然不會給這些「叛逆」苟延殘喘，於是下令圍城。但「洪軍」雖敗，士氣猶存。也許知道襄陽是最後據點，再退一步，即無死所。於是在百姓協力襄助之下，堅守城池，竟達三個月之久。清將屢次投書招降，均為陳近南等拒絕。但守城力量，已到再衰三竭的地步。再加上傷患日多，糧草不繼，於是便召開緊急會議，決定將殘餘部眾分成五股，分路突圍，以保存僅有實力。倘能突圍脱險，則分散於各地潛伏，伺機建立洪門山頭，作長期抗清之計。至於這五股突圍人馬，除陳近南本人率領一股外，其餘四股，係由何人率領；突圍之後又下落如何，文字上並無記載。此後的二十年內，可能是「洪門歷史」的「空白時期」。不過，五股人馬分頭突圍之前，由陳近南留下一首詩，使各人牢記心中，以作他日聯繫之用。這首詩，便成為洪門史上頗為著名的詩句。詩曰：

五人分開一首詩　身上洪英無人知
此事傳與眾兄弟　後來相會團圓時

按照實際情形推測，這首所謂「詩」，應該是盟主陳近南之作。但陳近南曾官拜「翰林院學士」，竟會寫出如此不倫不類，連「一三五不論、二四六分明」的平仄法也弄不清的詩嗎？抑或因為當時的部眾，都是湖海豪雄，粗魯不文之輩，所以故意寫得較為通俗，以便容易記憶呢？這是弦外之音，一筆掠過，不必進一步推敲了。

其後直至乾隆之初，才再有洪門組織的活動消息。

原來上述分為五股突圍的洪門人馬，都先後集中於廣東惠州的高溪廟。但第一輩組創洪門的主要人物，絕大部份均已死亡，僅存的「先鋒」蘇洪光，便成為當時的領袖，惟亦已英雄遲暮，年逾花甲了！

不料此時的洪門組織，又有「神來之筆」的發展。那便是「香主」蘇洪光（繼陳近南的後任），忽然「病逝」。部屬正準備發喪，不料停屍二日，竟然「死而復生」。這其中必然又有「花招」存在。一個人，死了四十八小時，如於夏天季節，屍體早已開始腐爛了。還能夠「死而復生」的，在今天看來，那是絕無可能之事。

這還不只，蘇洪光「還陽」之後，對部眾宣佈，蘇洪光是真的「死」了，但崇禎帝的侍宦王承恩（也就是陪崇禎帝一起上煤山的），由於「陽壽未盡」，閻王許其「借屍還魂」，附託於洪門香主蘇洪光軀體之上，再幹一番「反清復明」的「豐功偉業」。

此訊傳出，各地洪門組織信以為真（其實不信的也不便公然指出），認為係天賜洪門中興的大好機會，於是又密謀武裝起義。蘇洪光既係由王承恩借屍還魂，自然應該改名換姓，以符「天意」。於是改名為「天佑洪」。推廣組織，並在洪門之下加上「三合會」名稱，名為「洪門三合會」（下文仍稱「洪門組織」）。意者以天為父，日為兄弟，月為姊妹，取天時、地利、人和「三合」之意。

此外，又在長江流域，另組一分支派系，奉「達摩」為祖師，廣收門徒，並故意投入船幫，偽向清廷効力，暗中則控制清廷的漕運（即運糧的工作）權力，必要時便可掌握清廷糧食生機。此一分支派系，先後稱為「船幫」、「糧幫」及「安慶幫」等。其後便蛻變為「清幫」，以長江下游各縣為根據地，發揚光大。當然，不論「洪幫」也好，「清幫」也好，後來都蛻變成為各地的惡勢力。不過，當時「死去還陽」的天佑洪，竟然會進行「間諜」工作，較諸創立初期，確是大大的跨進一步了！

乾隆初年（遍查有關文獻，並無確實年份記載），天佑洪（蘇洪光之化名）認為兵精糧足，羽翼已豐，於是又誓師北伐，一路倒也順利。「洪軍」連戰皆捷，迭克名城，且由兩廣貴州等省直逼「天府之國」的四川。轉戰途中，又得到「紅燈照」首領關玉英（女），史可法之姪史鑑明，以及各江湖組合首領韓龍、韓虎、李昌國等率眾歸附，聲勢浩大，西南半壁震動。軍中以史鑑明為「軍師」，關玉英為「女軍統領」，並尊在武昌戰役失蹤的朱洪竹為「先皇」，戰死的先烈萬雲龍、鄭君達、郭秀英、鄭玉蘭等為「先元帥」。

清廷的「四川總督」王春美，怯於「洪軍」聲勢，乃以詭計應付。派遣賬下符四、田七二人詐作歸降。天佑洪見二人文武雙全，乃委為「副軍師」，並給予若干調動「洪軍」權力。在蜀省的一次決定性戰役中，符四及田七二人與清兵裏應外合，並故意將部份「洪軍」調入絕境，於是招致慘敗。

天佑洪軍陷重圍，勇戰不退，至受重傷，被韓龍、韓虎的左右兩軍拚死救護，殺出重圍，而「女軍統領」關玉英亦擒獲奸細符、田二人，淩遲處死。殘餘「洪軍」退守白虎山，苟延殘喘。不幸天佑洪傷勢惡化，終於不治，遺命由蘇洪宇、林烈二人主持一切，並囑今後洪門當以「四」、「七」兩數目字為戒，定為忌用之列。

有關上段記載，自有不實不盡、誇大渲染之嫌。查諸清史，自然無法證實，甚至其他的人、時、地等旁證，亦難以找到一點半滴。這些屬於手抄的紀錄，輾轉傳流後世，其真實性自然大打折扣了！

武裝叛亂終止　轉入地下活動

其後蘇洪宇及林烈二人，雖仍統率殘餘「洪軍」，與清兵對抗，轉戰蜀中各州縣。惟是清廷大軍已由各地調集，勢力此消彼長。而蘇洪宇亦於某次戰役中，為伏兵所殺。「副手」林烈及「女軍統領」關玉英，不得不遣散部屬，使他（她）們潛匿全國各地，秘密建立洪門山頭，轉入地下活動。但「反清」的初衷，則絕不停止，代代相囑，前傳後教，務使清廷疲於奔命，永無安寧之日；此外，復又規定許多儀式禮節、詩歌暗語及洪門組織的職級稱謂等等。至此，洪門與清廷的軍事對抗，宣告終止；惟受命前往各省「傳道」的中堅分子，果然不負所託，終滿清之葉，各地洪門組織的活動，從未間斷。光緒之後，更發展到南洋各地。太平天國之崛起，和洪門組織雖無直接關連，但洪門的興起，對洪秀全等產生了極大的刺激作用；醞釀及組織方面，也替太平天國創造了良好契機！

洪門組織轉入地下活動之後，由「嘉慶」年間，以至清廷行將崩潰時止，有文字記載的洪門山頭，竟達三十餘處之多；地區方面，則遍佈粵、桂、湘、贛、川、滇、筑、閩、鄂、甘、陝、豫、蘇、浙等各省。除了「皇城腳下」及關外若干省份之外，洪門勢力，幾乎遍佈每個角落。可惜經不起時間考驗，政治色彩逐漸減褪，民族意識也日漸模糊，轉入光緒紀元後，已蛻變為江湖上的惡勢力，和盜匪流氓已相差不遠了！

曾經組成及擁有相當勢力的洪門山頭，有如下述：

山頭名稱	地區	香主名稱
筑青山	貴州	林懷明
仁義山	福建	范松如
蓬萊山	四川	方安瀾
華嚴山	雲南	胡　章
廣金山	雲南	郭欽雨
藎忠山	福建	郭永泰
金鳳山	湖南	胡佑臣
天興山	雲南	胡九雲
青城山	雲南	李　雲
迴龍山	四川	黃立三
飛龍山	江蘇	江彭煥
萬雲山	浙江	王金寶
九成山	江西	胡　翰

飛虎山	浙江	劉家福
金龍山	湖南	楊鈞鴻
虎威山	甘肅	李三達
西涼山	甘肅	賀桂林
寶華山	河南	蕭松山
泰華山	湖南	陳全海
終南山	浙江	何步鴻
魏峯山	四川	李煜清
峨嵋山	四川	顏鼎章
東梁山	江蘇	李雲龍
金華山	浙江	胡朗秋
太安山	湖北	袁慶海
永安山	湖北	孫近洲
福聖山	湖北	戴海廷

萬寶山	福建	李明良
復明山	山西	林式開
九峯山	廣西	何金棵
嘉峪山	陝西	馬海秋
蓬瀛山	山東	馮紫雷
西明山	廣東	張龍綬
寶林山	廣東	錢亦明
錦華山	福建	劉傳福
楚荊山	湖北	陳堯
天台山	湖南	胡雲章
天寶山	廣東	蕭友舉
太白山	陝西	葉鑫仍

上述各洪門山頭組織，徒眾的多寡和活動時間的久暫，自難一一查考。總之，人數逾萬者亦不為奇；少至千百的，亦為數不少。至於活動時間，當以太平天國覆沒之後，

以至光緒中葉為最高峯。各地支流，亦有演變成為「匕首會」、「雙刀會」、「大刀會」、「哥老會」……等江湖組合，活躍於中原一帶。

清祚告終，民初時代，新建立的洪門山頭，有如雨後春筍，但除少數致力於打倒軍閥工作者外，絕大部份都成為走私販毒、為非作歹的惡勢力；或由各地大、小軍閥示意組成，作為外圍力量的亦復不少。這些山頭名稱是：

天龍山　復華山　大龍山　五行山　群英山
中華山　五聖山　鑫華山　武當山　景陽山
十龍山　飛龍山　天目山　天壽山　九龍山
桐柏山　大洪山　龍會山　大同山　適洞山
棲霞山　太極山　峪雲山　大陸山……等等。

民國以後建立的洪門山頭，部份是掌握着一股惡勢力，便自行開壇設舵的；部份則源用滿清時代曾經組成的舊名稱；有的則奪位爭權，將舊名稱稍作更改的……林林總總，不一而足。

據台灣出版，帥學富編著的《中國幫會史》記載，當孫中山先生進行革命活動時，亦曾利用洪門組織，作為推動力量。其後復於海外成立「洪門致公堂」等，自然是可以置信的。革命者利用秘密幫會進行活動的例子，古今中外，屢見不鮮。中山先生逝世後，「致公堂」及「清幫」，都給蔣介石利用作為統治人民的工具了！

洪門山頭組織，對內對外，例有「山」、「堂」、「水」、「香」的稱謂作為區別；也是各該山頭秘密文件的標誌。例如：

終南山　萬壽堂　滅清水　復明香
錦華山　仁義堂　四海水　萬福香
大洪山　抱冰堂　長江水　一爐香
萬雲山　集義堂　三江水　五湖香

這裏不必逐一羅列。在後期的洪門組織，尤其進入民國以後，既已無「清」可「反」，亦無抄家滅族、殺頭問絞之虞，便索性半公開活動了！

政治色彩褪減　成為江湖勢力

洪門組織，自清廷覆滅之後，雖然「反清復明」的號召口號已不再存在。但一般地方惡勢力，以及大小軍閥、失意政客等，利用洪門名義進行野心活動時，仍然保留幫會中的神秘色彩，和幫規壇戒等等，否則無以服眾及聯繫人心。至此，洪門組織已淪為江湖上的惡勢力，良善百姓，已視之為蛇蠍，避之惟恐不及了！

例如三十年代的「五聖山」，其「香主」是國民黨的「中將」牟廷芳，便利用洪門組合，作為鞏固地盤之用；又例如二十年代的「嘉峪山」，「香主」馬海秋，原是「馬販子」，於年老力衰時，便將「香主」職位交由其子馬金堂繼承。馬金堂便利用幫會勢力，進行強買強賣，及巧設名目，抽徵馬匹買賣稅項等，使當地政府亦不敢干預。由此可見，民國以後的洪門組織，早已徹底變質了！

當下文報道香港黑社會組織發展過程時，將指出它和洪門組織並無血統關係。為了證明此點，這裏先將洪門組織的各級職司人物，報道如下，使讀者了解兩者之間的異同之處。

洪門組織供奉的人物——

始祖：殷洪盛　傅青主　顧炎武　黃梨洲　王船山

五宗：「文宗」史可法　「武宗」鄭成功　「宣宗」陳近南　「達宗」萬雲龍

「威宗」天佑洪（亦即蘇洪光）

前五祖：蔡德忠　方大洪　胡德帝　馬超興　李式開

中五祖：楊仗佑　方惠成　吳天成　林大江　張敬之

後五祖：李式地　洪太歲　吳天佑　林永超　姚必達

五義：鄭君達　謝邦恆　黃昌成　吳廷貴　周洪英

五傑：鄭道德　鄭道芳　韓龍　韓虎　李昌國

三英：郭秀英　鄭玉蘭　鍾文君

軍師：「男軍師」史鑑明　「女軍師」關玉英

至於洪門組織的內、外八堂，及各級職司人等名稱如下：

山主——又稱「龍頭火爺」及「香主」

副山主——又稱「副龍頭」及「副香主」

護印——又稱「護印大爺」

護劍——又稱「護劍大爺」

內八堂：

香長——又稱「軍師」

坐堂——又稱「左相」

盟證——又稱「中堂」

陪堂——又稱「右相」

管堂——又稱「總閣」

執堂——又稱「尚書」

禮堂——又稱「東閣」

刑堂——又稱「西閣」

外八堂：

心腹——又稱「京內軍師」或「心腹大爺」

聖賢——又稱「京外軍師」或「聖賢二爺」

當家——又稱「當家三爺」或「桓侯」

管事——又稱「紅旗五爺」

花官——又稱「巡風」

賢牌——又稱「守山」

江口——又稱「檢口」

么滿——又稱「老么」、「銅章老么」、「鐵印老么」等

以上是職司人物。此類職司名稱，於滿清統治期內，都普遍使用。民國以後，則又去繁就簡，只分為：「香主」、「二哥」（多為僧、尼、道之輩）、「三哥」、「四姐」、「五哥」、「六哥」、「七妹」、「八哥」、「九哥」及「老么」等十級。其中「四姐」又稱「金鳳」，「七妹」又稱「銀鳳」，均屬女門徒的稱謂。

洪門組織，自有許多秘密文件，如「山頭憑證」，「徒眾憑證」……等等。當年此類文件，係屬於「叛逆證據」，等閒不敢保存。但亦有秘密收藏，傳流後世者。例如附圖（一）、（二）、（三），均係光緒初年各地洪門山頭的標誌。圖案中的文字及排列方式，外人很難明白。但有一點值得注意的，便是上列三份不同的文件之中，都有如下

附圖（一）

附圖（二）

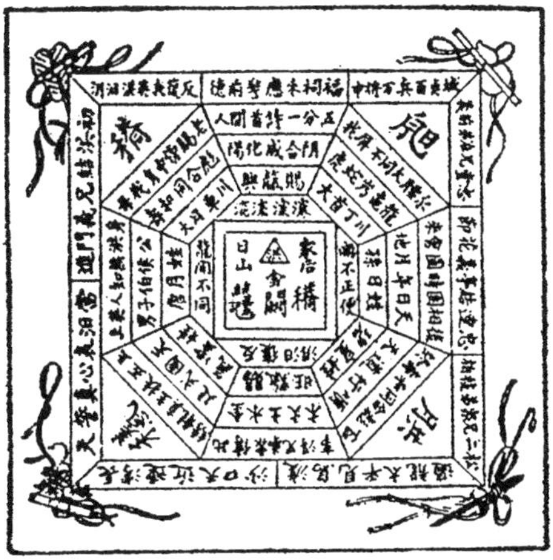

附圖（三）

的一首詩：

五人分開一首詩　身上洪英無人知
此事傳與眾兄弟　後來相會團圓時

這首詩，也就是上文述及陳近南戰敗襄陽，分五路突圍逃生時所作的一首詩。足見後來的洪門組織，對於這段壯悲事蹟，是深信不疑的。附圖之一的「洪運己巳春季重修」字樣，係表示將原有的圖案作廢，重新修訂之意。至於洪運紀元如何計算，有說是雍正十一年「花亭大會」時計起，有說是崇禎自縊之日計起，恕筆者無法確定。

至於洪門兄弟的「身份證」（又稱「洪英憑證」），各山頭也不盡相同。像圖（四）及圖（五）所示，便是光緒中葉「錦華山」及「終南山」的徒眾所持有的。

由於證明香港黑社會組織並非「洪門正統」，亦由於概述「秘密組合」的源流，故將本節列於本書之首。其始預定以五千字左右完成，不料「濃縮」之下，信筆書來，仍然接近一萬五千之數，此亦為作者意料所不及。

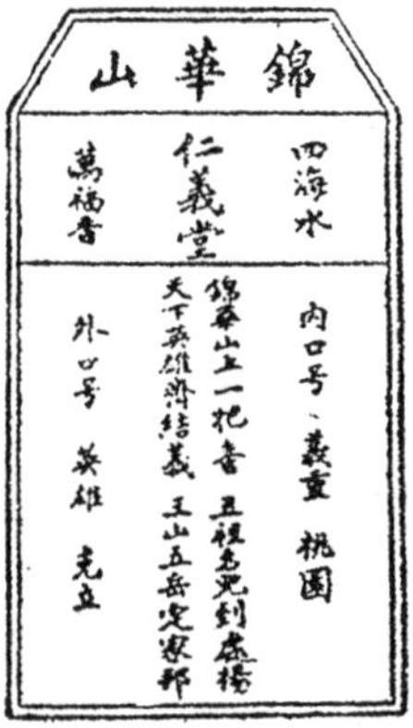

附圖（四）

附圖（五）

有關洪門組織起源，上文曾經說過，很難在史實中尋求真相。在「大清律例」及「東華錄」記述中，亦僅能找出「嚴禁人民歃血為盟，結拜兄弟」，犯者動輒淩遲處死、株連族類的殘酷律例；以及處決朱三（即上文所述之皇孫朱洪竹）等記載。此外，全憑洪門個別組織輾轉傳流的手抄文件，及中、外人士研究洪門組織的幾本書籍，作為參考印證。以筆者個人管見，像這樣流傳下來的資料，其可信程度自不會高。例如火燒福建莆田少林寺，及洪門武裝部隊轉戰數省……等事蹟，求諸史實，殊難獲得有力佐證。只能說是姑妄言之，姑妄聽之的一類了！

儘管清史對洪門發展活動情形，大都不予記載。但有清一代的二百餘年中，中央政府及地方官吏，都受到洪門組織相當程度的困擾，則是無可否認的事實。

如果說香港黑社會組織，跟國內的洪門組織絕非一脈相承，則似乎有解釋的必要。因在五十年代才崛起的「十四K」，確是由廣州的「洪門香主」葛肇煌帶來基本人馬，才能在香港茁壯起來。但其組織系統及職司稱謂，卻又被原有的本地黑社會組織所「同化」。此一問題究應如何看待，則有待讀者看畢全書之後，再作結論了！

至於帥富學著的《中國幫會史》，其卷首有云：「鄭成功、傅青主、陳永華、王船山……等明末遺臣，乃近代幫會勢力的始創者。諸人均係讀書人，而幫會勢力卻盛於市井屠狗之輩。民國以後，幫會勢力日漸衰微，尋且變質。由富於民族意識的俠義之交，變而成為流氓地痞，為非作歹的非法組織，誠可嘆也！」此一論點，筆者非常同意。

清幫另行發展　淪為流氓組織

清幫又稱「安慶幫」、「船幫」或潘門。為洪門組織支流，而較具道教色彩。本節對這個洪門以外的另一龐大組合，自不能不加以概括性的報道。

清幫圈內人物認為，其開山始祖係明朝永樂年間的金碧峯。永樂帝對金曾御賜道號曰「金光道人」。而明永樂年間，尚未有洪門組織，然則何以說「清幫」是「洪幫」的支流？

以筆者管見，「金光道人」傳教之初，純係道教組織，但亦兼奉儒、釋兩教。其宗旨是：奉儒教之學、行釋教之法、修道教之行。且收徒標準很高，如無超卓學養，等閒不能立雪程門，廁身弟子之列。

當時的金碧峯以：

清淨道德　文成佛法　能仁智慧
本來自信　元明興禮　大通覺悟

這二十四個字為其後代徒眾的道號排別。至民國初年，在上海崛起的幾名流氓頭子，已是「大」、「通」、「覺」字輩了！

金光道人第三代弟子陸大受，法號「道光」，才身受亡國之痛。陸大受於明萬曆四十二年，出仕為戶部郎中，後被貶為潮州知府，隨即棄官修道，適逢明祚滅亡，滿人入主中原，眼見揚州十日、嘉定三屠的慘狀。便決定擴大組織，以收徒傳道作為掩護，暗中進行反清復明工作。其時清豫親王多鐸，領兵南下最先攻佔安徽省會安慶府，便上報清廷，炫耀功績。陸大受乃以此為國恥，並命名其組合為「安慶幫」，是為「清幫」的初期組織。

陸大受年事漸老，而滿清皇朝的統治亦日臻鞏固，以其垂暮之年，恐難有重睹故國衣冠之日，便命其得意門徒翁、錢、潘三人，到各地秘密傳道，並以具有深長意義的一首詩，給門人作為「座右銘」，免日久忘卻大明亡國之痛。詩曰：

二轉七七賸此罏　須從瓶鼎用功夫
苦心記取安和慶　日月巍巍照玉壺

詩的涵義，隱約指出明祚二百七十七年江山，為滿人覆滅。必須記取安慶失陷的國恥，或牢記「安慶幫」本身負荷的重責，終有一天能夠反清復明，雲開見日。由此觀之，「安慶幫」也是密謀反清復明的民間秘密組合了！

至於翁、錢、潘三人是否只有姓氏。而無名號呢？一般「清幫」人物，談及其幫會掌故時，亦僅將此三人尊稱為翁祖、錢祖及潘祖；至於另一本有關探討清幫起源的文字記述，則說翁祖本姓朱名純，為大明宗室，錢祖本姓劉名經，而潘祖則本姓黃，名明月。是否避免清廷注意，而僅以假姓行道？其可能性亦甚高。但此三人的真實姓名，在幫內幾乎無人提及，而僅以翁祖、錢祖、潘祖等尊稱之，我們亦不必為此事去推敲研究了！

其後永曆帝在緬甸被俘，並為吳三桂所害，三人悲痛之餘，認為大勢已去。但師門囑咐，不能不盡力為之。於是三人分別到各地傳道。翁、錢二人，並無多大進展，稍後即為時代淘汰。但潘祖一脈，則較為突出。起先，以道教為掩飾，成立「三番會」。三番的番字，係作「藩」字解釋，亦即紀念明末三位藩王：「福王」、「唐王」及「桂王」之意。徒眾日多，活動區域亦漸廣。

「清」、「洪」二幫雖然同以反清復明為號召，但其活動性質則有顯著不同之處。洪門終有清之世，不斷組織武裝叛亂，如果不以成敗論英雄，則洪門「反清復明」的口號，是力行不渝的；清幫則從未跟清廷公開衝突，故而清廷地方官吏，並未將它列為反叛組織，不若對洪門人物那樣，動輒抄家滅族，視為大逆不道。

在清代高壓的統治下，清幫對於「反清復明」的大業，到底有過甚麼貢獻，自然很難從傳流文字中獲得答案，有之，像《通漕記事》那一類的書籍，則說「安慶幫」於康熙年間投靠清廷，從而成為長江水運一大組合。如此說來，清幫豈非漢奸組織？當然這類傳說是不能盡信的。最低限度，「賣身投靠」之說不會是事實。因為，一個半官方的秘密組織，清廷只能在某一時期加以利用，絕不會長時間地保留下來。再說，清廷在雍正以後，已漸入「太平盛世」之境，如果清幫真的曾經一度作為鷹犬，那時亦已鳥盡弓藏、兔死狗烹了！

較為可信的還是康、雍之間，當時的「安慶幫」首腦（部份當係洪幫人物），認為武裝叛亂，絕不可行。與其以卵擊石，倒不如滲入某種官方工作，從而伺機活動還來得實際。由於安慶幫當時的活動地盤，僅止於長江下游，故而因利乘便，參與清廷的「漕運」工作。暗中吸收船伕加入組織，作為基本力量。復因避免「漕運總督」衙門的猜忌，便改名「安清幫」。此點傳説，應該較為可信。而且官方文書記載，亦有不少涉及「船幫」及「安清幫」的事蹟，只可惜清廷各級官吏控制過嚴，始終無法產生較大的作用。於是，便由「反清復明」的秘密組織，逐漸蛻變成為船老大的組合了！

太平天國崛起那段時間，清幫幾乎停止活動。及至「同、光中興」之葉，才又漸漸恢復活動，但也止於搶地盤、爭利益等狹小範圍之內，找不到半點政治色彩了！

進入光緒年代，上海一地，逐漸成為十里洋場。鴉片賭博、娼寮妓院，充斥其間。有了這些罪惡，自然便有惡勢力跟着產生。清幫佔了地利、人和兩種關係，很快便成為黃浦灘頭獨一無二的幫會勢力了！

民初，外國人在中國橫行無忌，上海的租界亦有如中國版圖內的外國。租界捕房的勢力，也迅速跟清幫勢力掛上了鈎。朋比為奸，魚肉良民，造成許多無法無天的罪惡；也產生了像黃金榮、杜月笙……等大流氓頭子，正是「江山代有惡人出，各苦蒼生數十年」了！

由於寫述秘密組織起源，也連帶提及清幫。既非本書範圍，手頭上資料也嫌不足。拉雜寫來，如有錯漏，還望讀者不吝賜教。

（三）香港黑社會組織發展的三個階段

戰前——戰時——戰後

許多人都以為香港黑社會組織是洪門組織，黑社會人物亦常以「洪門人馬」自居。這是一個似是而非的問題。

香港開埠迄今，只不過一百二十年左右；而中國大陸解放前的洪門組織，則已具有近三百年的歷史。雖然，香港黑社會組織是由內地輾轉傳來，但由於時代的變遷，殖民地統治的手法或寬或緊，以及社會環境、風氣習俗的影響，早已徹底變了質，成為作奸犯科，欺凌弱小的惡勢力。不但毫無洪門組織初期的忠義作風，民族色彩，甚至連良心道德，法理人情也沾不上邊了。

香港的黑社會組織，和世界各地如芝加哥、西西里、日本等地的黑社會也有所不同，理論上和實質上，都有很大的差別。

其實，世界各地黑社會組織的所作所為，都不外作奸犯科、包娼庇賭、走私販毒、殺人放火、勾結官吏以至左右政局（香港的黑社會自然還未具備此項資格）等等。照說並無多大區別。但實際上仍有許多不同之處。

比如：警方利用黑社會分子作線人，從而破獲某些罪案，這些例子在外國並不是完全沒有，而是比例較少；但香港則不同。在警方偵緝部門未能充份利用科技方法去鑑辨罪案，偵緝人員還沒有充份具備偵探知識之前，有一段頗長的時間，破案幾乎絕大部份依賴「線人」（自然是黑社會分子）；甚至某些環頭探長走馬上任之初，還要一一拜候區內的大阿哥，諸多囑託「稍留薄面」、「大力幫忙」之類卑躬屈節的話。這一來，不但增長黑社會人物的氣燄，也造成警察和黑社會的間接合作魚肉市民的形勢。此類情形，在戰前及戰後初期最為普遍，現役或退役的「老差骨」們，捫心自問，相信沒有幾個敢於否認。

又比如：「廉記」揪出若干貪官在法庭受審時所爆出的內幕，說是探目、探長以至警司等職位，都可以用錢買來的，甚至「沙漠區」調「油水區」，「軍裝」調任「民裝」……等，亦拿錢便可「搞掂」。付出的代價，自數萬以至百萬以上不等。據筆者所知，這些錢，都不是當事人付出，而是由各區的大小「撈家」代為支付的。撈家們何以代付這些款項？自然要在新官上任之後取得各種「方便」。現實如香港人，自不會做虧本生意。如此，豈不等於「犯罪合法化」？這些情形，在別的地方也屬少見。

話扯遠了，這裏且把香港黑社會組織的發展過程，分為若干個階段，作較詳盡的報道，諒為讀者所樂聞。

回首話當年　純以和為貴

八十年前，香港的商業中心，除皇后大道中之外，就數上環和灣仔兩地了。外資洋行及華商的進出口商行，均集中在大道中及文咸街一帶，而上環三角碼頭及灣仔兩處，則多屬小型商戶、攤檔、市場、作坊……等等。當時的工業幾乎等於沒有，甚至連手工業也少得可憐，靠出賣勞力為生的，則多數以「咕哩」（即搬運工人）為業。此類人物，亦大多數集中於上環及灣仔兩地。試想一大群流動攤檔的江湖客，和一些所謂販夫走卒相聚一起，為了找生活，還能避免摩擦及發生糾紛？加上當時香港政府的警察力量十分薄弱，對這些地區所發生的爭執或毆鬥（包括單獨或群毆），除非弄出人命，否則多數不予理會。如此，當時的下層社會簡直就談不上秩序。混亂情形，不難想見。

據一位屬於「和安樂」的老前輩何六叔（已八十三歲）對筆者提供的資料，當時一個名叫賣魚祥的東莞籍小販，原係由廣州來港謀生。在廣州時便參加當時的黑社會組織「洪勝會」。來港後目睹這一群（包括他自己在內）戴月披星、肩挑背負的升斗小民，日夕為了爭地盤、搶主顧、霸檔口、奪利益等利害關係而經常發生摩擦。小則口角吵鬧，翻臉成仇；大則聚鬥群毆，血流五步，這簡直不是謀生，而是拚命了！於是發起組織「洪勝會」，團結市場攤販力量，以備發生糾紛時作為後盾。

別的各行業人物，眼見賣魚祥這一招立竿見影，果然生效，也覺悟到團結就是力量，於是紛起效尤，以行業或地區為單位，先後成立堂口，一時竟達十餘個之多。

問題又來了！未有堂口成立之前，偶或發生糾紛，僅是個人與個人，或者少數人與少數人之事而已。但堂口成立之後，一旦有所爭執，也便成為堂口與堂口之間的爭執了。於是問題更趨嚴重。

在各個堂口成立之後，灣仔、上環及西環地區，就曾發生過近十次的大械鬥。雖不至屍橫遍野，血流成河，但也弄出好幾樁命案。這一來，自然引起當時的香港政府注意，除所謂緝兇歸案之外，還飭令警察部門（當時剛剛取消更練制度，成立警察部門，全體警務人員不足二百名），密切監視這些堂口活動。

緝兇方面，由於當時出入境並無限制，兇手自然不難逃脱；至於密切監視堂口活動，倒也頗算成功。原因是警察力量雖然微薄，相對的市民人數不多，地形街道也沒有今天那樣複雜。因而若干堂口黑人物，醞釀毆鬥尚未成功，便給抓去當眾笞籐（當時有這樣的一條律例），若干堂口也被搜查以至封閉。故而這些組織，不能不轉為秘密活動（初成立時是公開的）。

直至宣統元年，十多個堂口中的「勇義堂」（其後蛻變成「和勇義」），有一名諢號「黑骨仁」的「執事者」，發起聯合所有堂口，和平相處，有福同享，有難同當；萬一發生糾紛摩擦，也用「講數」方式解決，非萬不得已時，不得訴諸武力。即使到了「非打不可」的地步，也需指定時地，一決雌雄。不論勝負的任何一方，絕不能驚動官府。這個提議，頗獲各堂口贊同。於是在同年的端午節，召開第一次「大會」，也是香港有史以來第一次的「洪門大會」。

本來這些堂口，和當時中國大陸的洪門任何一個山頭，都談不上直接關係；中國大陸的洪門秘密組織，亦從未承認過香港的堂口是它們屬下的一個環節，何以這次的「大會」又稱為「洪門大會」呢？

原來大會發起人黑骨仁，卻是當時中國大陸的洪門人馬，隸屬於「天寶山」「碧血堂」，且還是職位不低的「紅旗五哥」。他覺得洪門組織並非官府委派，亦不必任何人加以承認，只要有一股基本人馬便行。中國大陸可以有洪門組織，香港為甚麼不能設立。還有一點更重要的，便是初期的「堂口」，只是一群烏合之眾。既無幫規堂戒，亦無等級之分，指揮起來並不能盡如人意。如果加上洪門的宗教儀式和神秘氣氛，不但可以服眾，說不定還可以從中斂財，故而將這次大會稱之為「香港洪門大會」。

開會地點據說是筲箕灣的一處曬魚場，正確與否自然無從考證。反正香港在宣統元年，曾經召開「洪門大會」則為千真萬確之事。據「何六叔」指出，在戰前，他還聽到「和安樂」的創辦人親口論及這樁事。存在館口的一份「開山文件」，亦有詳盡的記載。

大會上，黑骨仁對在場十多個堂口的代表灌輸了一套「洪門」的「理論」之外，還當場出示他的憑證（當時中國大陸參加洪門組織的入，都領有「憑證」：「紅旗」以上的高層人物還有山主的「委任狀」），證明他本人是「天寶山」「碧血堂」的「紅旗五爺」。獲得在場代表信任之後，他便指出應該設立一套規矩及儀式，使每個堂口每個會員都有所遵循，不至像「散仔館」般毫無組織。

同時，黑骨仁也指出各人離鄉別井，無非為了求財，不應動輒毆鬥，萬事應以「和」為貴，他又提議所有堂口名稱之上，一律加上一個「和」字。例如「洪勝會」稱為「和洪勝」；「勇義堂」稱為「和勇義」……等。於是，這些堂口都變成日後「和」字頭的黑社會組織。雖然，香港的「洪門」並沒有像中國大陸一樣加上「××山××堂」的銜頭，但總算掛上了鈎。從此之後，大陸的洪門人馬途經香港，也和這些人稱哥道弟。因此，將「黑骨仁」列為香港洪門的「開山祖師」，亦無不可。

當時「和」字頭的黑社會，也有一首所謂「招牌詩」。詩曰：

和牌掛起路皆通　四海九州盡姓洪
他日我皇登大寶　洪家哥弟受皇封

香港的洪門組織，其「傳教祖師」既是黑骨仁，而黑骨仁又是當時中國大陸洪門組織「天寶山」「碧血堂」的「紅旗老五」，何以兩者之間的組織、等級、暗語、手勢、詩詞……等，又不盡相同呢？筆者為了印證此事，曾經接觸港、澳兩地的老叔父十七位之多。其中幾位的國學根基還很不錯。承蒙他們掬誠相告，有幾位還出示一些不可多見的「珍貴文獻」（自然是關於香港黑社會的），才得以完成本節。

由若干位早已「金盆洗手」的「老前輩」結論，指出中國大陸的洪門組織和香港的洪門組織，職級上有所差別的原因，係兩者之間的性質不同，因此在劃分職級時亦有「繁」「簡」之別。前者由於創設時帶有濃厚的政治色彩（反清復明），組織必須較為嚴密，而職司方面為了配合實際需要，故而分為：「香主」、「大爺」、「二哥」、「三哥」、「四姐」、「五哥」、「六哥」、「七妹」、「八哥」、「九哥」、「老么」等十一種職位；但香港的黑社會組織，雖然也自稱為洪門組織，其實一點點政治意識和民族觀念都不存在，為的僅是地盤、勢力、金錢而已。故此在職級劃分上也實行「去蕪存菁」、「棄繁就簡」，把十一級縮為「香主」、「二路元帥」、「紅棍」、「紙扇」、「草鞋」、「四九仔」等六級（潮幫則在「紙扇」之下，「草鞋」之上加插「五虎將」職位，又稱「護壇五虎」）。如果兩相比較，則「香主」等於「香主」，「紅棍」等於「大爺」，「紙扇」

等於「三哥」，「草鞋」等於「六哥」，而「四九仔」則等於「老么」。

其實這一更改也不是沒有道理的。如果只是為了爭權奪利，為非作歹，則總其成者有「香主」，施謀設計者有「紙扇」，統率打手者有「紅棍」，奔跑聯絡者有「草鞋」以及打架拚命者有「四九仔」，豈不是麻雀雖小，五臟俱全了嗎？又何必疊床架屋，濫竽充數呢？

「福義興」最老　「和安樂」最大

雖則上文所述的「和」字頭組織，是香港最具歷史的黑社會組織，但卻還有一個秘密組織比較「和」字頭更老、更具歷史性的。那便是日後演變成為純粹潮州幫的黑社會組織「福義興」（又名「義興公司」）。

「福義興」既然較「和」字頭更具歷史，何以上文又不把它列入呢？因為當時的「福義興」，是以商戶作為掩護而進行半公開活動的；其活動範圍也僅限於替當時中國大陸的某一個洪門山頭籌措經費，此外絕不作其他活動。嚴格說來，只是中國大陸某一洪門山頭派駐海外的財經部門而已。故而不能把它列入黑社會行列之內。

今天，對黑社會稍有認識的人，都知道「福義興」旗下成員，清一色是潮州各屬人士（近年來客籍人士亦有加入，但亦為數不多）。但八十年前的「福義興」，僅主持人陳玉廷（潮安人，南洋歸僑）係潮屬人士。其領導下的員工，則各省各縣人士都有。據「福義興」的一位「前輩」方×喜（七十七歲，現居澳門）透露，光緒末年的「福義興」，係受當時福建省的洪門組織「萬寶山」「山主」李明良委託，在港、澳兩地籌措活動經費。陳玉廷與李明良有同硯之誼，故受託為「義興公司」的司理。據云當時南洋各埠亦有同類組織。香港「義興公司」任務，係向僑胞募捐經費，經費又分為兩種：其一是參加該公司成為公司成員的，收據之上附印上洪門秘密圖案（附圖一）；另一種是臨時募捐，捐獻款額也只限銀洋一圓，隨捐隨發收條，跟現在的賣旗籌款大同小異（附圖二）。至於加入該「公司」後，有甚麼權利，以及履行些甚麼義務，則無從稽考了！

附圖六——原件長六吋，闊三吋，白底紅字，木刻版。下首圖案係山頭標誌。

附圖七——原件長五吋，闊二吋四分，亦為木刻版及白底紅字，文中「川大丁首」及「關並足王」，係「順天行道」及「關開路現」的減寫。

當「義興公司」進行籌款活動時，上文所述的「和」字頭各黑社會組織仍未誕生；至和字頭組織崛起時，「福義興」的籌款活動相信已經停止，故而宣統元年的筲箕灣「洪門大會」召開時，並無「義興公司」或「福義興」參與，許多「前輩」亦未能指出當時兩者之間有任何橫的聯繫。至於「福義興」竟然變成今天潮幫三大黑社會組織中，最具勢力的一環，則已是幾十年後的事了！

附圖（六）

附圖（七）

由民初以至太平洋戰爭爆發前夕，這二十多年之中，香港黑社會組織人數最多、經費最足、規模最大的，則首推「和安樂」（又名「汽水房」，簡稱「水房」）。「和安樂」未加上「和」字頭之前，稱為「安樂堂」。初期成員大多數係茶樓酒館，以及街邊熟食攤檔等從業員。第一輩「開山祖師」李勝、鄒日光……等，稱為「十二皇叔」，但都缺乏雄才大略，對「會務」推進，並無多大進展，故而成立初期，絕無突出之處。

在民國十年（一九二一）左右，這個組織的第二輩人物中，出現了一名「組織天才」。在三數年內，把原有的會員由三百多人發展至三千多人，且還將主力向九龍方面移動，在油麻地上海街租賃整層樓宇，作為「堂口」辦事之用。又通過推舉方式，選出「紅棍」一名為「坐館」，「白紙扇」二名為「揸數」，「草鞋」二名為「常駐執事」。且還編造「海底」（會員名冊），印發收條（徵收會員經常費），一切「會務」，弄得有聲有色，使其他的黑社會組織瞠乎其後！

這位「天才」名叫溫貴，是一個「讀書不成，學劍又不成」的「半桶水」人物，但卻具有指揮和組織的頭腦，他的職位，起先只是「四九仔」（普通會員）。在「和安樂」

與「和勝堂」的一場利害衝突中，溫貴設計瓦解敵方的鬥志，又在當時的大觀酒樓設下埋伏，一舉而擊潰對方主力，使整個油麻地區（當時九龍最繁盛的地區），完全置於「和安樂」控制之下。於是「一舉成名」，由當時的「香主」蛇王南下令，舉行「平地一聲雷」儀式，大開香堂，擢升為「白紙扇」，並任為堂口「揸數」要職。

成為「和安樂」的頭頭之後，溫貴便大展拳腳，發展他的「抱負」。把整個「和安樂」劃分為十條線，計九龍六條，香港兩條，新界方面沿鐵路線一條，由荃灣至元朗一條，每條均由堂口指派「紅棍」、「紙扇」各一名統率。「線」之下又分為若干「堆」；「堆」之下又由若干小頭目聯繫若干會員，堂口有事時便像軍隊指揮部屬一樣，層層控制，如臂運指；經濟方面，溫貴又建議不論在業或失業會員，每人每月繳交經常費六毫，積聚起來，交由若干有實力的人物發放高利貸，對象為下等娼妓及流動小販。當時社會安定，幣值穩固，放出去的高利貸，很少有「撻賬」之虞。於是，「堂口」的經費愈來愈多，

註：所謂「過底」係由甲組織轉到乙組織的稱謂。例如某甲原係「和勝和」會員，但要轉到「和安樂」旗下，經雙方「六佬」同意，便可「轉籍」。

會員人數也直線上升，一時聲勢大盛，別的「堂口」的會員「過底」(註)者亦不計其數。

由民初以至香港淪陷前夕，香港眾多黑社會之中，「和安樂」一直雄踞首席，儼然「盟主」。香港有史以來兩次與黑社會有關的大災害（一是日軍入侵九龍時，「勝利友」大施燒殺搶掠，以及一九五六年的黑社會大暴動），「和安樂」也擔當了非常重要的角色。直至最近十年來，它的風頭，才給「十四K」漸漸壓下去。

「和安樂」的招牌詩是：本堂名字和安樂，獅子頭來玻璃身，金漆招牌揚四海，×十年來到如今。末句的「×十年」的「×」字，活動使用。大概是由宣統元年起計，倘若今天使用，則應是「七十年來到如今了」！

省港大罷工　黑幫乘時起

五十多年前的省港大罷工，是轟動中外的一次群眾運動。不僅顯示了工人們的無比力量，也顯示出壓力愈大、反抗愈強的民族精神。但香港的黑社會卻從這次運動之中，竊取了不少利益，而且，聲勢也隨之壯大不少。

當時，香港的黑社會組織名稱，計有：「和安樂」、「和勝和」、「和利和」、「和洪勝」、「和群英」、「和合圖」、「和勇義」、「和聯勝」、「和合群」、「和合義」……等。非「和」字頭的則有：「福義興」、「同新和」、「同新義」、「單義」、「聯義社」、「聯英社」、「新同樂」……等等。至於外來組織統稱「粵東」；來自澳門的統稱「馬交仔」。此外，還有掛上社團名義，暗地裏也為非作歹的有：「青年社」、「三聖體育會」、「西河體育會」等一共三十個左右。人數方面，由百數十人以至數千人不等，各踞一方，欺凌弱小。而堂口與堂口之間，自然也為了爭權奪利而不時互相火併。

許多圈內外人士，都認為「和」字頭的黑社會組織有三十六個之多，是為「三十六和」，其實這是不盡不實的。香港的黑社會組織勉強可說是內地洪門組織的支流，當時中國大陸各地的「洪門山頭」，也會不時變動，既可隨時組織，亦可隨時瓦解，何況香港的黑社會絕大多數均係雞鳴狗盜之流，作奸犯科之輩？自難有較縝密的組織和「法定」的名稱了！因此，戰前的黑社會組織名稱，有些在今天是找不到的；當時沒有的，在戰後卻紛紛崛起（如「十四K」、「敬義」……等）。「三十六和」之說，求證於許多「老叔父」，都認為是以訛傳訛，無法證實。

閒話休提，再談到省港大罷工時，香港黑社會人物如何乘機搏亂，渾水摸魚的情形。這場由「五卅慘案」所引起的大罷工，由於與本文無關，香港以外各地的發展情形，不擬贅述。當慘案發生後，中國大陸的大小軍閥，勾結帝國主義者在各地造成慘案的消息，傳抵香港時，香港各界同胞無不熱血沸騰，同聲討伐，繼以行動支持，為中國大陸同胞作聲援。首先罷工的是「海員工會」。

當時的香港總督是史塔斯（傳說當時的港澳同胞稱他為「屎塔士」，以示痛恨），竟下令查封一張刊登罷工消息，及通過社論譴責帝國主義的報紙（恕筆者忘卻此報名稱）。封報之外，還要拿人。這一來，各界同胞的情緒便如黃河堤崩，火山爆裂，各行各業的工人店員（包括政府僱員及外商僱員），紛紛響應。連當時居於重要地位的電車公司員工，也自動不再上班；一向接受殖民地教育的「皇仁書院」也跟着罷課，而各界商人也紛紛罷市。於是，整個香港立時成為死城一樣，完全癱瘓了！

當時香港政府的態度，始而大力鎮壓，繼則軟硬兼施。由於部份老弱婦孺，紛紛離港，香港政府雖未有採取戒嚴措施，但卻由史塔斯下令調動英軍，分為若干隊，荷槍實彈，整日巡邏。以至一般市民因而無事不敢外出，弄到香港一片蕭條，恍如鬼墟。

於是，黑社會人物便乘時蠢動了！

當時，自來水設備仍未十分普遍，到街喉或少數水井輪水的人仍屬不少。但因街道蕭條，而如狼似虎的英兵又不斷示威恫嚇，一般家庭主婦都不敢外出取水。於是灣仔區「單義」人馬首先出動，代為挑水，代價每擔一元。當時的幣值，一元錢幾乎可以購買上白米五十斤，等於目前七、八十元。試想，七、八十元錢一擔水，相信是世界上最昂貴的水了！

「單義」的奇招突出，引起港、九各區的黑社會人物垂涎，於是紛起效尤。本來，有人怕事不敢外出輪水，有人膽正命平自願代勞，在兩廂情願之下，還不能算是苛刻。但問題並不那末簡單。幹開了，強行勒索者有之，入屋竊劫者有之，甚至不管你是否同意交易，第一天替你挑了，第二天便自動送上門來，水到收銀，否則煎皮拆骨，弄到若干市民叫苦連天，無處申訴。

跟着，歹徒們又搬出「代客購物」的花招。這也是利用一般主婦不敢外出的心理，只要你開列清單，油鹽柴米，均可代購，且還聲明貨到才收款項。實則這些歹徒趁着軍警忙於鎮壓罷工，對維持治安的責任，等於放棄，便將一些東主回鄉，無人看管（或留一、二人看管）的店鋪，砸門而入，強搶硬奪，呼嘯而來，滿載而去。然後將搶來的物品，送上購物者的家庭，收取貨款之外，還另加一筆「服務費」。

後來，眼見英軍港警只顧彈壓罷工，對偷搶劫掠不大理會，於是更為猖獗。「和安樂」、「和勝和」、「和利和」、「單義」、「同新和」、「西河體育會」……等單位，紛紛出動。白天踩盤，晚間動手，簡直無法無天。據曾參與那次發財機會的一位老叔父錢壽回憶（錢壽當時隸屬「單義」，戰後已不再活動，改行正業，目前已兒孫繞膝，住紅磡老龍坑街，該區老街坊均識壽伯其人），當時他們所有的手足，不分日夜全體出動，發其「罷工財」。最高收入每天竟達二百元之多。當時的幣值，幾乎可以購買黃金四両了！

由於罷工影響，百業停頓，除了大部份產業及專業工人返回廣州，由當時的政府資助之外，失業情形自是極為普遍。於是各黑社會單位都乘時招兵買馬，在一年多的罷工行動中，每個黑社會單位都較前「壯大」了！也打下了以後為非作歹、貽禍社會的根基。

勢力日膨脹　警黑「雙掛鈎」

由三十年代初期起，以迄一九四一年底香港淪入日軍鐵蹄之下為止，這十年中，可算是香港黑社會的黃金歲月，錦繡年華。

雖然那十年之中，無論社會繁榮，無論黑社會人數之多，又無論「走偏鋒」的門路之廣，都遠遠不及戰後以迄如今。如此，又何以成為黑社會最「燦爛」的年代呢？

其原因不外下列幾點：

1．黑社會人物和警方已開始掛鈎，使黑社會組織逐漸半公開化；

2．當時警方偵緝部門，仍處於「佛地神差」時代，對科學鑑證及現代偵探術的認識，極為貧乏。每遇大案，都借重黑社會人物作線人，始能破案。這一來，黑人物的地位變相提高了；

3．那段日子，一般市民思想仍然相當保守，也很怕事，警覺性亦未如今日之高。因此，黑人物的活動，幾乎沒有碰到困難；

4．香港政府仍未有反黑部門之設，雖然黑社會組織從未被官方認為合法，但律例上還未有「身為三合會會員」的懲罰之條。活動上既沒有甚麼顧忌，自然也獲得較「正常」的發展；

5．也是最重要的一點。當時的黑社會組織，多多少少還講究「幫規」、「義氣」，單位與單位之間偶有糾紛，大都能通過「講數」謀求解決，並不像今天那樣亂打亂殺，胡作非為。故而當時的黑社會組織，局面大致相當「穩定」。

基於上述原因，黑社會組織便在那十年時間的「生」、「聚」、「教」、「養」之下，空前強大起來！

談到警、黑「掛鈎」，正是「古已有之，於今尤烈」。但兩相比較之下，戰前和戰後又有所不同。戰後以來，它們彼此之間，充其量一方包庇，一方奉獻，一方利用，一方效勞，狼狽為奸，互為表裏而已。但戰前的警方人員，竟有和黑人物燒黃紙、斬雞頭，稱兄道弟，誼結金蘭的；表面上是誓不兩立的「敵人」；暗地裏卻是忠實的「盟友」。如此，蟻民百姓，不遭殃才怪！

一位蟄伏澳門數十年的「水房」前輩，綽號「石岐炳」，年紀已是八十有餘，目前港、澳兩地「和安樂」的「坐館」，算起來都是他老人家的「玄孫」輩。三十年代初期，說得上是「風雲人物」。當時「石岐炳」的活動地區係油麻地、旺角一帶。某任華探長（早已在戰時身故，其子現亦在警界服務，官授高級督察，故姑諱其名）竟然和他結為「黃紙兄弟」。「石岐炳」妻子去世時，那位華探長竟然掛上黑紗，面帶戚容，親到靈前為這位「大嫂」叩頭致奠。若非當事人親口說出，筆者也未敢置信。

還有令人難以置信的怪事。在那個時代，黑社會堂口與堂口之間，發生摩擦，但又能通過「講數」而獲至和氣收場時，例由理虧的一方，擺設「和頭酒」，以示歉意。此類「和頭酒」，往往會有警方人物作為座上嘉賓。當酒酣耳熱之際，雙方當事人都舉杯慶祝，今後和氣生財，化干戈為玉帛。而列席的「探長」或「沙展」，亦以相當於「見證人」身份，周旋於兩者之間。這類故事不必舉例了，因為那個年代距今不遠。六十歲以上的叔父輩，都耳熟能詳。

當時職業罪犯非常活躍，較諸今天，亦不遑多讓。所差別的僅屬於方式方法以及技巧上的新陳問題而已。如果要作進一步分析，則戰前的罪案屬於「濕濕碎」一類，但卻非常普遍，而又不大為人注意，並不像今天那樣常有「驚人之作」，如數以百萬的大劫案、姦殺案、劫殺案……等等，動輒轟動社會。這也是當年黑社會組織能夠迅速茁壯的原因。

當時除包庇黃、賭、毒及老千行之外，最普遍的犯罪行業，計有：

「墨漆」——即夜間偷入人居，盜竊財物。

「文雀」——即扒手。

「爆冷格」——探悉無人在家，撬門而入，進行盜竊。

「踩燈花」——黃昏時乘人不覺，潛入屋內，夜闌更靜即行翻箱倒篋，暗入明出。

「高買」——在市場或商戶作購物狀，乘機盜竊貴重貨物。

「收曬晾」——專在人家天台或後欄，盜取曬晾衣物。

「海鮮檔」——即在街頭巷尾，開設魚蝦蟹或紙牌小賭檔。

「夜冷」——專門從事收購賊贓，改頭換面轉手圖利。

「跳罕」——在街頭巷尾或大笪地出賣假藥或春藥。

「拐帶」——誘拐兒童，買賣人口。

「撻流錦」——以假銀幣在進行買賣時，換取對方的真銀幣。

「收爛賬」——憑惡勢力替人收取爛賬或陳年舊賬。

「高利貸」——不必註釋。

「徐公術」——通過占卜卦命，危言聳聽騙取金錢，或利用對方貪念，以種金種銀等手法行騙。

「換流朵」——專門竊取信箱信件，洞悉內容後相機登門行騙。

「劏死牛」——在僻靜地區以暴力行劫。

「帶貨」——往返港澳與內地之間，攜帶漏稅或違禁品。

在殺人放火、鬧市行劫有如家常便飯的今天，來比較這些「濕濕碎」的罪行，自屬微不足道；但在「太平盛世」，幣值穩定，生活程度不高，消費門路不多的當年，這些罪犯的「從業員」，卻有「一技之長，永無凍餒」之感；「安全」程度，自然也較今天為高，而且收入也很正常。據筆者所知，「執一業而終此生」者，大有人在。

這些人百分之百都是黑社會人物，而他（她）們的收入，既然如此「穩定」及「正常」，對各個「堂口」自然有很大貢獻。因為當時所有黑社會組織，都規定屬下成員按時奉獻，數目多寡則按照實際情形而定。大概是「多多益善，少少無拘」吧。

因此，每個單位的經濟問題都不虞缺乏，有了錢，一切「會務」自然也推行得特別順利。

由於當時黑社會並未被視為「非法組織」，其活動也在半公開情形之下進行（例如某堂口有甚麼慶典，便會大擺筵席，請帖上大書××會或××堂敬約等等），且還勾結官府，廣收徒眾，在社會上儼然佔有重要地位，作奸犯科之輩固然倚作靠山，即使正行正業甚或富家子弟，亦有不少投靠門下，求取「會員」身份。

這些人參加黑社會，自然不是為了為非作歹，亦不是為了欺凌別人。他們大都具有「官府在遠，拳頭在近」的想法，萬一受到別人欺負時，藉此「護身符」保護自己而已。故而那十年之內，香港黑社會組織的勢力，其膨脹程度，已達頂點。這種形勢，一直維持至香港淪陷前夕。

戰時作虎倀　甘認賊作父

一九四一年十二月，日本軍閥發動太平洋戰爭，香港係其南侵目標之一。英軍雖然也進行抵抗，但卻如螳臂擋車，屢戰屢北。耶誕前夕，整個香港便淪陷於日閥鐵蹄之下。

從此，香港居民，開始了三年零八個月最艱苦、最黑暗的日子。

由於日本佔領軍對香港一直行使軍事管制，這段日子，只用「悲慘黑暗」四個字便可概括一切，其他似乎無可敍述。但香港的黑社會組織，在這段愁雲慘霧的歲月之中，仍然「大有作為」！

首先是九龍陷落之前，以及香港遭受圍攻之際，港、九兩地均曾受到黑社會人物的打、搶、燒、殺；而淪陷期間，又認賊作父，甘作虎倀，替日閥的憲兵充當走狗，殘害不少良善同胞。

香港淪陷後，被改名為「香島」，首任「總督」為戰犯磯谷廉介。磯谷於一九四二年初就任，在此之前，由師團長酒井隆中將，以軍政府姿態統治香港，視之為戰時領佔地。

當時，日軍將港、九兩地劃分為二十二區（港島十二區，九龍十區）。每區迫令一名較有名望的華人擔任「區政所」的「所長」。當然，這些都是俯仰由人，全無權力的傀儡，真正的統治權力，則集中於生殺予奪的「憲兵部」手上。

「憲兵部」的一名中尉軍宮，原名久宮傳一郎，在台灣長大，熟識國語和閩南語。

這傢伙在香港卻有個非常中國化的名字——「李志廷」。當時「福義興」的一名紅棍林滿（廈門人）不知怎的跟這位兇神掛上了鈎，在其默許之下，首先在上環街市附近開設了近十檔賭檔。與其說是賭檔，不如稱之為騙局更恰當。因為真正的賭博，雖然買家贏面較少，但也不會百分之百輸錢；而這些魚蝦蟹和紙牌檔，除非你不沾染，否則絕對居於輸面。原來這些骰子或紙牌全部都做了手腳，莊家要開甚麼便開甚麼，達到操縱自如的地步。萬一失手，也會「輸打贏要」。故而這些「賭檔」，都大殺四方，除了孝敬「憲兵部」及其屬下的「密偵隊」之外，主持人都日進萬金，財源滾滾。

說實話，黑社會中人亦非個個窮兇極惡，毫無人性的。那時國難當頭，再加上在香港生活十分困難，生命也毫無保障，因此，許多黑社會人物都先後回到內地，另謀生計；不少人還廁身軍旅，投入抗日戰爭的大洪爐。自然，留下來的也為數不少。既然敢留下來，自屬兇橫暴戾，膽正命平之輩。這些人其後大多數都變成日軍直接或間接的走狗，為虎作倀，認賊作父，據筆者確實獲悉，這類黑社會人物現仍枉居人世，散居港、澳兩地的，最少也有十五名之多。

「福義興」的林滿發了大財之後，其他留港的黑人物無不垂涎三尺，紛紛通過林滿和憲兵部搭上關係。這一來，香港的西環、灣仔，九龍的油麻地、官涌地區，便賭檔林立，較諸現在港澳碼頭大笪地的攤檔還要多。其後，日軍又從察哈爾、熱河等地，運來大批鴉片。這些毒品，除了部份轉運澳門之外，其餘的自然提煉本銷。於是，除了遍地賭檔之外，還有數不清的煙（鴉片）檔，和民初年代的「談話室」一模一樣。

淪陷期間，在香港最吃香的黑社會組織，計有：「和安樂」、「和洪勝」、「和利和」、「同新和」及「福義興」等。這些堂口都主動跟各區的「密偵隊」聯繫，為了五十元軍票的獎金，他們不惜出賣潛伏的抗日分子；為了一両煙土，他們不惜拿三條同胞的生命去換取，言之令人髮指。

三年零八個月當中，黑社會人物幹下的卑鄙行為，首推協助「皇軍」在灣仔及油麻地兩地，建立「慰安所」。

據上文提及那位「水房叔父」何六叔指出，此事發生於一九四二年七月。當時的日軍「副總督」平野茂，決定在香港及九龍兩地，設立「慰安所」共六百處，計劃由「防衛司令部」會同「憲兵指揮部」執行實施。

其時南洋各地均已先後淪陷，因此，台灣及香港便成為南侵日軍的後方，許多傷兵病號，都運來香港「南支派遣軍」的第二〇〇野戰醫院治療。這批傷病員兵，經常超過兩千名，他們離開醫院之後，大部份都有一段假期逗留香港；而經常派駐香港的日軍正式海、陸軍及輔助部隊，人數亦接近二萬。為了解決這許多官兵的性慾問題，便不得不設立大規模的「慰安所」。

首先是地點選擇問題。香港方面，因為日軍各部門的指揮部，大都設於中環，如總督辦公廳設於滙豐銀行，憲兵部設於高等法院……等。為了「方便」，「慰安所」自不能距離太遠。於是灣仔便成為「最佳選擇」。

本來，在日軍的暴力統治下，何求不得？只要一聲令下，任何事都可辦到，任何人也無力反抗。但灣仔區卻是人煙最稠密的所在，驟然之間，要所有居民全部遷出，雖不困難，但亦考慮到有無抗日分子從中煽動，來個一把烈火，或者偷襲執行逼遷命令的日軍等等。在「防衛部」及「憲兵部」商議之下，認為黑社會分子對於該項工作，可派用場。於是由久宮傳一中尉聯繫黑社會人物，召集一百多人。傳達任務之後，逼遷行動立即展開。

日軍、日憲先將東自修頓球場起，西迄軍器廠街止，架上鐵絲網及鐵馬，大批日軍如臨大敵，封鎖全部出入孔道，然後分為十組，每組日軍五名，憲兵五名，配屬黑社會人物十名，通譯一名，分別挨家逐戶通知居民，限三天之內，全部遷出。然後留下黑社會人物，更番輪流催促。拳打腳踢者有之，乘機劫掠者有之，對女性非禮輕薄者有之，敲詐勒索者亦有之。那三天之內，弄到天翻地覆，日月無光。結果逼遷任務如限完成，而這批黑人物也替「皇軍」立下一功。有關此事，灣仔的老街坊，相信沒人能夠忘記。

事隔多年，要知道這百餘名喪心病狂的黑人物，究竟屬於哪個單位，自然不容易。但據曾經參與此事，隸屬「單義」的一名諢號「孖指坤」的透露，為首的當然是「福義興」的林滿，此外，「單義」、「同新和」、「和安樂」及「和聯勝」（此一組織在戰後已煙消雲散，不復存在）幾個單位都有人參加。代價是五十斤白米和三十元軍票。孖指坤目前仍然健在，先住於太原街，但每當出入附近街道時，當年慘況，如在目前，其後索性搬到筲箕灣東大街居住。幾年前，香港曾經搞過一陣子「日軍暴行控訴會」（由某某協會主辦），目的是要日本政府備價贖回留存在港的軍用手票，此老也曾應邀出席參加。當他在台上申訴當年自己的親身經歷時，不禁老淚縱橫，咽不成聲。可見一個人要做壞事也不容易。

在香港淪陷的三年零八個月之內，最後兩年，日軍索性發給牌照，公開經營娼、賭、毒。這批三山五嶽之輩，自然更有「英雄用武之地」了！

戰後重組織　質態不如前

一九四五年八月二十日，英夏慤海軍少將率領的艦隊，在香港登陸，結束了日閥在香港的統治。

此後，半年之內，市民從四方八面復員回來，使香港人口又回復一百二十萬左右。復員的市民之中，自然有不少是黑社會分子。至於淪陷期內，甘作虎倀的一小撮，由於香港係殖民地，除遵照國際法庭指示，處理一些戰爭罪犯之外，並沒有進行過肅奸運動。故而除卻少數風頭最勁、罪孽最深（如林滿等）的，暫時藏匿或逃回中國大陸作一時躲避者外，其餘的都安然無事。於是又和「劫後歸來」的那一批，重新在市面活躍。

戰後最先恢復活動的黑社會組織，仍然是「和安樂」，其次才是「福義興」。當時滿目瘡痍，百廢待舉，香港的「軍政府」和楊慕琦重新接掌的初期香港政府，只能着手處理大的問題。對於黑社會人物如何活動，自然無暇顧及。於是，黑社會組織又先後恢復規模，招兵買馬。若干新堂口亦於這段時期紛紛崛起。

戰後一年之內，有堂口、有組織，擁有「會員」五百名以上的單位名稱，包括「舊有」及「新興」的在內，計有：「和安樂」、「和勝和」、「和利和」、「和洪勝」、「和義堂」、「和勝堂」、「和勇義」、「和合圖」、「和義和」等；和字頭以外的則有：「同新和」、「聯英社」、「單義」、「粵東」等。屬於潮州幫的則為「福義興」、「新義安」等。戰前一些如：「和群英」、「同新樂」、「和聯勝」、「同新義」、「聯義社」、「青年社」以及「三聖堂」……等單位，不是給別的單位吞併，就早已煙消雲散，成為黑社會的歷史陳跡了！

至於「十四K」、「敬義」、「馬交仔」及「清幫」等組織，則於五年後才陸續出現。

其時黑人物的活動，除了一些「例行罪惡」如盜竊、搶劫、扒手、街頭騙局及街頭賭檔等外，最普遍的莫如收規及包庇娼妓了！

「收規」的對象，全係市場或臨時市場、街邊攤販等。其時警察人力不足，維持市面秩序，往往有顧此失彼之感。黑人物便對這些對象先來個下馬威。如藉端鬧事、毀壞貨物及生財工具，甚至夜間縱火焚燒攤檔設備等。然後派出能言善道之輩，曉以利害，倘能按時繳交「保護費」，則可平安大吉，保證無人再敢騷擾。他們也曉得「殺雞求蛋」是下下之策，故而需索不多，這些以升斗為生的小市民，在此種環境之下，除了低頭奉獻之外，自無其他辦法。

這是一條財路，誰都想伸伸手、沾沾腥。利之所在，自不後人，於是便不斷發生爭奪地盤的大決鬥。故而戰後初期的黑幫集體厮殺，幾乎無日無之。

經過一番拚殺，弱者淘汰，強者生存。當時能夠明目張膽，控制港九各地區的，九龍方面：

「和安樂」——控制旺角地區。

「和勝和」——控制深水埗北河街以北地區。

「和勝義」——控制佐敦道以北油麻地地區。

「聯英社」——控制官涌以至尖沙咀地區。

「福義興」——土瓜灣以迄九龍城地區。

香港方面：

「單義」——灣仔地區。

「和合圖」——中環地區。

「和勝堂」——西營盤以迄薄扶林地區。

「新義安」——銅鑼灣以迄筲箕灣地區。

「同新和」——灣仔部份及西環部份地區。

當然，某一組織控制某一地區（稱為「陀地」），並無明文規定。當某一單位勢力有所升降時，亦會擴張或縮小；在利益方面有所衝突時，仍不免明爭暗鬥。此種情形，一直維持至一九五〇年左右。

雖然若干黑社會單位，都能在戰後短期之內，重行「設壇立舵」，但「質」和「態」都跟戰前有所差別。「會員」人數容或跟着人口比例有所增加，但對控制及指揮方面，則已顯得四分五裂，各自為政了！

在戰前，任何一個黑社會組織單位，都設有「海底」存於「堂口」之內。所請「海底」，亦即「會員花名冊」。任何一名「大佬」收錄「門生」時，均須向堂口的「紙扇」

呈報，將「新會員」的年齡、籍貫、職業（例如「文雀」、「爆冷格」等。如屬正當職業，亦須填寫清楚）、綽號等等，正式列入「海底」。如此，此人才獲堂口承認是旗下的一員。萬一個人對外發生爭執，堂口才會全力支持。而且，「大佬」收「門生」時，照例由「門生」奉上「毛詩」（利是）一封，數目的零頭必須係六數。如一元六角、三元六角、六元六角、十元零六角⋯⋯等（香港黑社會組織，仍然沿用中國大陸「洪門」傳統，忌「四」、「七」兩個數字）。收「門生」的「大佬」，亦例將「毛詩」的半數，繳交堂口作為基金。上述數目，自然係指戰前幣值，時至今日，已經是「無事三十六，有事三百六」了！

戰後的黑組織便沒有嚴格執行此一規條。除「和安樂」、「福義興」較為健全的單位，仍然留有「海底」之外，其他的連本身會員人數多少，也弄不清楚。一九五六年黑社會大暴動之後，由於警方的追查，相信任何單位，也沒有「海底」存在了！

這是「質」的不如。至於「態」的方面，戰前的黑社會人物，絕大多數都能做到「打死不報官，刑死不招供；『公司』有令諭，誓死要服從」的「誡條」。但戰後的黑社會人物，部份被警方利用作為線人，而且，共同作案時，其中一人被捕，往往也在刑求之下，供出在逃同黨。此外，除了小部份「大哥頭」，擁有經常可資驅策的「馬仔」之外，「堂口」首腦人物能夠下達「全體動員令」的，已是絕無僅有。「坐館」及「揸數」已是徒有虛名，約束力幾乎丁點也沒有了！這也是「態」的不如。

在上述時期之內，「警」、「黑」勾結也變了質。在戰前，上文說過若干華探長上任之初，例必拜候該區有頭有臉的黑人物；但戰後則截然不同。警、黑之間雖然仍有勾結，但卻變成奴與主、利用與被利用的關係。在「體制」上，也由「專誠拜訪」而變成「呼之則來、揮之則去」了！年來法庭審訊貪官污吏時，經常聽到有「收租佬」這類人物，社會上有這種「特殊階級」，亦由那段時期產生的。

戰後初期的「收租佬」，遠不如今天那末「顯赫」。前者只是在猛獸牙縫中，乞取殘羹剩飯的可憐蟲；而今天的「收租佬」，如「沙皮狗」、「豬油仔」兄弟，財富超過千萬，像「東雲閣」那樣規模的夜總會，亦只不過是他們「芸芸事業」中的一環。相形之下，判若雲泥。這當然是時代有所不同，亦說明警、黑兩方的勾結，也是跟着時代「進步」的。

十四K崛起　聲勢壓群雄

一九四九年春，中共軍已完成強渡長江的準備，南京上海指日可下，而華南兩廣地區，亦風聲鶴唳，草木皆兵。「軍統」頭頭毛人鳳，為了最後掙扎，便佈下棋子，以便「捲土重來」。於是密令第二處加緊聯繫兩廣各地洪門組織，希望能夠加以利用。於是，葛肇煌便於廣州再設「洪發山」，重建「內八堂」。

實則「洪發山」這個洪門組織，在民初便早已存在。至抗戰初期，便已逐漸變質，成為各碼頭惡勢力和走私販毒的秘密組織。勝利後，一向設於武漢的「五聖山」，首先恢復活動（香主為白崇禧的侄子白×棠）。稍後，另一名國民黨退役將官藍×材，亦於廣西南寧重建「大洪山」，可能藍某號召力不夠，故而「大洪山」的活動，始終限於南寧、百色、玉林各地。葛肇煌便和藍某接頭，計劃把「大洪山」的「山頭」移至廣州，由葛任「香主」。藍某正欲脫身來港作寓公，便樂得做個順水人情，把「大洪山」讓給葛某，並易名為「洪發山」。於是，一九四九年四月下旬的一天晚上，廣州市西關寶華路十四號，便上演一幕「大開香堂」的活劇。

當年中國大陸任何一個洪門山頭，都有「山」、「堂」、「水」、「香」四句「山頭訣」。「洪發山」自然「未能免俗」。它的「山頭訣」是：「洪發山、忠義堂、珠江水、白雲香。」今天的十四K組織，雖則由大洪山蛻變而來，但如向他們問及根出何山，源出何水，相信絕大部份是「一竅不通」，更不論甚麼「山頭訣」了。

葛某接掌「洪發山」不久，中共軍已犁庭掃穴，進軍華南。自然並未能完成「軍統」給予的「落地生根，全面潛伏」的任務，在廣州解放前夕，便挾着尾巴，帶着各堂「香主」及心腹徒眾，倉皇來港。葛某跟那些「堂主」留港並不太久，又轉到台灣「歸隊」去了。剩下來的若干徒眾，便成為香港「十四K」的「開國功臣」。這一來，給香港市民帶來莫大災害。

「十四K」在港設壇立舵之初，自視為「洪門」正統。而且，也公開承認國民黨是他們的靠山，充滿政治色彩，因而跟原有的黑社會各堂口格格不入。前者自認「不是猛龍不過江」；而後者則抱着「強龍不壓地頭蛇」的心理。兩者之間，一開始便勢同冰炭。故而二十多年來，「十四K」和「陀地」各單位，發生摩擦而演成大火併的事例，罄竹難書；釀成命案的少說也有三十宗之多。

「十四K」以「猛龍過江」姿態，在香港佔有一席地位後，陣容迅速擴展。至六十年代初期，黨徒已發展至八萬名（包括「掛藍燈籠」的在內，所謂「藍燈籠」，係未有依循開香堂的手續，僅獲某一大阿哥承認為門下弟子的小人物）左右；至七十年代初期，又繼續擴展至歐美各國的唐人街及東南亞各地。目前台灣的黑社會組織，大致分為「潮幫」、「青幫」、「粵幫」及本地「太保」等單位；而粵幫方面，長期以來，均由「十四K」人馬執牛耳；日本方面，自一九七三年以後亦發現有「十四K」組織。至於澳門方面，「十四K」亦為各黑幫之中最具勢力的一環。

香港黑社會組織，和台灣特務機關保持着千絲萬縷的關係的，亦唯「十四K」一個單位。

一九五六年黑社會大暴動之後，香港政府為此發表「九龍及荃灣報告書」。文內提及「十四K」時，亦指為「親國民黨半官方的地下組織」。其性質如何，於此可見。

「十四K」之後，仍有兩個「堂口」於六十年代初期先後成立，那便是粵幫的「同樂」和潮幫的「義群」。

「同樂」是東南亞因受排華政策影響，離開僑居地而獲得居留香港（亦有部份係非法入境者）的部份華僑青年所組成，其後逐漸擴大，成員成份也愈來愈複雜。既有服刑期滿被釋出獄的青少年，亦有各行業的街邊小販。不過，這個組織人數始終不多，亦難與其他堂口對抗。故而黑幫互相厮拚的事件之中，極少牽涉在內；但對外（指未參加黑社會的一般市民）則不同了，它的劣跡惡行，跟其他圈內的「老大哥」們亦不遑多讓。

至於「義群」則為清一色的潮幫組織。起先是一群職業司機（大部份是小巴司機），為了應付衙門的「片費」交收而組成。他們大部份原屬「福義興」或「新義安」人馬，組成「義群」之後，又推舉出「收租佬」直接與貪污分子聯繫，以避免遭受多重剝削。因為「收租佬」也不是枵腹從「公」的，他們所拿的錢，除衙差們賞賜之外，其餘的自然「羊毛出在羊身上」。「義群」此舉實在十分「明智」，在黑社會組織中，可謂別開生面。衙門方面，只要片費如期送到，自然也默許此項「自治方式」的存在。經過多年的蛻變，「義群」的成員成份也日趨複雜了！

所謂「大圈仔」根本不存在

留心黑社會活動的人，除耳聞目睹，或者從報章上得來的消息，除上文提及的十多個組織名稱之外，近年來，又經常會看到或聽到有「大圈仔」這個組織。如果真有這個組織存在，則「大圈仔」無可置疑是最新崛起的黑幫堂口了！

所謂「大圈仔」，概括而言，係指由中國大陸來港的犯罪人物。為甚麼稱為「大圈仔」呢？原來黑社會的暗語稱「城」為「圈」。許多老香港都稱廣州為「大城」，故而有「大圈仔」這個稱謂。

到底這些被稱為「大圈仔」的人物，是否來港之前，便已具有黑社會身份；抑或「橘逾淮則為枳」呢？如果屬於前者，豈非中共建國後大陸仍有黑社會組織存在？假如屬於後者，則是否這些「大圈仔」都屬良善青年，只是來到香港之後，才「逾淮為枳」呢？

要徹底討論這個問題，殊非三言兩語可以解決。而且，本節標題是「黑社會發展史」，為避免架床疊屋起見，上述問題且留待下文跟讀者研討，這裏，只討論所謂「大圈仔」的存在與否。

如所周知，「身為黑社會會員」，是觸犯香港現行法例的。此項條文，即使你並沒有為非作歹，也沒有實際參與黑社會的活動，只要控方能證明你「身為黑社會會員」，法庭便可施罰量刑，按律判決了。不過，控方引用此一條例控告任何人士，除指出被告身為黑社會會員之外，還要指出被告所屬的單位名稱。例如「被告×××，於×月×日，身為和安樂黑社會（或三合會）會員」等，庭上才會接納指控。假設有一天，控方把一個人拘控於法庭之上，這個人的罪名是：「身為『大圈仔』黑社會（或三合會）會員。」相信法庭會立即下令放人。

為甚麼？因為香港現存的黑社會堂口名稱之中，並沒有「大圈仔」這個組織。

筆者亦請教過一位服務於「反黑組」，最近才被調職「一般罪案調查課」的老差骨。承蒙相告，說是警方「反黑組」的資料，列有戰前以迄如今的黑社會堂口名稱。甚至一些早已煙消雲散，如和一平、和二平、和三平……等已成為歷史陳跡的都羅列在內；惟是「大圈仔」這個名稱則獨付闕如。

這樣說，豈不是沒有「大圈仔」這個組織存在？那又不盡然。嚴格的說，只是有「名稱」而無「組織」；而且，這個名稱，也是黑社會圈內人物按上的。

由七十年代起，部份來自中國大陸（絕大部份是非法入境者）的青少年，既未取得香港永久居民資格，甚至連臨時身份證也沒有。找工作，難如登天；做生意，缺乏資金；繼續求學，苦無門路。生活的煎熬，物質的誘惑，於是，只有走上為非作歹的途徑。

由於這類人物，絕大多數參加過紅衛兵，也奉行過江青的「文攻武衛」的指示，在中國大陸紅衛兵派系鬥爭時，早已有過出生入死，彈雨槍林的經驗。因而進行非法活動時，較諸「陀地」人馬有經驗、夠狠辣。偶或與本地各黑幫人物有所衝突時，較量之下，勝多敗少。使「陀地」人物另眼相看，肅然起敬。但對方既無堂口，亦無組合，最多的集體活動也不超過十個人。無以名之，因其來自省城（其實各省各縣都有），故稱之為「大圈仔」！

據筆者所知，此類人物，經常作奸犯科的，整個港、九新界，絕不會超過五百人，比起目前人數最少的黑社會組織「和洪勝」（全體人員約一千名）還要少，但名頭卻非常響亮，莫非是「時勢」造「英雄」？

筆者曾分別接觸過這類人物超過十名之多。有從監獄服刑後出來的，也有職業罪犯，亦有「業餘」罪犯（有工作，但有機會便為非作歹），對他們獲得較深刻了解，有關種種，當在下文作較詳盡的報道。

（四）香港黑社會組織內幕

上節只將香港黑社會組織在戰前—戰時—戰後的發展概況，作較有系統的報道。至於黑社會的組織內幕、人事變遷、警黑掛鈎的進展，以及「開堂收馬」、「四九紮職」……等情形，將於本節詳盡寫述；近年來黑社會的新動態、新發展，亦將一併列於本節之內。

「堂口」超逾二十　人數有多有寡

曾因貪污罪名成立，被法庭判處入獄的英籍警司譚保禮，在「反黑組」任內時（譚保禮被判入獄時，係油麻地分局警司，因本案被牽連者有探長歐陽坤及曾啟榮。前者亦被判處入獄，後者則逃往台灣作寓公），以「反黑組專家」資格，指出全港黑社會人數約為十萬人，但已成為「群龍無首」之勢。他又指出目前（時為一九七四年）黑社會組織已陷於癱瘓狀態，再無完整組織系統。僅有少數人為非作歹，對社會秩序，不復有威脅存在了……。

譚保禮發表這番「偉論」時，距今已逾四年。此四年內，黑社會勢力是消是長，對市民能否構成威脅，對社會秩序有無破壞能力，且待下文再行研討；僅就當年的形勢而言，這位「反黑專家」的言論，也是值得商榷的。

別的不說，單就人數而言，據圈內人指出，僅僅「十四K」、「和安樂」、「和勝和」三個單位，包括「掛藍燈籠」的在內，便已接近十萬人；至於黑社會組織已陷入「癱瘓狀態」之說，也是不實不盡的。直至今天為止，「十四K」、「和記」及潮州幫，仍有「大路元帥」（即「香主」）存在；而潮州幫的「福義興」、「新義安」兩單位，則還有「海底」（會員名冊）存於「坐館」手上；當然，目前的黑社會，比諸二十年前，組織上自是「鬆散」得多。不過，百足之蟲，死而不僵，何況警方的反黑工作並未徹底嚴厲執行；警黑掛鈎的事例，仍然不絕如縷呢？

由一九七四年以至執筆為文時止，一百萬元以上的大劫案起碼超過五宗；黑社會尋仇釀成命案的也不下二十宗，此外，打、搶、殺、劫無日無之，一年一度的長洲「搶包山」節目，也例必成為「老福」和「老新」兩個潮洲幫發生火併的導火線，又怎能說黑社會有一點值得注意的，便是「陀地環頭」的形勢已不復出現。例如：深水埗是「和勝和」的地頭，油麻地是「和安樂」的地頭，官涌是「老聯」的地頭，灣仔是「單義」的地頭，西環是「和合圖」的地頭……等等，確已有所改變。原因是各個黑社會組織勢力不斷膨脹，利之所在，誰都不讓誰有「專利」之權。再則新一輩的成員，對「傳統觀念」日益稀薄，過去老一輩的所謂「幫規」、「義氣」，對這些「新紮師兄」再難發生約束力量，故而某區是某一堂口的「陀地」這回事，自然而然地成為歷史陳跡了！

目前仍然有組織、有活動的堂口名稱及擁有「會員」人數（自然是約略統計），有如下述：

「十四K」——共分：「忠」「孝」「仁」「勇」「毅」「義」等八個「堆」。

香主—陳仲英、歐標（後任）。

二路元帥—陳×華。

人數—共約五萬人（澳門除外）。

「和記」——「香主」黃老潤，「二路元帥」黑鬼棠（綽號）。

「和安樂」——三萬人。

「和勝和」——一萬七千人。

「和勝堂」——五千五百人。

「和義堂」——五千人。

「和勇義」——一千五百人。

「和合圖」——八千人。

「和利和」——四千人。

「和勝義」——四千人。

「和洪勝」——一千人。

「和群樂」——五百人。

「和群英」——五百人。

「和一平」——七百人（僅在元朗區及附近鄉村活動）。

「和二平」——四百人（同上）。

「四大」——「香主」：沙皮×（綽號），「二路元帥」靚坤（綽號）。

「單義」——一萬人。
同新和——五千人。
同樂——七百人。
同義——五百人。
聯英社——七千人。
聯群社——一千人。
聯義社——五百人。
聯群英——一千人。
馬交仔——一千人。
「潮幫」——「香主」嘥十，「二路元帥」老虎仔（綽號）。
福義興——二萬人。
新義安——一萬五千人。
敬義——三千人。
義群——一千人。

以上統計，共約十九萬人。此外，加上「粵東」一千人；「青幫」（無組織系統）二千人及「台灣太保」（無組織系統）三百人。當然，這些人數是根據各個「堂口」叔父輩的約略統計，而且加上「掛藍燈籠」的臨時會員在內。

上述的「和一平」、「和二平」，均屬戰前原有的黑社會組織。據老一輩的叔父指出，民初之間，原有「和一平」至「和十六平」等共十六個堂口。其後互相吞併，人數太少的便冰消瓦解，僅僅餘下「一平」及「二平」在元朗八鄉一帶活動，但人數都不超過一千。而且，元朗地區到底與港、九市區有別，而「一平」及「二平」屬下人馬，大多數有家有業。二十年來，從未聞有這兩個堂口的成員被警方拘控的事例，莫說一般市民不知有這兩個黑社會組織存在，相信許多「新紮師兄」，對此亦會茫然無知！

雖然「反黑專家」譚保禮向市民提供的資料，頗有不實不盡之處，但嚴格說來，如果市民對黑社會組織都有相當認識，則此輩實在不足為懼。

從上述各個黑社會堂口所擁有的「會員」人數看來，多則數萬，少亦以千百計。如此龐大，倘若組織成軍，十個「加強師」還綽綽有餘，那還了得？其實並不如此，識穿了，這些黑人物除了在少數的場合和情況下，還可以嚇唬嚇唬別人之外，如果警方與市民確能徹底合作，例如市民遇上與黑社會有關的麻煩，便立即向警方求助；而警方於接獲投訴之後，亦能迅速徹底處理，則黑人物實在無所施其技。但話得說回來，要真真正正做到這一點，亦不是很容易的事，否則黑社會人物也不會如此橫行霸道！

黑社會組織雖然龐大，也並不如譚保禮所說的已成「癱瘓狀態」，但他們到底不是一支軍隊，約束力及指揮力亦遠不如前。在戰前，大阿哥一聲令下，有不服從者會遭受「執家法」的處分。時至今天，除了單位與單位的意氣之爭，或者金錢及女色上的利害衝突，還會發生群毆械鬥之外，即使自己的大阿哥在路上被人圍攻，其手足門生也未必拔刀相助。只有利害之爭，已無道義之說。因此，黑社會人數雖多，實在也起不了甚麼作用。

其次，「打死不報警，刑死不招供」這套「傳統規矩」早已消失了。在戰前，堂口與堂口之間發生械鬥，不論輕傷重傷，均由各個堂口的跌打醫生（每個黑社會組織都有此類「醫藥顧問」）治理。即使「馬革裹屍」，「沙場」戰死，亦只由弟兄們自行殮葬，再由坐館大爺厚予撫恤。寧願設法報仇，不向衙門報案；為非作歹，陣上失風時，亦「身作身抵，命作命當」，受刑至何種程度，絕不會供出作案同黨。時至今日，這種「硬骨頭」

作風已不復再見。筆者不只一次目睹有些平時威風八面，態度猖狂的黑人物，一經進入警署，無不一把眼淚一把鼻涕地低首求饒。因此，受到黑人物威脅時便立即報警，如果警方也迅速處理的話，在邪不勝正的原則下，這些歹徒是無從作惡的。

例如你是正當市民，受到黑人物威脅勒索，為了避免麻煩，也存有「官府在遠，拳頭在近」的顧慮而向他們屈服。那末，二次三次以至無數次，便會接踵而來。如果你迅速報警，只要拘獲一名歹徒，自會供出其他同黨，也不必擔心他們向你報復。

但有一點值得討論的，就是上文提及，市民迅速報案時，相對的警方真能迅速處理嗎？且舉以下的一樁實例，時間是一九七八年元月中旬。

某君失業，欠下二房東兩個月房租，屢次請求寬限，一經找到工作，便首先清付欠租。恰巧二房東是一名「十四K」人馬，對某君的請求不但不予同情，且還認為是「剃眼眉」之舉。於是糾合大漢三名，聲勢洶洶，限期三日清租，否則煎皮拆骨。某君驚懼之下，迫得到警處報案，請求保護。你猜猜某君的投訴，得到甚麼結果呢？

原來警署認為這類問題，只屬於租務糾紛而已。報案時，警、民對白如下：

警：你欠別人的租，別人向你催討是合情合理的事，難道你要警察代你清付租金嗎？

民：不！我不是這個意思！二房東帶同三名大漢威脅我，聲明三天之內再不清付欠租，便把我煎皮拆骨……。

警：他們到底有沒有把你煎皮拆骨呢？照我看，你連一根汗毛也未給人碰過。對嗎？

民：（急極）不！他們會做得到的。我知道他們都是「爛仔」，所以才請求保護。欠租只可到租務法庭告我，用這種態度簡直是恐嚇……。

警：別亂給別人扣帽子，他們頭上刻有「爛仔」兩字嗎？世間上沒有自稱為「爛仔」的蠢人。

民：噢……那末……我怎樣辦呢？我擔心他們……。

警：回去籌錢清付租金，或者要求二房東再寬限一時吧！到了他們真的碰你，再來報案不遲。

民：唉……（垂頭喪氣離去）。

結果，在第三天晚上，某君果然給幾個人在加士居道毒打一頓，但動手打他的人，卻並非恐嚇他的那幾個。某君只好再到警署報警驗傷。而警方也把二房東傳去問話。但二房東矢口否認某君的被毆與他有關，且還提出整天未有離家的證據。最後，倒霉的自然是某君了！

這裏特別提出這個實例，不過是指出黑社會人物之所以橫行無忌，是在許多因素之下形成的。筆者無意吹毛求疵，我們居聚於斯，自然希望獲得法律保護。對警方也是「愛之愈深、責之愈切」而已。此外，也歸納了上文所提及的，要做到警民切實合作，並不是口頭上說說那麼簡單。

閒話一筆帶過，回頭再述正文。

開堂儀式繁複　等級職司分明

幫會所注重的，是濃厚的宗教及政治色彩。有關此點，已在第二節文中論及。雖然這種政治色彩（反清復明）早已明日黃花，已成過去。但為了懾服人心，以造成神秘氣氛，這種儀式至今仍然不替。

先談香港黑社會組織中，等級職司人物的稱謂。這類職司等級，雖與以前國內的洪門山頭不盡相同，但亦大同小異。

香港黑社會組織的職司等級如下：

「香主」——又名「四八九」。

「二路元帥」——又名「四三八」。

「紅棍」——又名「四二六」或「十二底」。

「白紙扇」——又名「四一五」或「十底」。

「草鞋」——又名「四三二」或「九底」。

「四九」——即最底層的一般會員。

「香主」職位為每個字頭的最高掌握人，相當於從前國內洪門山頭的「香主」，亦稱「大路元帥」。例如所有「和」字頭的各個堂口，只能選出一名「香主」，總管「和」字頭所有單位的事務。又例如「四大」的「單」、「馬」、「聯」、「同」等近十個堂口，亦僅選出一名「四大」的香主，並非每個堂口均有「香主」之設。在理論上，「香主」的地位，是非常「崇高」的。

「二路元帥」則不同，幾乎每個堂口都有一名或多名的「二路元帥」。在平時，「二路」如非「坐館」，則屬有職無權。亦有退任的「坐館」受會員愛戴，進而被推舉為「二路元帥」的。

「紅棍」，為黑社會堂口的「高級職員」，亦為「打手領班」。被推舉為「坐館」的必須具備「紅棍」資格，在大開香堂時，「紅棍」扮演的角色與從前國內洪門山頭的「紅旗五爺」相等。

「白紙扇」，亦即每個堂口的軍師。在黑社會組織半公開活動時，每一堂口均長駐「坐館」及「揸數」一名，全權處理該堂口事務，而「揸數」一職，非「十底」（亦即「白紙扇」）不能擔任。遇有對外交涉或醞釀「開片」時，白紙扇須執行「遣兵調將，運籌帷幄」的任務。

「草鞋」，黑社會職員中之最低一級，以下便是「四九仔」了。在清代中葉洪門人物最活躍時，此一職位（國內洪門稱為「六哥」而非「草鞋」）經常負責奔走聯絡工作。在香港的黑社會中，「草鞋」一職，僅屬聊備一格而已。

「四九」，亦名「四九仔」，黑社會組織中的「基本群眾」，國內洪門稱為「么滿」或「老么」。但有十年以上「會齡」的「四九仔」，如蒙「坐館」或「揸數」提拔，亦可參與「會務」及招收「門生」。

黑社會組織各階層人物既如上述，那末，有沒有升、遷、降、調等制度呢？當然有。「四九仔」可以紮職為「草鞋」、「白紙扇」或「紅棍」，但僅能紮升一項職位。並不是按級遞計。例如由「四九仔」可以紮職為「草鞋」、又可以紮職為「白紙扇」，亦可以紮職為「紅棍」。紮職之後，便幾乎是「終身職務」了。除非曾經出任「坐館」或「揸數」，才可以再升為「二路元帥」或「香主」，否則「紅棍」便是「紅棍」，「白紙扇」便是「白紙扇」，「草鞋」便是「草鞋」了！

紮職方面，亦有所謂「平地一聲雷」的規例。如某一正式入會的新會員，由於對堂口有特殊貢獻或功績，可以由坐館保薦之下，不必經過「四九」階段，平步青雲升為「鞋」、「扇」或「棍」，故稱之為「平地一聲雷」。

此外，又有「掛藍燈籠」的一類。「掛藍燈籠」這個名稱，上文曾經不只一次提及。這裏不能不詳加解釋，否則讀者將會莫名其妙。

按照黑社會傳統規矩，即使是最低層的「四九仔」，入門時亦須大開香堂，經過一番隆重儀式，舉行千斤重誓，拜過前後五祖，再由拜兄傳授會中一切詩詞暗語，將名字列入本堂口「海底」之內，這才算是正正式式的「會員」。自從黑社會組織在法律上被視為非法組織，身為黑社會會員亦須負刑事責任之後，「大開香堂」的把戲，已愈來愈少上演。為了避免警察拘捕，此項儀式可免則免，只由某一「職員」收為門生，口頭上傳授一些簡單詩詞暗語，便算為該堂口一分子。這類「臨時會員」便被稱為「掛藍燈籠」。

不論正式經過「開香堂」手續也好，「掛藍燈籠」也好，拜門者必須對自己的大哥奉獻「毛詩」（利是紅包）一封；這封入門利是的數目，又必須具有「六」字，例如三十六、一百零六、三百六十或一千零六十等等。在每個「堂口」尚有固定「辦事處」時，收到門生利是的大哥，例須將半數歸公，作為「堂口」經費。如今，許多堂口僅有「辦事人」而無固定「辦事處」，甚至連辦事人的住址也狡兔三窟，今天東、明天西的，更無「海底」之設了。故而這封「門生利是」，便全數由大哥們「袋袋平安」。

一般收門生的規矩有所謂「無事三十六，有事三百六（或三千六）」之說。即並無任何麻煩糾葛，僅係想取得「會員資格」，則拜門利是可以少些；相反的先惹下麻煩，例如先跟別人結怨而託庇於某一堂口，或者意圖向某人報復，本身力有不逮而求助於某一堂口時，則拜門利是非十倍或百倍不可了！

此外，黑社會會員又有「過底」一項規矩。那就是說，某甲原屬「十四K」組織，但在某種情形之下，卻要轉隸於「和記」堂口，在新舊「拜兄」雙方同意之下，亦可進行「過底」儀式。「過底」之後，便與舊堂口斷絕關係，如果兩方進行廝殺，也只能站穩立場，偏幫新的堂口，絕不能拖泥帶水，存有「新歡雖好，舊愛難忘」的想法了！

組織等級既已談過，以下將描述「大開香堂」的「精彩過程」。

香港黑社會組織，既非從前國內洪門的派系支流，儀式上自然也有差別。筆者在解放前負笈於廣西時，曾在桂林目睹「五聖山」的一次「開堂大典」。地點是環湖路的一幢古老大宅。動員人手除外圍卡哨三十六名之外，堂上各職司人員、「入圍新貴」（即新入會的會員）及觀禮「前輩」等幾達二百人。「五聖山」當時的「香主」是牟×芳（國民黨中將），此次竟然「法駕光臨」。開堂時儀式之繁複，表演之精彩，氣氛之神秘，實是猗歟盛哉！使筆者大開眼界，嘆為觀止。

再回述香港黑社會組織的「開堂」程序。據故老相傳，戰前的「香堂大典」，亦頗為隆重。余生也晚，自未能目睹此項「盛況」。但在一九五六年黑社會大暴動之前，亦曾先後兩次參觀過「開堂收馬」的把戲（一次是「十四K」，另一次則是「和安樂」。

至於筆者何以獲得參觀，於此不便透露）。

室內以四方桌疊成三層式的供奉台。最上層供奉羊角哀、左伯桃，中層供奉梁山泊一百零八將，下層則供奉前五祖及後五祖。上述牌位均用黃紙書上紅字，供桌之前設一紙塔，塔門寫上「高溪塔」三字。供桌兩旁放置刀棍各一，稱為「洪門刀」及「龍鳳棍」。供桌中央設一「木楊城」的木斗（見附圖），其下橫放木板二條，稱為「二板橋」。

進入室內的門稱為「洪門」，由扮演「天佑洪」的人物二名，分別把守左右。意即一進「洪門」，便終身成為「洪門人物」。

各事就緒，先由「白紙扇」上香，然後跪下獻刀獻棍。起立後即高聲呼叫「恭請壇主」。於是，「壇主」進入會場，端坐供桌前特設的座椅之上。所請「壇主」，即主持該次香堂之人物，身份有「香主」或「二路元帥」，但亦有「坐館」或不在職的「紅棍」主持。

「壇主」就座後，轉身向供桌上「三把半香」，然後率眾下跪。此時，所有「收馬」的「大哥」及觀禮的叔父亦均須下跪。拜畢仍分列兩旁，各就職司之位。此時「壇主」

大喝：「傳新人！」把守門口的兩名「天佑洪」高聲答應，然後帶領新入會人魚貫入場。

「天佑洪」帶「新馬」進場時，又須經過一番問答。這個自然是預先教授的，否則「新馬」又怎麼會對應如流？其問答如下：

問：這是甚麼門？

答：洪門。

問：入來做甚麼？

答：投奔洪門。

問：投奔洪門，有何目的？

答：金蘭結義，保主登基。

問：是別人逼你來的還是誠心自願來的？

答：誠心自願。

問：既然自願，請入洪門，受壇主恩典。

當新人全部進入會場後，便向供桌下跪，「執事紅棍」燒香一把，每人授以一枝，「新馬」接香後高舉過頂，「執事紅棍」即拿起「洪門刀」，分別向「新馬」背上輕

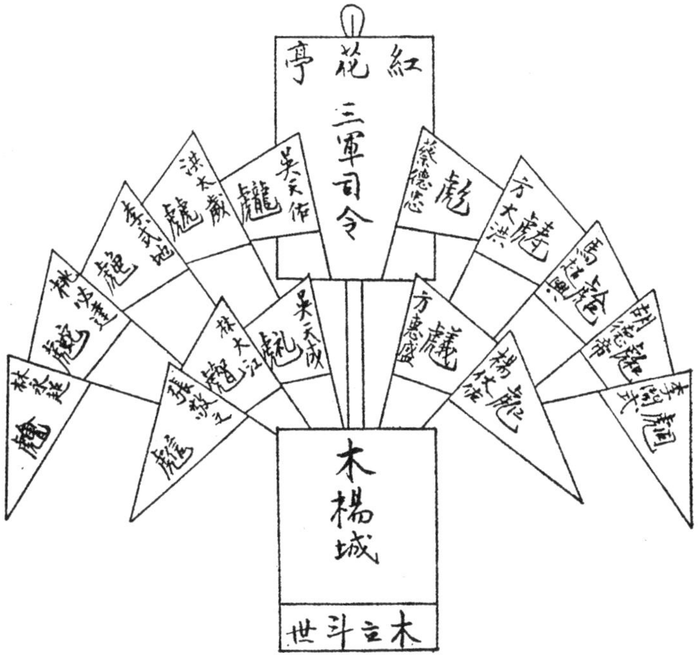

附：「木楊城」圖

① 木斗高三尺六寸，圓周一百零八寸，代表梁山泊一〇八將到數。

② 十五面紙旗原分不同顏色，但因簡而陋，一律均以黃紙製成，紅硃書寫。中央「三軍司令」之大旗則為紅底白字。

③ 木斗下方橫書「木立斗世」四字意義：「木」為十八，代表「順治」在位年數；「立」為六一，代表「康熙」在位年數；「斗」為十二，代表「雍正」在位年數；「世」為廿三，代表清廷至「乾隆」在位二十三年時，必將覆沒。由此可證此類開堂儀式，始於乾隆中葉。殊不料乾隆帝竟能在位六十年之久，自非當時幫會所預料者也！

輕一拍，然後大聲傳諭：「身入洪門，不得勾官結府。不得欺兄霸嫂。不得出賣手足。不得吃裏扒外。不得調戲姊妹。有事不得畏縮不前。不得洩漏秘密。不得勾結外人，出賣兄弟。不得三心二意。不得欺師滅祖。否則三刀六眼，勢不容情。」

當「執事紅棍」每傳一諭，「新馬」即高聲答應一聲：「是」。傳諭完畢，「執事紅棍」揮動「洪門刀」，高唱：

此刀本是非凡刀，昔日老君爐內造。
七七循環聖火煉，方能煉成三把刀。
頭把掌在關公手，取名青龍偃月刀。
二把落在晉王手，取名開國定唐刀。
三把落在洪英手，取名本是除奸刀。
有仁有義，共結金蘭，無仁無義，三刀六眼！

至此，洪門刀歸案，壇主命「新馬」起立，並即時介紹在場人物互相認識，然後又演出「斬雞頭」一齣。

「斬雞頭」稱為「斬鳳凰」。由「執事紅棍」請出「洪門刀」，往中一站，唸出「斬鳳詩」：

鳳凰生來四頭齊　五湖四海盡歸依
有仁有義同禍福　脫去毛衣換紫衣

唸畢，手起刀落，雞頭墮地。另外一名執事，取過預先盛載七分滿白酒的大碗，承接雞血，混和酒中。上至壇主，下至「新丁」，一一以指頭沾酒，往口內一吮，作象徵式的「歃血為盟」。跟住壇主退席，「執事紅棍」督率各人「善後」工作。將所有牌位令旗，一一焚化，「開堂大典」至此宣告閉幕。

至於由四九仔升職為「鞋」、「扇」、「棍」的香堂，與上述大同小異。「紮職典禮」必須足夠三人，所謂「三及第」。亦即必須有三名「四九」同時分別升為「草鞋」、「紙扇」、「紅棍」，方可開堂，不能因一人升職而唱獨腳戲。

此類「大開香堂」活劇，近二十年來已屬少見，有之，亦移往澳門秘密進行。至於潮幫黑社會組織，則在「紙扇」之下，「草鞋」之上，加設「護壇五虎」（又名「五虎將」）其開堂儀式，亦與上述大同小異。

詩詞半通不解　暗語五花八門

從前國內洪門組織，在民國成立之前，乃以「反清復明」為標榜，故而行動必須極端秘密，始能在清廷官吏嚴密監視之下進行活動。由於洪門人馬眾多，聲勢最盛時，勢力遍及黃河兩岸、大江南北。當其進行聯繫或圈內人物四出活動時，很難識別誰是手足、誰是敵人。當時的高層人物便訂下了一套詩詞、暗語等，以代替彼此接觸常用的寒暄客套。這些詩詞暗語，在今天看來，殊屬膚淺幼稚，甚至很難就文義上加以解釋。但以當時來說，在清廷鷹犬嚴密注意之下，這些辦法也產生過若干作用。

香港黑社會組織發展初期，雖然仍屬「光」、「宣」之際，但一開始就沒有「反清復明」的政治意識，繼而蛻變成為貽害社會的非法組織後，便更談不上甚麼政治色彩、民族意識了。雖則後期由穗移港的「十四K」，性質上係台灣特務組織的外圍勢力，某段時期之內，亦將「反清復明」的目標改為「反共復國」，但除了一九五六年大暴動時，來一次大規模燒、搶、殺、劫之外，其活動範圍，始終亦離不了為非作歹、魚肉市民，與「反共復國」也沾不上邊。不過，洪門初期的詩詞暗語，仍被香港各堂口沿襲使用。其中，且還有不少是「創作」的。再加上廣州話與國語發音齊韻有所不同，而這些經過「改造」或「創作」的詩詞暗語，便更成為半通不通的「薙菜文章」了。

現在，且將若干詩詞、暗語，分別列出。對此，筆者曾請教過若干「金盆洗手」的叔父輩，但其中部份，連這些老行尊也無法解釋。故在註釋方面，能解的便加上附註，不能解的，便只有留待高明讀者參詳一番了。

香港黑社會組織，如經大哥正式收錄入門的，例必傳授一些普通問答的詩詞及手勢，稱為「過嘢」，否則給別的黑人物盤問而不知所答時，往往會被指為「響流朵」，弄不好還可能給狠揍一頓。故而「寶」、「印」手勢及「風」、「流」、「寶」、「印」四首詩，以及「過五關」的位置等，必須熟習，才成為「正統」的黑人物。

當遭遇別的黑人物盤問時，被盤問者首先「響朵」，例如：

問：你是貴公司（或「格屎」）的？

答：我是「老歪」的。（按「和」字的口偏在一旁，故又名「歪嘴」。）

問：誰是你的「大佬[註一]」？誰是你的「頂爺」？

答：×××是我的「大佬」，×××是我的「頂爺」。

至此，盤問者會進一步要求被盤問者交出「寶」、「印」。被盤問者如果輕視對方，亦會扳起面孔來個反駁：「你何德何能，要我交『寶』交『印』？」倘若對方人馬眾多，不能不在勢力之前屈服時，便只有低聲下氣，交「寶」交「印」了。

所謂「寶」，係以左手握拳，單獨豎起中指；「印」，則以右手的拇指、食指及無名指，併在一起。通常先左後右，先「寶」後「印」。

事情發展至此，雙方如無仇怨，或者盤問者不想把事情擴大，便會「到此為止」；倘若存心鬧事，則會繼續盤問「風」、「流」、「寶」、「印」四首詩詞。

風詩[註二]

說我是風不是風　五色彩旗在斗中
左邊龍虎龜蛇會　右邊彪壽合和同

流詩 註三

說我是流不是流　三河合水萬年流

五湖會合三河冰　鐵鎖沉蛟會出頭

寶詩 註四

一灣過了又一灣　我家原住五指山

一心找尋姑嫂廟　左右排來第三間

註一：所謂「大佬」，即是直接收自己為「門生」的大哥；至於「頂爺」，則係入會開「香堂」時的「壇主」。如果屬於「掛藍燈籠」人馬，則只有「大佬」而無「頂爺」了。

註二：「風詩」內容係描述開香堂時所設之「木楊城」，其中十五面代表前、中、後五祖的「帥旗」大字。

註三：香港黑社會組織亦稱「三合會」，我們亦經常在報章上看到被控人等身為「三合會」會員等報道。「三合會」的解釋，有些老前輩認為單指廣東的洪門組織而言，蓋粵省有東江、西江及北江三條河流也！但另一解釋則指出「三合會」的稱謂，起源自洪門首任香主陳近南率眾起義失敗，戰死於粵省惠州的高溪廟，其徒眾仍然擁戴蘇洪光（改名天佑洪）繼續與清廷對抗。認為當時天時、地利、人和都極其有利，故又名「三合會」。兩種解釋，誰是誰非，有待高明考證，筆者未敢確定。

註四：雍正十一年，洪門領袖鄭君達，偕妻子郭秀英，妹鄭玉蘭，率眾與清兵作游擊戰。輾轉數省，鄭君達卒為清兵所殺。郭秀英與鄭玉蘭姑嫂，仍率餘眾抵抗。其後竄至湖北襄陽附近，被清兵圍困，姑嫂二人不甘受被俘之辱，雙雙投河自殺。漁夫謝邦恒將二人屍體撈起，以禮葬殮、並建姑嫂墳及姑嫂廟於河畔。有些徒眾遷居於瓊崖五指山，聞訊間關趕往拜祭，這首「寶詩」，極可能是描述此事。

印詩[註]

若問印頭頭二四　排成三角訂佳期

結義金蘭為表記　同心合力主登基

黑社會人物互相盤問，一般都到此為止。但亦有詢問「過五關」的。所謂過五關，係以右手由肩至掌，分為五個部份及五個名稱。附圖如下頁。

被盤問者過五關時，需以左手拇指、食指作圈狀，其餘三指伸直，是為「三把半香」，然後將左手搭於右手圖中指出的各部份，由上而下，唸出名稱，故名「過五關」。

當然，如無特別情形，盤問至此，亦應告一段落了！此類盤問，並不一定是黑人物道左相逢，因故發生衝突，才引起這一方對另一方加以盤問；有時兩個堂口發生摩擦，相約「講數」時，為了避免「羊牯」（非黑人物）參與其間，亦會先來一次互相盤問，

註：洪門盟主陳近南，率徒眾與清兵對抗，被圍於湖北襄陽，勢窮力絀，逼得分頭突圍，以圖再起。當時留詩一首：「五人分開一首詩，身上洪英無人知，此事傳與眾兄弟，後來相會團圓時」以為表記。因為突圍那天是農曆正月二十四日，故而以右手拇指、食指及無名指合攏為記。「印詩」內容，自然與此段傳說有關。

證明在場者確屬同類之後，才開始談判。上文所說的「五關」，每關亦均有詩一首。如「二板橋」詩曰：「二板橋頭過萬軍，左銅右鐵不差分；朱家搭橋洪家過，不過此橋是外人。」但一般盤問多數不提詩句，故而其他的不再一一贅述。

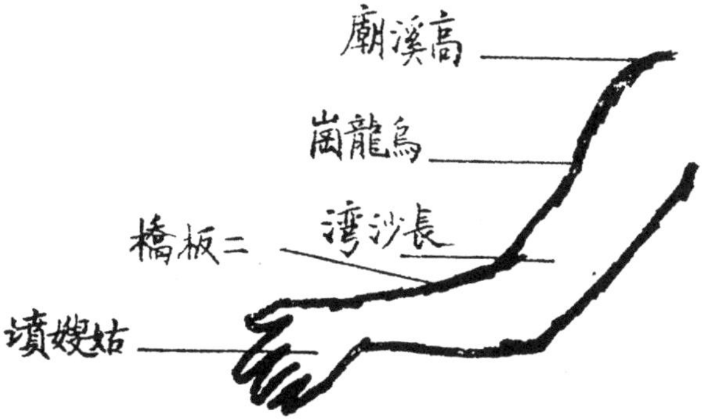

附圖註：

「高溪廟」——係指洪門香主陳近南的部眾，曾於廣東惠州尋右鎮附近的高溪廟，誓師對抗清兵。

「烏龍崗」——係指清廷火燒少林寺時，其中五僧逃出，至烏龍崗時，幾被清兵追及，幸而勇戰脫險。實則烏龍崗位於何處，無人能夠確實指出，諒係傳說而已。亦有一說是洪門領袖萬雲龍戰死後，葬於烏龍崗。

「長沙灣」——並非今天九龍的長沙灣，而是少林寺被焚時，共有十八名僧人逃出。逃抵「長沙灣」時，十三人戰死，僅餘蔡德忠、方大洪、胡帝德、馬超興及李式開等五人，是為洪門「前五祖」。其時清兵又再追近，河上有「二板橋」，五人避於橋底，方能幸免。

「二板橋」——解釋同上。

「姑嫂墳」——解釋已見上文。

此外，筆者再錄下幾首有關黑社會的「詩」，以博讀者一哂。但因此類詩詞，均屬「薙菜文章」，實在無法一一加以解釋，還請讀者原諒則個。

保女詩——（即收女門徒）

日出東方一點紅　蓮花擺在路當中
義兄採花別處採　此花只是洪家種

金蘭結義詩——（每句形容一字）

人王腰際兩堆沙　東門牆上草生花
絲線穿針十一口　美酒羔羊是我家

刀詩——

此刀不是非凡刀　乃是洪門義氣刀
不犯弟兄毛半截　殺盡清兵志氣高

交際詩——

頭髮未乾出世遲　家貧少讀五經書

萬望義兄來指示　猶記花亭結義時

大底詩——（「大底」，即草鞋、紙扇、紅棍等人物）

龍頭鳳尾碧雲天　一撮心香師祖前

當年結義金蘭日　紅花亭上我行先

「和勝和」招牌詩——

本堂名字和勝和　金字招牌黑漆底

風吹雨打都不怕　六十年來與天齊

「十四K」招牌詩——

龍飛鳳舞振家聲　招牌一出動天廷

K金十四為標記　誓保中華享太平

實則此類難登大雅之堂的所謂「詩」，有時連解釋都不容易，遑論「一三五不論，二四六分明」的求聲求韻準則了！稱之為「詩」，實在辱沒了詩字。不過既與本文有關，不能不聊備一格，其他的不再抄錄。

有一點值得留意的，就是筆者也曾涉獵過從前國內洪門各山頭的詩句，但沒有半首跟上列的相同。由此可见，香港黑社會組織，絕不是國內洪門的直系分流。許多老一輩的黑人物，對此雖則不予承認，但誰也提不出具體反證。因此，筆者的結論是：香港黑社會組織，跟國內具有「反清復明」政治色彩的洪門組織絕無關連。

以下，再將香港黑人物慣用的「背語」，分類列下。括號之內是解釋。

日用品類——

披（衫）。橫角（褲）。踩街（鞋）。底橫（內褲）。線超（眼鏡）。火柴（金枝）。雀（香煙）。盔（帽）。孔明（燈）。飄（船）。蓮花（碗）。千張（紙）。毛詩（利是）。錨花（匙羹）。耍花（筷子）。大瓦（被）。輪（電話）。蛋（手錶）。黃指（戒指）。青（刀）。狗（槍）。格（屋）。骨（門）。爆骨（開門）。罕（藥）。鵝毛（扇）。拖水（手巾）。朵（信件）。黃圈（金鐲）。

食品類——

毛瓜（豬）。大菜（牛）。擺尾（魚）。砂（米）。耕砂（食飯）。班蓮（飲茶）。青蓮（茶葉）。擺橫（吸鴉片）。啤灰（吸白粉）。滅灰（戒白粉）。玩波仔（吸紅丸）。耕罕（吃藥）。

稱呼類——

老襯或羊牯（非黑社會人物）。花腰（警察）。車（探員）。白鮓（交通警察）。天牌（父親）。地牌（母親）。條女（女朋友）。條仔（男朋友）。吉佬（女人）。柳記（獄警）。老表（同門手足）。灰斗（外國人）。金手指（警方線人）。老道（吸毒者）。擘口仔（戲子）。老記（記者）。老狀（律師）。大爺（老千門專用，即被騙之對象）。

其他——

爆江（流血）。受把（坐牢）。一碌（一年）。抹（判案）。過江（渡海）。桂枝（香港）。馬交（澳門）。大圈（廣州）。開片（打架）。超（看）。櫃（肛門）。爆冷格（入無人之屋行竊）。爆熱格（入有人之屋行竊）。墨漆（衣盜）。文雀（扒手）。高買（竊取店鋪貨物）。跳流罕（賣假藥）。咬老軟（靠女人吃飯）。熬老襯（暫操正當職業）。

陀地（本地）。上馬（開香堂收門生）。晒（睡覺）。老笠（打劫）。報串（報案）。一斤（一百元）。一棟（一千元）。一盤或一蚊（一萬元）。擺堆（大便）。擺柳（小便）。擺錫（下雨）。着草（犯罪然後逃往別處）。蒲頭（再行露面）。祠堂（赤柱監獄）。老芝（芝麻灣監獄）。老域（域多利收押所）。臭格（警署拘留所）。打八爪（蓋指模）。一簡（犯案一次）。冧友（殺人）。炒千張（炒戲票或船票）。海鮮檔（開設街邊賭檔）。輪古（賭輸錢）。堅（真的意思）。流（假的意思）。流千張（偽鈔）。閹（已成為黑社會成員）。格屎（黑社會單位）。狗咬（槍傷）。麻希（少）。踏（多）。斜牌（出賣色相的女性）。爆馬欄（開房）。打印（佔有該女子）。起飛腳（反叛）。青（指別的女子的丈夫）。賴嘢（失手）。孖葉（手銬）。入冊（入獄）。出冊（出獄）。

香港黑社會使用的背語，與從前國內幫會（包括「洪幫」、「青幫」及「袍哥」等組織）截然不同，這可能由於廣州話發聲較為獨特之故；不過，這些「背語」之中，有些跟從前廣州黑社會所用的也不盡相同，這點，就較難解釋了！

此外，數目字的一、二、三、四、五、六、七、八、九、十，為「流」、「月」、「汪」、「則」、「中」、「晨」、「星」、「張」、「崖」、「竹」等，則跟廣州黑社會所使用的完全一樣；亦有使用「朱」、「雷」、「汪」、「披」、「乍」……以代表一、二、三、四、五等，但這些並非正宗的黑社會「背語」，只屬於街市小販們所使用的代號而已。

上面所列的，自不能包括「背語」的全部。只是筆者記憶欠佳，一時之間難以做到「包羅萬有」的地步，謹此聲明，並致歉意。

黑幫割據地盤　市民有如魚肉

黑社會「背語」中的「陀地」，其解釋係指「本地」或「本環頭」而言。例如有人前往澳門，遇到土生與土長的人，可以稱之為「陀地友」；又如某一單位慣常在某一區域活動或聚集時，亦可稱該單位為該地區的「陀地」。

黑社會將某區作為自己的「陀地」，由來已久，在本書第三節中已指出，不但如此，連監獄的工場，也被黑社會劃分作為「陀地」，這種情形，在拙作《香港昔日監獄生活真相》中，亦有報道。以芝麻灣監獄為例：「ＣＵ」係四大地盤；「巴叻」係「和記」

的地盤，而「飯堂」則係「老潮」的地盤等等。監獄中尚且如此，在外邊為非作歹時，自然更具「割據稱雄」的「傳統」了！

此類「割據」局面，由二十年代中期即已形成。曾經聽到一些對黑社會組織一知半解的人說過，在某一地區失竊、被劫或打荷包時，如果熟悉該「環頭」的惡人大阿哥，只要將失物的數量及時間告知，便可取回一部或全部。這種說法，直到今天仍然有人津津樂道，到底然耶非耶？

在二十年代以至三十年代末期，此種情形，容或有之。因為當時的黑社會組織，幾乎可以說是「分區而治」。例如灣仔區（由大佛口至銅鑼灣）係「單義」地盤，則該區的罪惡活動，幾乎由「單義」人馬一手包起。其他堂口人馬「飛象過河」的有沒有呢？當然有，但到底很少，而且，在進行活動之前，也得先行通知「陀地」大阿哥，方能作案。否則日後查悉，便背上「撈過界」的罪名。這一來，該區所發生的任何罪惡活動，「陀頭」的大阿哥都會瞭如指掌。失物者如果具有足夠的人事關係，那末，能夠失而復得或得回一部份，也就不足為奇。如果說今天還有這類情況，那簡直是癡人說夢了。

上述的「割據」情形，幾乎維持至一九五六年黑社會大暴動為止。但戰後總不如戰前那末單純，要像以前一樣嚴分楚河漢界，「撈過界」的一定要「拜山頭」、「稟大哥」，在戰後簡直沒有那碼子事。

然則戰後的「割據」，又是怎樣的一回事呢？

可以這樣說：「割據」的情形仍然存在，但已名存實亡了！例如灣仔區仍然稱「單義」為「陀地」，但實際上「老潮」、「同新和」、「十四K」在該區都具有相當勢力；又例如深水埗地區，「和勝和」仍可稱為「陀地」，但亦已滲入「十四K」及「和安樂」的勢力了。時至今日，嚴格說來，任何一個黑社會堂口，都不敢自稱某一地區係自己的「陀地」。別人「尊重」你又是另一回事。

黑社會組織並非官府衙門，縱然據有該地區，亦不能明目張膽的收捐徵稅。那末，即使該區並無外來勢來滲入，唯我獨尊，又有甚麼益處？當然有，否則堂口與堂口之間，也不至發生群毆集鬥，拚個你死我活的情形了！

現在，且以深水埗北河街為例。

深水埗地區是「和勝和」的「陀地」，而該堂口人物，又以北河街為集中地，「和勝和」在這條街附近的惡勢力可想而知。戰後初期以迄「廉記」成立那段時間內，所有該街的小販（包括固定或流動），均須按日「派鬼」。這些錢，僅有半數或小部份流入警方貪污分子手裏，其餘的完全由「收租佬」受落。當然，這類「收租佬」也非「和勝和」的人馬莫屬。

又例如北河戲院及黃金戲院門外，經常有人炒賣戲票，尤以重大節日或上映賣座影片時為甚。炒票的人，自然也是「和勝和」的人馬。別的堂口要沾點腥，便要先來一齣三本鐵公雞，否則「陀地」人馬不會輕易退讓。

此外，該區附近，不論扒手、擦鞋、開車門、零沽毒品、販賣淫書或春宮圖片……等等；自然也是清一色「陀地」人馬所為，最低限度也由大阿哥點頭允許，方能在範圍之內活動，否則拆骨煎皮，狠揍一頓，以「傳統規矩」而言，斷沒有人敢同情於你。

然則正當商戶又如何呢？領牌納稅，公開營業，總不致有人囉嗪了罷？具有這種想法的人也應列入「天真」之類。

除非你是財雄勢大的大企業或專利機構，又或者設在高尚商業大樓的寫字樓，此外，一般的商戶，不論經營任何行業，仍然難以避免黑人物的騷擾勒索。

這些「陀地」大阿哥們，會派出小角色，挨家逐戶勒收「保護費」。數目多寡，也視乎貴寶號規模大小而定。而且，也可以討價還價。一般而言，每個月一二十元也不嫌少，數百元也不算多。如果你是怕事的人，只要向他們屈服一次半次，那以後便會麻煩多多了！筆者且舉出兩個實例，以概其餘。

佐敦道以南的官涌，以及大華戲院、長樂街等附近地區，一向被「老聯」視為「陀地」。「快樂」、「大華」、「民樂」等戲院，如非滿座，「老聯」人物指指鼻子便可入場，稱為「睇陀地」。一九七五年冬季，設於長樂街三樓的一家小型製衣工場，被「老聯」人馬登門索取保護費。第一次，職員推說老闆不在，不能作主，請這些惡人稍後再來；兩小時後，老闆回來了，對此也婉轉拒絕。不料當天晚上，竟有七、八名大漢破門而入，將若干台電動車頭，由三樓擲出街外。幸而無人經過，否則在不明不白之中，變成肉醬也不稀奇。這樁事，相信警署仍有記錄。

第二樁，發生於一九七七年首，有兩名國內上海某大學醫學院畢業的醫生，來港後在紅磡某大廈租賃一個單位，開設診療所。由於他們沒有「英聯邦醫生」資格，不能正式掛牌，也不敢自稱醫生，只在大廈門外掛上「××診所」的小招牌。由於收費頗廉，而且，這兩名並無掛牌資格的「醫生」卻也頗有學問，小毛病都能藥到回春，街坊們也樂於上門求診。不料開業不到一個月，竟有兩名衣着煌然的男子登門造訪，一開口便打開天窗說亮話，表明是「新義安」人物（附近大環山是「新義安」的「陀地」）。跟着，又拿出許多照片，有的是跟××首長合攝的，有的是跟××團體合照的，表示其來頭不小。最後，才開價需索「保護費」，每月五百大元。

那兩名醫務工作者嚇得面無人色，幾經哀求，對方才允許暫時收下一百元，其餘的五天後再來收取。否則麻煩多多。事後，這兩名倒霉人物再三商量之下，決定把招牌除掉，遷地為良，那層樓宇則轉租給別人作住宅之用。

像以上兩樁確有其事的例子，多舉一百數十宗也毫不困難。由此可見，即使正正式式持有商業牌照（那兩名國內畢業的醫生，也領有商業牌照，以中醫資格行醫），亦未必能避免此種麻煩。證諸「反黑專家」譚保禮所說的：「黑社會組織已完全癱瘓，無力貽害市民」的偉論，真不知從何說起了！

此外，凡屬街市或小販集中區，也必然有「派鬼」及收取「保護費」之舉。廉記成立後，前者比較少了，但後者卻依然存在。不給「保護費」行嗎？行。但你的生財工具或攤檔設備，便會天降「神火」，一把燒清，這類事在報章上屢見不鮮，不必再行贅述了。

停放小巴或貨車場所，也成為黑人物的發財路徑。你可以拒交「保護費」，但一塊擋風玻璃或一條輪胎所值不菲，歹徒們要把它弄壞，只不過舉手之勞。權衡輕重之下，又「點到你唔服」呢？

回頭再總結「陀地」問題。當然，目前某一堂口獨佔某一地區視為禁臠的情形是沒有了，那並不是警方的功勞，而是黑幫勢力日益膨脹，利之所在，互相拚鬥廝殺的結果。「陀地」的形勢存在，市民們僅受一個黑社會的剝削；「陀地」形勢有所「改善」，則市民們往往受到雙層或多層的迫害。像幾年前灣仔區黃色事業如日中天的那段日子，每間「酒簾」或「音樂廳」，無不應付多方面的需索。難怪當時一名黃色大亨（擁有兩間舞廳、兩間酒簾及一間浴池）對筆者訴苦道：「別人以為我們發大財，誰又知道我們賺的錢，十分之四繳付『片費』；十分之三作為『保護費』，再加上許多的臨時性開支，剩下來的還會有多少呢？」大亨如此，出賣青春的可憐者，其辛酸之處，又更可想而知了！

「坐館」統理會務　「揸數」又曰「先生」

香港黑社會的組織系統、與從前國內的洪門山頭截然不同，既如上述，前者比後者到底簡單得多。簡單儘管簡單，但麻雀雖小，五臟俱全。

每一「大單位」如「十四K」、「和記」、「四大」及「老潮」等，均設有「香主」一名（即「大路元帥」「四八九」）之外，其餘各堂口均有「坐館」一名、「揸數」一名，及具有「叔父」資格的「執事者」若干名。此等人代表本堂口對外交涉一切；對內則統理屬員「紮職」及排難解紛等問題。「坐館」必須具有「紅棍」資格；而「揸數」則多數是「白紙扇」，並受會員們尊稱為「先生」。

上述職位，均以「選舉」方式產生，說來也頗「民主」。任期一般以三年為限。既然黑社會組織係非法組織，如何進行選舉呢？說來也頗簡單，那是一種「民主集中制」，並不要召開會員大會，進行投票唱名那一套。

所謂「民主集中制」是如此這般的。例如「和記」選舉「香主」，所有「和字頭」十多個堂口的「坐館」，和任滿「香主」共聚一堂，像茶聚或晚飯一般。酒酣耳熱之際，由某人提出某某德高望重，應為本屆「香主」，如無反對，便一致通過。被選的「香主」如不在場，便由卸任「香主」專程通知；如有異議，再由另一位提議人提出另一位，直至通過為止。如由卸任「香主」介紹，則被介紹者自然偕同出席。事後，由各堂口「坐館」召集屬下「職員」，以口頭通知，如此這般，便算完事。

至於「坐館」及「揸數」的選出，與上述情形亦大同小異。先由「坐館」召集堂口中得力人物，介紹下屆「坐館」或「揸數」，由與會者通過。如果與會者認為原任「政績斐然」，也會懇切請求「留任」。如「和安樂」的艇王×，「和勝義」的黑×耀，都是曾經「蟬聯」數屆的有名人物。

黑社會大暴動之前，新舊「香主」及新舊「坐館」「揸數」的交接，還要舉行儀式，以示隆重。事後還大排筵席一番。以表慶祝。自從「非法集會」的律例成立之後，這種場面雖未已成絕唱，但亦不再多見了！

按照黑社會組織「傳統」規矩，「坐館」除綜理一切大小「會務」之外，如會員「紮職」、與別的單位「開片」等等，均須由「坐館」批准。遇有重大問題，又必須與「揸數」及各「執事者」（亦即該單位的「元老」）商議，取得一致意見後，方可行動。此外，屬下會員如有「勾官結府」、「黑吃黑」、「出賣手足」、姦淫「義嫂」或「義妹」……等罪名，而須「執行家法」時，亦須由「坐館」「揸數」及「執事者」決定其情節輕重，方可執行。但此類情形，戰前及戰後初期尚或有之，近二十年來，已屬少見了。原因是目前的「新血」，絕大多數是無法無天的青少年，不知幫規道義為何物。另一原因自警方反黑部門成立之後，黑社會問題已不再是一般刑事罪案，黑社會組織的行動，亦被密切注意，而一般「坐館」對會員的約束力亦日見薄弱。因此，「執行家法」一事，除了幾個販毒大集團仍有發生之外（多數僱請泰國殺手執行），幾乎成為歷史陳跡了！

至於「揸數」職位，其任務是總管堂口內的一切錢糧進支，及「海底」的保管（會員名冊）。二十年前，若干堂口如「和安樂」、「和勝和」等，堂口尚有「積存經費」，而「揸數」也還有事可辦；時至今日，除「老潮」之外，任何堂口相信已無經費積存，「揸數」一職，便形同虛設了。

如同上文所述，「香主」及「坐館」等「巴閉人物」，在黑社會圈中，自然是備受尊敬的了！但事實卻又不然。目前一般「新血」，既無「幫規」可守，亦無「道義」可言。興之所至，甚麼事也敢幹下來。這裏且記述以下的一樁「怪事」，以證筆者言之非謬。

一九七〇年夏，仍然屬於「百花齊放」時期（所謂「百花齊放」，係指警、黑掛鈎最燦爛的「蜜月時期」。這段時間之內，不論黃、賭、毒及一切非法活動，均在半公開之下進行，而每個環頭警署的貪污分子，亦明目張膽收取賄賂，「撈家」們稱這段日子為「百花齊放」時期，詳情另節報道）。「四大」的「二路元帥」×叔，為銅鑼灣「大檔」主持人，財雄勢大，不在話下。某夜，歸途中忽被兩名青年截劫，將其身上的二萬多元現款，全部劫去，×叔心有不甘，於是以嚴厲口氣，對截劫的兩青年道：

「世侄，我是『四大』的『二路』×叔，相信你們亦有耳聞。倘若沒錢花，拿三幾百去用我絕不計較，像這樣洗清劫淨的做法，不但對叔父屬於大不敬，即使對『羊牯』也不應如此罷！」

兩名青年的回答也出人意表之外，他們道：

「我們早就知道你是×叔，你喫參鮑翅肚，我們只不過喝點殘羹剩飯罷了！你不『響朵』，我們還可詐作不知，如今你既表露『二路元帥』身份，我們也不再客氣。除鈔票之外，手上的『金勞』也請一併除下，否則我們只有親自動手了！」

×叔氣得幾乎昏了過去。但夜深人靜，又無保鏢在旁，對方亦持有利器。把問題弄僵了，此種初生之犢，來個三刀六洞也不稀奇。於是忍氣吞聲，連手上「金勞」也乖乖的除下。對方一聲「多謝」，一溜煙地跑了！

事後×叔查出對方是「十四K」人馬。一怒之下，通知其老友×探長，凡抓到一名「十四K」人物，拖入「雜差房」狠揍一頓的，便給茶資二百元，重賞之下，必有勇夫，這記「牛死送牛喪」的絕招果然使得，半月之內，「十四K」人物給抓入警署狠揍一頓的竟逾百名之多。其後卒由「和記」一名「叔父」出面調停，始行了結。由此可見，在黑社會圈子裏「香主」或「坐館」等「大人物」，也未必一定吃香。

「清幫」南移來港　有如曇花一現

香港的黑社會組織，除自稱為「洪門正統」的「陀地」各個堂口之外，在五十年代初期，上海的「清幫」也曾計劃開壇設舵，將黃浦灘頭的惡勢力南移來港。其後由於客觀環境所限，幾名頭頭亦相繼被香港政府遞解出境。於是，來也匆匆，去也匆匆，終於無法實現。

不久之前，在台北服刑期滿，出獄後不久即行病逝的李裁法，便是「清幫」在香港「設壇傳道」最熱心的一個。五十年代之初，國內國民黨政權敗撤後，長江下游及上海周圍的資本家、地主、惡霸、流氓、地痞、官僚……等各式人物，除部份撤往台灣省外，其餘的都蜂擁來港。這些人之中，不少係「清幫」分子。當時香港的殖民地色彩非常濃厚，一切和舊上海差不多。這些人便自然而然的想到把「清幫」勢力，移到香港來重新振作，放手大幹一番。最熱心於此項計劃的人，除李裁法外，尚有王××、倪××、孫××及白××等十多人。這班牛鬼蛇神，在舊上海都是「呼風喚雨，撒豆成兵」的頂尖兒「白相人」。於是，「開壇傳道」的計劃，便醞釀得如火如荼，一觸即發。

南來的「清幫」人物中，以李裁法輩份最高，據説和杜月笙是同輩身份。當時，杜亦蟄居於九龍尖沙咀。但杜樹大招風，一舉一動，極為香港政府所注意；而且，杜已年事漸高，雄心壯志，難免隨着歲月消沉。而李裁法尚在壯年，手段也八面玲瓏，異常圓滑，且亦擁有一班基本「徒眾」。故而當時形勢，除非「清幫」不在香港「設壇」，否則「大旗手」非彼莫屬。

李某手頭上的資本不多，但卻有辦法在北角經營一處具規模的娛樂場所，還搞了香港戰後第一屆「選美」的玩意兒；此外，又把由鴉片提煉成為嗎啡磚的技術也帶來香港。於是，明裏經營娛樂事業，暗地裏卻進行製毒販毒勾當。金錢來源充足，進行重建「清幫」時，自然也事半功倍了！

一九五一年初，李某正準備在跑馬地某大宅舉行「開壇盛典」，且還由台灣請來兩位「大」字輩的「師叔」，作為開壇時的貴賓，並在當時中環最大的一家酒樓，訂下了百桌華筵，以備歡宴貴賓及徒眾之用。不料晴天霹靂，開壇前的幾小時，突然接獲香港警方通知，着令取消一切活動，否則將採取行動。這一來，「大旗手」固然冷水澆頭，所有嘉賓徒眾，亦覺得十分掃興。接獲警方通知後，王××還想找律師研究，看看能否「闖關」。其後大多數的「搞手」都認為形勢比人強，初來貴境，一切仍屬生疏，凡事不宜妄動，以招致日後無限麻煩。於是這幕「大開香堂」的活劇，始終無法上演。

照說當時警方對於此類集會，並未規定必須先行呈報批准，亦未有「反黑」部門之設；而且，法例上亦未有禁止「非法集會」之條，對黑社會組織亦未有明文規定其為非法組織。同時，李某當時也算是「有頭有臉」的「亨」級人物，何以警方會干預這次「開壇大典」呢？

這樁事，不但是明日黃花，而且早成過去了！並沒有找出原因的必要。不過，這是本對香港黑社會專題研討的書，自不能一無交代。根據事後傳聞，加上筆者個人愚見，認為此次「清幫」在港開壇的觸雷原因，不外是：

1．五十年代初期，香港人口急劇上升，官方憂慮社會秩序會日趨混亂。倘若容許「清幫」勢力在港滋長，誠恐治安方面難以控制；

2．李某、王某及孫某等人的販毒活動，警方已略有所聞，為防患未然計，不能對這班人過於縱容；

3．恐怕「清幫」勢力建立之後，與「陀地」黑社會各堂口有所衝突，引致治安上發生嚴重的問題；

4．認為「清幫」是親台勢力，許其開幫立寨，誠恐引起政治上的風暴。

當然，這是警方的秘密和官方的決策，很難找到有力證明。然耶否耶？只有錄將出來，以供參考。

事後，李某及王某仍不死心，準備取消開設香堂，改為秘密活動。命令十名得力徒眾在港、九兩地，分頭活動，宣揚「清幫」要旨及收錄徒眾。但一來警方對此已加注意，這十路人馬的活動當然比較困難；二則廣東人對「清幫」兩字較為陌生，不感多大興趣。因此，「傳道」工作苦無進展。不過，這批來自黃浦灘頭的流氓惡少，到底並非善類，因而在李鄭屋邨尚未建成新區之前，在該處木屋區，曾和「陀地」黑社會發生過一場流血大毆鬥。結果，猛虎不及地頭蟲，「清幫」人馬一敗塗地，此後便一蹶不振了！

其後，李某、王某及孫某某，都被香港政府先後勒令離境。而李某於十年後又因在台北殺人而潛逃來港，復遭警方逮捕解回台灣，被判無期徒刑。一九七八年冬，因「行為良好」，獲准假釋，出獄不久即便身亡。而「清幫」在港企圖「設壇立舵」一事，便如曇花一現，夢過無痕了！

（五）泛談警方與黑社會人物的恩怨矛盾

任何國家或地區，警察隊伍的工作目的是維持社會秩序，預防及鎮壓罪惡活動，維護法紀，保障市民生命財產；而黑社會組織是非法組織（相信沒有一個國家或地區，承認黑社會組織有「合法地位」的），黑社會人物則為非作歹，專門跟法律作對。警察與黑社會，表面看來，橫推直算也沾不上邊。那是「正」與「邪」、「護法」與「犯法」的對立。

如果有人來個比喻：警察是「貓」，而黑社會人物是「鼠」，相信也無人加以反對。然則警、黑之間，又何來「恩怨」及「矛盾」存在？

當然是有的，否則本文也無從下筆。這種客觀上的矛盾，相信許多國家，尤其是美利堅、意大利及日本等國家也都普遍存在。不過，香港警方和香港黑社會組織的恩怨矛盾，是更微妙、更玄奧，也更使人難以置信的。閒話表過，且讀下文。

「佛地神差」時代　破案全仗「線人」

筆者曾在本書第三節中，提及三十年代時期，警方所破獲罪案，百分之九十以上，全仗「線人」。而「線入」也者，不但並非甚麼「專業人才」，還可以說百分之一百是黑社會人物。當時，警察部門各級人員質素較低，甚麼辯證法、邏輯學、偵探學問及查案技巧等，雖不能說他們一竅不通，但一般偵緝部門人員，連西瓜大的字也沒認識幾籮卻是真的。猶記三十年代初期，某區華探長依仗跟黑人物「稱兄道弟」的關係，從而破獲幾宗「大案」，竟然紅到發紫，被譽為「佛地神差」（該華探長家居灣仔大佛口之故）。今日看來，殊堪發噱。

戰後以迄如今，警察各部門人員水準日益提高，每一基層成員，均須在「警察學校」接受相當訓練；偵緝人員更需輪流進入「偵緝人員訓練班」受訓，有些還由政府資送「蘇格蘭場」深造。科學設備亦趕上時代水準，偵緝人員亦逐漸具備科學頭腦。視乎許多劫案或命案，就能在最短時間之內破獲；跑馬地紙盒藏屍案，更能以「科學鑑辨法」使兇手難逃法網。照說，「佛地神差」時代，應該一去不復返了！

事實上果真如此嗎？不！除了每年許多「大案」仍然成為「懸案」之外，能破獲的罪案，大部份仍需仰仗「線人」。假設作案者並非黑社會中人，作案後又能蟄伏一段時期，等待緊張氣氛因時間消逝而漸趨冷淡，要破案，相信很難。例如二十年前轟動國際的「三狼案」，如非「三狼」內鬨，相信死者至今仍然冤沉海底！

利用「線人」破案的情形，相信全世界都普遍存在。但「線人」百分之百來自黑社會，警方利用他們找線索，僅僅是發給獎金，交易而退嗎？抑或還有其他附帶條件？「線人」協助警方破案，從任何角度看來，都是好的，也應該受到市民尊敬。但這些「線人」是否洗心革面，是知今是而昨非的回頭浪子？抑或一面邀功領賞，一面為非作歹，繼續其非法活動？且看：最近一則緝私處在美孚新邨破獲一宗龐大製毒案的新聞，便可找到答案。

疑犯原是緝私處的可靠線人，曾在若干毒品案件中立下「汗馬功勞」。案發之日，這名線人先行供給一項假情報，擾亂緝私人員耳目，然後在其寓所開爐煉毒。結果給拘捕了！我們看到這條罕有的新聞，不禁有啼笑皆非之感。

當然，緝私處的作法是對的，它並沒有因為他是「線人」而有所「優待」，立下「汗馬功勞」是一件事，犯法又是一件事，絕不能因其有功而網開一面。但這名「聰明」的「線人」在被捕之前，曾經玩過多少次雷同的把戲？緝私處方面，又曾給這位仁兄愚弄過多少次了呢？

話又說回來，上文一連串的「？」中，有一條是：「這些線人是否一邊論功行賞，一邊作奸犯科？」答案也是肯定的。因為「線人」不再作奸犯科，不再和黑社會接觸，則對警方半點幫助也沒有，等於「問道於盲」。

既然不再作奸犯科，不再跟黑社會發生關係便沒有作「線人」的資格，也就是說，警方明知此人是個職業罪犯，為了破案，不能不「姑息養奸」。這豈不是一項非常可笑但卻又非常現實的矛盾嗎？

此外，線人費用在警察部門每年所列的預算中，不是沒有，而是少得可憐，其差距遠遠追不上實際上的開支。如此，難道要辦案的警探自己掏腰包？當然不！「廉記」成立之前，每個環頭的偵緝部門，都設有一個或多個「私人俱樂部」。這些「俱樂部」自然有許多生財辦法（如聚賭抽頭等），以補貼法定線費之不足。這類做法，是「飲鴆止渴」呀還是「知法犯法」？抑或是沒有辦法之中的「從權辦法」呢？恕筆者愚昧，未敢遽下斷語了！

為了轄區太平，為了達到破案目的，某一時期，某區的華探長上任之初，都不惜紆尊降貴，跟區內的黑社會頭頭大打交道，說些「拜託」、「勞煩」之類的客套說話。這一來，大阿哥們在區內包娼庇賭，華探長自不能不予以優容。這類情形雖則並非發生於今時今日，但黑社會組織長期以來，成為社會上七十二行以外的另一「行業」，也是這種情勢之下所形成的。

線人的來源是怎樣的呢？

一、犯下較輕罪案，警方人員不予起訴或網開一面（僅控告同案部份疑犯），但卻以供給線報為交換條件；

二、犯案後探員與案中疑犯建立「協議」。前者替後者「加包頭」（加存若干現款在疑犯財物包頭之內，俾其出獄時得以使用）或「照顧家屬」（按月致送若干生活費給疑犯家屬），又或將案中犯罪情節以人為方法減至最低程度，以交換疑犯出獄時，為其專用線人；

三、黑社會人物進行非法活動時，與警探有貪污性的授受交情，而循對方要求，供給線報；

四、經常作案之黑人物，為警探所知，從而威脅作其線人，以網開一面作為交換條件；

五、當警探承辦某案，確悉某黑人物洞知內幕，以開門見山態度，許以金錢，要求「幫手」；

六、曾被警探利用為「收租佬」，為飯碗計，逼得兼作「線人」；

七、主動與警探接觸，接受經常性的資助，遇有情報，即行傳遞。此類人物以「癮君子」為多。

如前所述，警探付給「線人」費用的實際開支，遠遠超過警務處所列的預算數字。「廉記」成立之前，尚可開設「私人俱樂部」以作挹注。「廉記」成立後，這類「俱樂部」已大為減少。那末，線人費不敷之數，又從何而來呢？

香港社會是最現實的，俗語說得好：「有錢穿州過省，無錢寸步難行。」警、黑交易自也不能例外。酬庸減低或被要求「義務報効」時，警方所得的情報往往是「流」的。而警察部門的升遷考核，「功勞」、「年資」、「能力」三大要素之中，「功勞」往往

兩探員涉嫌工賭行刼案
控方釋交替性罪名
事主李光華述經過

居於第一。為了高升，他們不得不挖空心思，作「無米之炊」了！

我們經常看到報章刊載，某區豪華賭檔被警方破獲，拘捕聚賭者若干人及撿獲賭款若干元……等。這類新聞原是極為普遍。但明眼人往往會從「聚賭人數」和「撿獲賭款」的比例上，找到一些「不合邏輯」的現象。例如拘獲聚賭人數三十多人，賭具有「廿一點」、「番攤」及「牌九」等，但賭款僅有六千餘元。難道平均每人只帶百多二百元便敢向「豪華賭檔」進軍？同時，開賭者不必具備本錢嗎？箇中玄妙，很難令人認為合乎常理。

此外，還有使人震驚的，便是官方人員竟有毒品出售。在油麻地菓欄販毒疑案中，案中控方某證人竟然供出，在毒品來源最缺乏時，竟能從緝私人員手中買到白粉。執筆時，兩名海關督察已被判入獄，上述口供自然已被法庭所接納。毒販能在官方人員手中購入毒品，實在太駭人聽聞了！

一九七八年十二月，法庭曾判決兩名探員入獄。被告等罪名是以「冚賭」為名，行劫為實。如果這兩名被告為了花天酒地而去行劫，自然罪有應得；萬一這兩名警探太有「責任感」，為了破案而又苦無線人費用才去鋌而走險時，那真太「委屈」他們了。

不要以為黑人物對警方人員唯命是從，不敢在「太歲頭上動土」。有時警方花了錢，得不到「堅」的情報，還給對方愚弄一番。以下便是一樁典型的事例：

二十年前發生綁票黃應球的「三狼案」。案發之後，警方雖然翻遍所有黑社會及積犯資料，及研究外來（如星、馬、菲、泰、日等）歹徒集團的來龍去脈，但仍苦無所獲。當時的三大總探長（按當時港、九龍及新界每區均有一名「總華探長」之設）為此傷透腦筋，曾向三山五嶽人物許下四十萬元的「暗花」，希望財可通神，得以早日破案。

所謂「暗花」，係指「暗盤花紅」之謂。我們經常看到警方懸紅四萬元，徵求某些重大案件或命案的資料提供者。這是「明盤花紅」。如案情嚴重，便會通知所有線人，除「明花」之外，還有若干「暗花」，以增加提供線索者的「興趣」。「明花」自然在警務處的預算之內撥給；至於「暗花」的來源怎樣？由甚麼人掏腰包？則恕筆者未能找到確實資料。

解釋過「明花」及「暗花」之後，回述正文。據聞當時的「暗花」達港幣四十萬元之多，為明花的六倍。二十年前幣值穩定，黃金每両只不過二百多元。「黃案」暗花不可謂不巨了！

如此數字，自然引起「專業線人」及三山五嶽人物的興趣。於是今天某甲說是已有眉目，明天某乙說已找到若干線索，紛紛乘機向承辦該案的警方人員伸手要錢。由於該案轟動中外，警務處各級人員受到重重壓力，承辦的專案工作人員更可想而知。在茫無頭緒之際，也只好有求必應。故而渾水摸魚，從中得益的人實在不少。

其中有黃×俠者，係解放前的「大天二」，自告奮勇，說是有十分把握，可替警方找尋線索。警方人員亦知此人神通廣大，關係甚多，故亦對其寄予深厚期望。其後日復一日，只見伸手要錢，不見實際效果。一怒之下，將黃某拘留於漆咸營，引用「遞解條例」，將其遞解出境。但黃某拿到手的「活動費」，聞說已超過十萬元之巨了！

其後，「三狼」勒索不遂，將黃應球撕票，又將黃父擄去，卒之獲得巨額贖金，警方對此仍然一籌莫展。如非「三狼」因金錢問題發生內鬨，則極可能成為懸案。此案未破之前，誰都認為係黑社會組織甚或國際綁票集團所為；破案後才知作案者只不過是「業餘高手」，不但從來未有案底，連黑社會的邊也沾不上。難怪當時的助理警務處長某洋大人，亦不禁拍案驚奇，自認大跌眼鏡了。

因騙警方線人費而被遞解出境的黃某，不愧為神通廣大人物。到達澳門不久，便撈到「風生水起」。如今已成巨富，廁身「馬交名流」之列了！

警方必須依賴線人破案；線人百分之百係黑社會中人，一邊做線人一邊為非作歹；為了提高破案率，警方無法不容許此等情形存在。此為政府與黑社會之間的嚴重矛盾之一。

職務榮任「收租」　有幸亦有不幸

上文各節，對「收租佬」這一名稱，曾經不只一次提及。本段則專門報道「收租佬」的「苦」與「樂」，以及他（她）們與主子（貪污分子）存在的矛盾。

俗語所謂「行行有狀元」。如果黑社會人物也算是一種「行業」（嚴格説來，並無不當。而且這個「行業」的「從業員」人數還十分龐大），然則這一行的「泰山北斗」是些甚麼人，撈到甚麼「境界」才算是「狀元」呢？

筆者接觸過不少老、中、青三輩的黑人物，也廣泛地跟他（她）們討論過上述問題。

所得結論是：

一、希望從非法途徑中取得一筆資本，進而改營工商業。倘若如願以償，憑藉一己的社會經驗及基本勢力，相信會「事半功倍」，「大展鴻圖」！

二、希望恢復「廉記」未成立之前那種「百花齊放」的局面，黃、賭、毒事業如日中天，自己能在各種罪惡事業中佔一重要席位；

三、能交結一個「有良心」、「有義氣」的「老闆」（指警方有權有勢的人物），自己則鞠躬盡瘁，為他策劃找錢門路，成為他唯一的代表，也就是說成為一名「成功」的「收租佬」。

具有上述「鴻圖壯志」的多數是見過世面，捱過風霜雨雪的中年黑人物。老的一輩，有的早已金盆洗手，面團團作富家翁；有的身歷戰前、戰時、戰後三大階段的風風雨雨，人生哲學已臻「化」境，只求安度餘年，再不提當年之勇了！至於年青一代，暴戾之氣頗重，初生之犢不畏虎，視監獄為第二家庭，不斷地打打殺殺，偷偷搶搶。犯罪——坐牢——出獄三部曲，周而復始地成為他（她）們的「生活方式」，自然也談不上甚麼「抱負」了！

上面所提的「三大志願」，「在黑言黑」，倒也無可厚非。如此的社會，產生如此人物，自是不足為奇。但做人總應有個願望、有個目的。儘管這些願望都「邪而不正」，但總比「以爛仔終此一生」，略勝一籌罷！

仔細研究黑社會人物的「三大志願」。第一：總算有點放下屠刀，改邪歸正的意念；第二：希望「廉記」撤銷，回復罪惡行業遍地開花的思想，當然有點妙想天開；第三：希望成為一個「成功」的走狗（或虎倀），替主子積斂不義之財，自己則乞其餘餕，憑此途徑以至發跡。此等想法，真是最、最、最要不得了！

何以見得？因為貧污分子是吃人的老虎，而此類「收租佬」則是引路的「虎倀」，沒有「虎倀」，「老虎」不見得兇到哪裏去！還有一說，假如黑社會組織是社會組織的一個階層（或成員），則這個階層之內，具有第一、二兩項想法的人，還可以列入「自食其力」的「勞動者」；而「收租佬」即是十足地道的中間剝削人。既助長貪污風氣，又加重別人負擔。且還狐假虎威，仗着主子的威風，去嚇唬弱小的同類，從而為非作歹，無所不幹。試想這類「人」是否最、最、最要不得呢？

「收租佬」自然也分若干等級。那些代替主子策劃找錢門路，手下還有一班「馬仔」供其驅策，幹甚麼也不必他（她）們出頭露面，平時挾着尾巴，跟隨主子出入風月場所，孽錢來了便坐地分贓，恍如「二太爺」的架子，這是「收租佬」的「最高境界」。其次則是直接向罪惡行業收取「片費」，駕到時恍如「欽差大臣」，受盡阿諛奉承，動輒把主子抬出來欺凌同類，片費略有拖欠，則板起面孔、拍着桌子大叫鎖人封屋，那只能算是次一級的人物。再其次的是兢兢業業，辛辛苦苦的向市場攤檔、街道小販收集「片費」，雙手奉獻於主子之前，博取幾文打賞的第三級人物。至於那些跟着軍裝警員後邊，到大牌檔端碗燒鵝麵，士多店取瓶啤酒，替主子們踢踢阻街的貨物，收取多少臨時「鬼錢」的小跑腿，則已是等而下之，不屑細論了！

二十年來，圈內最有「名氣」的「收租佬」計有：沙皮×（勝和）、豬油×（勝和）、執哥（同新和）、馬×士（十四）、靚坤（同新和）、肥球（勝和）、跛超（利和）、沙塵超（安樂）、草皮（十四）、盲毛×（洪聖）、高佬祥（義堂）、喃林（福義興）、大眼雞（單義）、金牙連（合圖）……等，都算得上「收租佬」中的「箇中翹楚」。其中尤以豬油×、沙皮×兄弟二人為典型人物。此兩人長期在油麻地區（九龍著名的「油水區」）活動，由於八面玲瓏，手段圓滑，警司、探長迭經更調，仍能「安坐釣魚船」，成為「收租佬」中的「不倒翁」。這二人擁有的不動產，據估計達千萬元以上；經營的

「×雲閣」夜總會，單是裝修設備，便超過五百萬元。開幕之日，警界名宿、社會名流、紛紛踵賀。試想「收租佬」的風光尚且如此，那些貪官污吏的宦囊如何，更不必細說了！

俱往矣！「廉記」成立後，這些牛鬼蛇神，入獄的入獄，逃亡的逃亡，幸運的還可跑到台北做其寓公；不幸的只有和貪官們共嘗鐵窗風味，「相看惟淚眼、相對斷愁腸」了！

貪官污吏沒有「收租佬」，能否順利地進行貪污活動呢？答案肯定是「不」！原因是：

一、「廉記」成立之前，貪污問題雖然幾乎公開存在，但警務處之下畢竟還有一個「反貪污部」。這個部門的政績如何，我們且撇開不談。但職位有優劣之分，地區有肥瘦之別。即使官官相衛，但你吃的是參鮑翅肚，別人吃的是殘羹剩飯，看在眼裏，妒在心頭，自難免有「煮荳燃萁」之事發生。雖說例子很少很少，但也不能不提防……。直接受授，那是最危險不過的事。雖云「半公開」，惟是法律上尚無容許貪污之條。假手於「收租佬」便「安全」得多了。此其一。

二、受授之際，接納者自是多多益善，但奉獻者則分角必爭。萬一發生衝突，便成不可收拾的局面。「撈家」的出身是「爛鬼」，說不定把心一橫，來個兩敗俱傷，亦非奇事。有「收租佬」作為「緩衝」人物，萬事均可商量，此其二。

三、貪污分子對罪惡場所資料，自不能百分之百掌握；但「收租佬」則不然。他（她）們出身於罪惡圈子，區內的黃、賭、毒以至老千架步，巨細無遺。即使你今天東、明天西，也逃不過他（她）們的偵騎耳目。如果要做到「涓滴歸公」、「疏而不漏」的地步，非倚仗「收租佬」不可。此其三。

四、「收祖佬」為了鞏固本身地位，區內所能榨取油水的架步，往往成為「不傳之秘」。萬一被主子「秋扇見捐」，被「遺棄」者如不交出「秘笈」，則新上任的「收租佬」自難順利進行工作；而且，奉獻者對新面孔不能沒有一點顧慮。有關此類情形，在法庭審判尖沙咀集體貪污案時，早已和盤托出。因此，「收租佬」不能不用，更不能炒其魷魚。此其四。

五、萬一「東窗事發」時，「收租佬」又可變成「替死鬼」。如此這般，「收租佬」便成為「不可或缺」的「重要人物」了。此其五。

除上述的五項原因之外，還有，缺少「收租佬」，貪污分子往往會得不償失。以下便是實例之一：

一九六二至一九六五年，筆者一位至親，經營由澳門至香港的「屈蛇」（偷渡）事業。當時「反偷渡組」（俗稱「打蛇部」）的華探長是鄧生（已被通緝），其後又由上海佬探長黃××接替。在此期間之內，每一名偷渡來港的「蛇客」，貪官照例收取一百元。蛇船由澳門開出，此間即行付款。當時替鄧大探長「收片」的是一名綽號「矮仔吳」的「和勇義」人物。這名「收租佬」胃口頗大，除在大探長的（每名蛇客的）一百元中收取三十元的酬勞之外，還向屈蛇集團索取每名二十元的「佣金」。這種「殺雞求蛋」的作風，很快便鬧出不愉快的結果。鄧大探長一怒之下，便炒其魷魚，同時，指定一個銀行戶口號碼，由屈蛇集團直接將「片費」存入。於是，問題來了！

矮仔吳被「炒」，自然心有不甘。於是教唆屈蛇集團的主持人，停付「片費」，或者以多報少。大探長發覺存數日少，便對奉獻者發出警告。無如奉獻者獲悉大探長已失掉「盲公竹」，便矢口否認有「撻片」之事。不知怎的矮仔吳竟然查悉那個銀行戶口的號碼，以之作為威脅，聲明要爆其內幕。儘管那個戶口並非大探長直接署名的，但也不能不投鼠忌器。卒之在另一名收租佬斡旋之下，矮仔吳又「官復原職」。因此可見，貪污分子與收租佬是二而一、一而二的不可分離的產物。

此外「收租佬」的存在，也使警、黑雙方的矛盾更為加深。「收租佬」除「收租」之外，自不會毫無其他活動。例如沙皮×長期在油麻地區開設二至三處賭檔；靚坤在西營盤半公開地販賣白粉；跛超在灣仔區經營黃色架步四處之多，以及喥林在九龍城砦開設鴉片煙窟及十三張局……等等，長期以來都是半公開地進行活動。由於後面有人撐腰，這些罪惡架步也就成為「鐵竇」了。

為了本身利益，貪污分子不能不讓「收租佬」們進行罪惡活動；另外的部門也由於賣放交情，等閒不會「動」這些罪惡場所。這一來，真是「點只矛盾咁簡單」了！

冚檔、買案、洗底　一切有如做戲

警方與黑社會聯合上演的另一項把戲，乃係貪污分子包庇黃、賭、毒等不法場所，但為了掩飾上級及市民耳目，不時要來一齣「假冚檔」或「捉放曹」的活劇。此外，若干高級探目或探長，都曾炮製過「買案」的把戲（詳情下文交代）。至於替黑人物「洗底」之舉，更是一點實際效果也收不到，反而會「妨礙司法公正」及加深警、黑之間的矛盾。

在「百花齊放」的黃金歲月中，雖然罪惡場所充斥市內，使人有五步一樓、十步一閣之感。但市民們也會不時從報章上看到某處破獲白粉竇，某處破獲黃色架步，及某處破獲賭檔等消息。表面看來，警方對反罪惡行動，並非不盡全力，只不過是道高一尺，魔高一丈，無法根絕而已。誰又知道這些「反罪惡行動」，在當時警、黑掛鈎之下，有多少次是「真」的，又有多少次是「假」的呢？

原來舉凡「鴉片煙檔」、「白粉棚仔」、「紅丸檔」、「地下賭場」、「酒簾」、「音樂廳」、「浴池」、「女子美容院」、以及大小妓寨娼寮等等，都僱用有「替死鬼」。經營上述「架步」的「撈家」，百分之百都是黑社會人物，僱用的「替死鬼」，自然也是同道中人。

「替死鬼」的工作，顧名思義，是「替」僱主去「死」。所謂死，自然不是上斷頭台的那種「死」，只是上庭受審，代替僱主受罰或坐牢而已。本來，經營罪惡場所的人，自非泛泛之輩，身嬌肉貴，不想拋頭露面出庭受審，或親嘗鐵窗風味，用錢僱個人代擔風險，也是「無可厚非」之事。問題是出在警方拘人之後，只要你肯招供，把一切責任孭上身上，便不理張三李四、錢七王八。有些鞋穿襪破，衣服不全，面有菜色的人，在法庭上竟自認承音樂廳的東主；有些連住的地方也沒有的流浪漢，在法庭上竟成為賭檔的主持人。這類情形，一般市民是懵然不知的。在法庭上，只要有那末的一個人，站在犯人檻內受審。主控宣讀罪名，被告點頭認罪，庭上判罰（或判刑）如儀，此案便告結束。翌日，報章或電台便報道警方昨日破獲某案，被告幾人受審，認罪後又如何判處等等。於是，市民知道警方又添政績，社會又除一害。誰又知道每一段類似新聞之中，卻蘊藏着多少幕後交易的罪惡，包含了多少人生血淚，又有多少孽錢流進了貪官污吏的宦囊之中？

每一個經常奉獻「片費」的罪惡場所，都會獲得「保證」，在「冚檔」之前定必得到通知。由「通知」以至「冚檔」那段時間，不會過於迫促，好讓「撈家」們有充份的時間準備，以配合這齣活劇的上演。時間一到，衙差如狼似虎，衝上架步，「替死鬼」則麻木地恭候一旁。跟着便是搜查盤問，煞有介事作狀一番，然後把「替死鬼」鎖上手銬，連同證物，帶離現場。相信「替死鬼」還在帶署途中，被冚的架步又已重張旗鼓，客似雲來了！是社會的「喜劇」抑或「悲劇」，筆者也無從分別。

也許有人提出疑問：上面所說的情形，如屬真實，那還成甚麼世界？其實類似情形，在「廉記」成立之前，的確普遍存在。在若干宗集體貪污案件審訊過程中，證人也曾爆出不少內幕。筆者在拙作《香港毒品氾濫真相》一書中，也曾指出：「環頭警司及華探長權力之大，實非一般市民所能想像。倘若兩者狼狽為奸，互相勾結，則在轄區之內，任何壞事都可以幹出來……」。油麻地警司譚保禮及華探長歐陽坤，雙雙被判入獄，便是無數實例中一宗。

有些「冚假檔」卻又別開生面，和上述的性質截然不同。以下又是一樁「有趣」的例子：

一九七二年七月，屬於「同新和」的黑人物靚坤，經營一處頗具規模的白粉零售檔。靚坤是探長劉昌華（曾因貪污被判入獄）的「收租佬」，兩者之間，關係頗為密切。可能某一洋上司對劉頗有意見，召見時聲明接獲可靠線報，一名靚坤的黑社會人物，在某處經營毒品零售。洋上司強調此一情報的真確性，並命令冚檔任務，由劉大探長帶隊執行。

這是一個天大難題。本來，探長與「收租佬」之間遇有風險時，前者犧牲後者，來個「丟車保帥」，亦不為奇。但劉大探長與靚坤已合作多年，彼此間可能建立了一些「感情」。尤其是靚坤如有差池，要「培養」另一名「收租佬」，並不是容易的事，且亦會引起靚坤的反感，今後不再替他賣命。

本來，找個「替死鬼」去擔當風險，乃是最完美不過的事。可是洋上司給劉探長的資料之中，赫然具有靚坤的照片。這一來，想「李代桃僵」也行不通了！

結果，還是劉大探長「英明果斷」。把一切詳情面告靚坤之後，決定要靚坤暫時吃吃皇家飯，但保證時間不會太長，此外，又許下其他優厚條件，務令對方諒解自己目前的處境，非行這步「險着」不可。

難得「靚坤」也頗具江湖義氣，主子提出的要求，毫無難色地一口應承下來。跟着，劉大探便執行洋上司的任務，帶隊「冚」自己「收租佬」的檔。

靚坤早已「嚴陣以待」。由於洋上司的情報顯示，那是一處頗具規模的白粉零售站，存放的毒品自不能太少（恐防不像零售處）；但也不能過多（恐防判案時刑期過重），四十來五十包則恰到好處。大探長率隊掩至時，靚坤還作反抗之狀，結果身受輕傷，戴着手銬送往瑪麗醫院敷藥。

這幕戲精彩極了！一向對劉大探長有成見的洋上司，也認為滿意，從而減少對他的敵視態度。

精彩的還在後頭。此案在裁判署審訊時，靚坤的罪名僅是「藏有海洛英四十七包，可供吸食用途」。按照慣常案例，超過毒品十包以上的，主控有權控以「販賣」罪名。如今，「可供販賣用途」變為「可供吸食用途」，在主審的裁判司量刑時，起了很大作用。「販賣毒品」刑期，一般在十八個月至三年之間，而藏有「可供吸食毒品」的罪名，倘無案底，甚至可判簽保。結果，靚坤被判刑三個月，因為他的案底太惡劣了！

以上的「故事」，說明了警、黑掛鈎後的矛盾；也說明了當時的一名華探長，其神通是如何廣大。不但能跟頂頭上司「扭六壬」、「鬥三煞」，且能影響主控，從而達到維護心腹馬仔安全的目的。靚坤出獄後，對主子更加賣力。其後劉昌華被判入獄，刑滿「出冊」時，十多名大漢，幾輛私家車，郊迎於「小欖監獄」（一般貪官均在「小欖精神病羈留所」）門外，靚坤也是其中之一。難得他並沒有「跟紅頂白」，主子雖然失勢，仍然「從一而終」！

談過「㕭假檔」各種「花招」，這裏再談「買案」的「絕活」。

所謂「買案」，究竟應作如何解釋。筆者也「矇查查」不求甚解。如照字面解釋，應該是「用錢買破案」較為貼切。

以金錢支付「線人」，獲得破案線索，也可以稱為「買案」罷！但圈內人所稱的「買案」，卻不是那回事。而是指這件「案」從「醞釀」以至「進行」，由「進行」以至「破案」，完全由一個人佈置操縱，由始至終，控制全局，這才是名實相符的「買案」。

我們居聚於斯的香港，稱為法治之區的香港，號為民主櫥窗的香港，真會有這種不合情、理、法的事發生嗎？筆者縱有天大的膽，也不至無中生有，聳人聽聞。當然是真有其事，確有其人。而且，這類「買案」的實例，還多至不勝枚舉，那是「廉記」成立之前那段無法無天的日子裏，才不斷發生。近年來，不敢說完全沒有，但相信已很少很少了！

提起「買案」，幾位走路大探長如藍×、呂×、顏×及曾因貪污有據而坐過牢的禤×，都是箇中高手。

為甚麼要「買案」？這問題又非三言兩語所能解釋清楚，只能慢慢道來。

警察部門未改制之前（即每區只有一名「華探長」，而港、九、新界三區又各設「總華探長」一名），要當上一個「分局」的華探長，並不是單憑資歷、才幹及功績便可成功，最重要的仍然是向洋大人奉獻金錢，才能達到目的。有關此類醜聞，在葛柏及韓德案中，早已暴露無遺，這裏已不必再擺事實、求證據了！

一名高級探目（即改制前的偵緝沙展）企求高升一級（一升便是華探長），這一級，真是「難似登天」。但如果有錢奉獻，卻又另當別論。奉獻數目，自非以百萬計不可。因此，除了「傾囊相贈」之外，不足之數，只得向親友或「撈家」們籌措。此點，上文亦已提及。

「水到渠成」，真除華探長之後，對曾「拔刀相助」的「撈家」們，自然允許其有若干「特權」，以作酬庸之意，這是對內的；對上級呢？升為華探長之後，不能沒有一點表現，否則知名度不高，更高層的洋上司對你也不會滿意。要有表現，自然是破獲幾宗「大案」，幹得有聲有色才行。但「大案」是可遇不可求的。萬一轄區內竟然「風調雨順，國泰民安」，這個「表現」又從何得而「表現」呢？於是便有「買案」之舉。

「買案」活劇，「導演」自然是「新紮」或已「成名」的華探長；演員自然是黑社會中人，而且認為相當可靠的才會被聘為「主角」。

至此，讀者諸君應已明白「買案」為何物了！說穿了，只不過是由某華探長聘請的主角，於指定的時間地點，進行一宗看來頗為嚴重的劫案。至於破案過程，又可分為「現場破案」及「事後破案」兩種。前者係「主角」正在下手時，華探長突然「從天而降」，一聲吆喝，匪徒抛械投降；後者則係「主角」搶劫成功，經過事主報案，報章騰載，上級責令破案之後。華探長才率領偵騎，與「匪徒」鬥法。結果，「邪不勝正」，匪徒束手就擒，人贓並獲，華探長以「凱旋」姿勢，押解人犯回署。

以兩種「破案」方式而言，自然是後者優於前者。因為「現場破案」的「人」、「時」、「地」都過於巧合，只能偶一為之。還是「事後破案」，經過一番「勾心鬥角」，才能「虎穴擒兇」，較為合乎邏輯。

不過「事後破案」雖然較合邏輯，但也有它的「壞處」。那就是「主角」行劫得手之後，萬一「見利忘義」，忘卻了「演員」的身份，來一次「戲假情真」，藏匿起來，希望真正能夠享用贓款。那末，作為「導演」的華探長便「一子錯，滿盤落索」了！當然，敢膽違反「導演」的「演員」並不多見，但總不能抹煞其可能性。因此，上演「事後破案」時，主角方面一定要絕對靠得住，而且導演也要縝密跟蹤，務使「主角」行劫之後的行蹤在其掌握之中，才能放心上演。

儘管事前如何「彩排」，如何配合，但演戲到底是演戲，有時仍然難免差諸毫釐，失諸千里。以下便是一個發生於六十年代初期的，非常精彩的例子。

某華探長（現在加拿大）上任九龍某區之初，為了表現其卓越能力，下車伊始，便上演一次「現場破案」的把戲。

被選定的「主角」係十四K大阿哥「馬×士」的兩名門生。上演地點是上海街的一家金舖。

劇本顯示：中午一時，店員用膳之際，兩名主角一持手槍（這類「道具」例由「導演」供給），一持牛肉刀，衝進金舖之內，喝令正在用膳的店員全體俯伏，然後擊碎飾櫃，將珠寶及金飾倒入旅行袋中，奪門向南逃走。

與此同時，華探長率領幹員，伺伏於「主角」逃走時必經的一個街口。「主角」抵達時，伏者蜂擁而前，來個人贓並獲。

上演之前，「導演」曾經兩次帶同「主角」，實地現場查勘。並作出指示，由奪門而出以至抵達埋伏圈的時間為三十秒。因為有這三十秒的時間，店員們既可按動警鐘，亦可尾隨「匪徒」大呼打劫。如此演來，才算有聲有色。

被聘為「主角」的兩名「十四K」人物，乃案底纍纍，膽正命平之輩。在港也無任何親屬，實在是「理想人選」。各事就緒，好戲正式登場。

兩名「匪徒」（此處應作如此稱謂了）一一遵循「導演」囑咐，進行時一切頗為順利。但最要命的是當天上午電話公司修理地線，在現場一舖之隔的行人路上，掘了一個大洞，那是「導演」與「主角」作實地查勘時所沒有的。當「匪徒」攜同贓物，奪門向南飛奔時，並未留意這個地洞。於是「咚」的一聲，四腳朝天，摔倒洞內。另一名並無贓物在身的「匪徒」，不理三七廿一，罔顧同伴死活，依照事前規定，向南繼續飛逃。當逃至街口預伏的包圍圈時，華探長率眾趕前，一聲令下，手到擒來。但另一名「匪徒」則久久未見抵達。華探長一時進退兩難，十分狼狽。把這名「匪徒」帶回現場嗎？又恐另一名挾贓「匪徒」跟蹤而至，就地「守株待兔」嗎？又實在不是味道。於是把就逮「匪徒」推向梯口，低聲喝問原因。那名就逮的大概是「副手」吧！一輪短途衝刺，早已喘不成聲，此時突遭查問，也矇查查說不出其所以然。原來挾贓的那名同夥失足墮坑之事，他亦全不知情。這一來，身為「導演」的華探長不由大為光火。

猶幸華探長到底是位精明人物，覺得老獃在原地，並不是辦法。於是押着那名「匪徒」，奔向現場。原來不幸墮坑的那名「匪徒」，竟然跌傷左腳，無法掙扎爬出坑外。金鋪店員們列在坑邊採取包圍形勢，且已按動警鐘，而衝鋒車「嗚」、「嗚」訊號，亦已由遠處傳來了。

幸而華探長捷足先登，較衝鋒車早到一步，並未被軍裝同僚奪去頭功。整齣戲的上演，雖有挫折，還算成功。事後華探長一額冷汗，對着電話公司掘下的那個「害人坑」，咒罵不已！

「買案」又有「全買案」與「半買案」之分。上文報道的精彩一幕，自然是「全買案」。至於「半買案」乃係發生某一嚴重罪案，在偵查進行時，僅拘獲一些無關重要的角色。於是進行說服，許以重利，着令將罪行包攬於一己身上，故而稱為「半買案」。現仍囚禁於赤柱監獄的終身監禁殺人犯梁××，便可能是「半買案」的犧牲者。

據梁××及梁母的口供透露：數年前，某招待所發生命案。跟隨兇手進入招待所的人有十餘名之多，梁××係其中之一。但梁××始終堅持自己沒有動手殺人，一直在旁觀看而已。但在場的十多人之中，卻只有他一個人被警方拘捕。

梁某被捕後，有人勸他認罪。勸他的人指出倘若認罪，充其量坐牢一年半載而已，入獄後可照顧其母生活，出獄後又可給予一份好工作。在拘留期內，梁××曾幾次被帶至灣仔某酒店，使其獲得較好待遇，又有人親自送款上門給他的母親。如此這般之下，梁××給說服了，以為真的監禁一年半載，便可釋放。不料一經認罪，初級偵訊表面證供成立，在最高法院判決時，不是坐牢而是被判繯首死刑。那時，呼天搶地，大叫冤枉，也沒有誰去理會他了！

其後，上文提及的探長劉昌華與其他警務人員，因此案而被控「妨礙司法公正」。這時，梁××已由死刑改為無期徒刑（即終身監禁），於是由其家屬上書港督，希望平反冤獄。雖然未獲成功，但這件「半買案」的若干內幕，已因此而公開於廣大市民之前。

談過「買案」的內幕之後，跟着又談談「洗底」的問題。

甚麼叫做「洗底」？相信許多人對這兩個字都感到陌生。原來黑社會人物被警方拘捕，控以「身為黑社會會員」的罪名時，不論庭上作出任何判決，圈內人都稱之為「洗底」。

被控「身為黑社會會員」，何以稱為洗底呢？原來香港法例，同一罪名不能在法庭上提控兩次。某人被控以「黑社會會員」時，不論庭上的判決是判刑也好，緩刑也好，監視行為也好，警誡也好，甚至無罪釋放都好，今後此人終其一生，便不虞以同樣罪名再行被警方拘控了！故而名之曰「洗底」，亦即「洗掉」黑社會的「底」之謂也！

「洗底」對社會秩序、公眾安寧，以及被控的黑人物本身，有甚麼好處或壞處呢？事關法律條文，筆者不敢遽下斷語，只是實事求是的作以下分析。

警探於巡視桌球室、波子機樓、新區球場以及市區的街頭巷尾，發現飛型打扮或表露暴戾之色的青、少年時，往往會將之拘返警署，逐一盤問。看看有無醞釀罪惡行動，及是否黑社會人物等。在盤問時，認定某一青少極可能是黑社會成員時，便會進一步查詢。承認的當然控諸法庭，不承認也會勸他（她）們「洗底」。據云經過洗底之後，以後再不愁以「身為黑社會會員」的罪名，而被提控了。

由於「身為黑社會會員」這項罪名非常抽象，不能隨意羅織，黑人物也和普通市民一樣並無特別標誌，更無「證章」、「證書」之類的呈堂證物。如果被告在庭上堅決否認，而控方又不能提出有力證據時，則庭上往往不予接納，銷案放人。因此，被控「身為黑社會會員」時，大部份須由被告自行認罪，然後庭上才會接納。

警探如此「苦口婆心」，勸告一些被認為是黑人物的青、少年「洗底」，目的何在？

人們未敢以「小人」之心，度「君子」之腹，說他們是為了增加「破案紀錄」而進行說服工作。筆者也曾對此一問題，仔細推敲，反覆研究，認為「洗底」之舉，充其量確定此人係黑社會會員，而被告方面也有了這樣的一次案底而已。此外，對社會秩序並無多大幫助。其實「洗底」之後，便會洗心革面，從此不再參加黑社會活動的人，相信很少很少。

相反，此人「洗底」之後，由於今後不愁以同樣罪名而被拘控，便更加放膽活動了！法庭對於「身為黑社會會員」的被告，如無其他「併發罪」，一般判處並不嚴厲。故而部份黑人物都會聽從勸告，自認身為黑社會會員，進行「洗底」。

筆者曾跟一名入過「沙咀勞役中心」的青年接觸，詢問他對於「洗底」的意見。回答非常出人意表。他說：「洗底有甚麼可怕？洗了之後，『格屎』不會把我踢出單位，大哥也不會不認我這個門生。相反的，我可以在公共場所公開表示我是黑社會人物，增加我的威風。因為他們（指警方）從今以後再也不能拿這條罪名控告我了！」

正是「聽君一席話，勝讀十年書」，使筆者有啼笑皆非之感。

清潔警察隊伍　慎防黑底滲入

近年來，警方大力進行招募工作。在學警方面，挑選也頗為嚴格。此外，又組織「少年警訊」及開設「少年警察學校」，都證明警方當局銳意改革，湔雪以前市民對警隊種種的不良印象，這是值得我輩小民額手稱慶的。

據筆者所知，警隊招募學警，除學歷、體格之外，對於報名投考者是否黑社會人物，也非常注意。甚至家屬成員中有黑社會人物者，亦不取錄。

但問題又來了，如何才能分別投考者是否黑人物呢？假如沒有犯罪紀錄，那是並不容易區分識別的。

戰後以至六十年代中期，據筆者所知，偵緝部門的警探，未曾參與警察工作之前，便具有黑社會會員身份的，大不乏人。故警探也被部份市民譏為「有牌爛仔」。驟然聽來，警探隊伍之中，竟然有黑社會人物存在，這還了得？其實也沒有甚麼值得大驚小怪之處。因為當時警察待遇不高，市民們也普遍存有「好仔唔當差」的心理。鼓勵子弟投考警察的父兄，百中無一。為了解決招募上的困難，警方也只好把招募水準降到最低點。

幾乎可以說是「逢考必錄」（當時投考獄警連短期訓練也沒有，今天報名，明天當值）。如此情形之下，警隊中滲進黑社會人物，也就不足為奇了！

據筆者所知，若干黑人物被捕，由警探錄取口供之際，當他們供出屬於某一黑社會單位時，警探往往亦會在有意無意之間，表示自己從前也是此道中人，對被拘者也盡量表露善意。此類方法，勿論其為錄取口供時的一種「技巧」也好，抑或爭取被拘者的信任也好，都是要不得的。儘管那位警探從前曾是黑社會人物，但此時此地，立場迥異，敵我分明，絕不能以這種方法軟化對方，求取工作上的便利。即使是一種「從權」的辦法，這種辦法也是等而下之，近乎卑劣的。

警隊的「老差骨」之中，筆者相信確有黑人物存在。「和勝義」的「黑仔耀」，是「桃李滿天下」出了名的大阿哥。他的「門生」、「門孫」之中，現役的警員和獄警（即「二級助理督導員」）便超過十名以外；現在台北作高級寓公的顏大探長，也是「福義興」的「紅棍」。此點，多名「福義興」的叔父輩均可證明。

筆者還聽到一樁駭人聽聞的傳說：六十年代初期，一名外籍督察（幫辦），不知為了「好奇」抑或「受命臥底」，竟然參加「十四K」黑社會組織。某次「十四K」與「新義安」發生摩擦，進行大決鬥時，這位外籍督察不但應邀助陣，且還身懷手槍，參加「戰役」。筆者希望這個傳說並非事實，倘若確有其事，那真是吾欲無言了！

一般人對於黑社會人物的印象，大都認為窮兇極惡，滿口粗言穢語，動輒揮拳相向，衣履不整，「爛」氣逼人的了！這只是「想當然」的想法。類似上述的典型人物自然不少。但衣冠楚楚，風度翩翩，曾受相當教育，在社會上具有優越地位的也頗不乏人。例如「十四K」的一名「白紙扇」譚×祥（已去世五年），便是同濟大學的「理學士」；「粵東」的一名叔父周×麟，便是中山大學的「文學士」。其餘身為經理、董事、大機構高級職員、律師樓高級文員，以及船長、大副或輪機長的高級海員，也比比皆是；至於時下的一班富家子弟、小開少東等，則更不必說了；這些人都以身為黑社會會員為榮。例如幾年前發生的綁架少女案，其中人犯，便有某著名老藝員的獨生子李×宗在內。李父在電台的知名度頗高，經營房地產也賺了不少財富。李×宗本人就讀於貴族書院，專職保母侍候，私家車接送上學，像這樣的一位大少爺也會進行綁架，且還身為「和勝義」黑社會會員。其他的可想而知了！

筆者無意舉出這些事例去抬高黑社會人物的「身價」。但這又是千真萬確的事實，不能不秉筆直書。嘮嘮叨叨一大堆，也無非希望引起讀者注意，黑社會問題，並不像一般人所想像的那末簡單。

再回頭寫述警察隊伍，有被黑社會人物滲入的可能性問題。如要刷新警務工作，要提高警察士氣，要市民對警察尊重和友善，都萬萬不能忽視這個問題。

上文提及二十年前因招募工作困難，才會給黑人物乘機滲入。如今呢？待遇提高了，質素提高了，取錄標準及訓練課程也相應提高了，應該不會再有此類情形發生了罷！如果不是諱疾忌醫，要筆者講真實說話的話，則那種情形仍然未能根絕，只不過大為減少了罷！

筆者跟一位老朋友劉君，行經佐敦道龍如茶樓附近，突然嚦嚦鶯聲，有人呼劉君為「老豆」。我們留意一看，原來是一位全副戎裝的女警員。

劉君向對方點頭招呼之後，便匆匆話別。筆者則瞠目結舌，百思不得其解。蓋與劉君相交二十餘年，知道對方至今仍屬光棍一名，怎會突然殺出一位如花似玉的女兒？劉君大概也看出我滿腹疑團，便邊行邊解釋。原來劉君以前在灣仔某舞廳任職「大班」，手下鶯鶯燕燕，南朝金粉，北地胭脂，為數不少。而舞場慣例，舞女稱「大班」為「老豆」，剛才那位「師姐」，便是他當年旗下鶯燕之一，且還是隸屬「單義」的「女英豪」。

另一位友人之子，平素不學好，無心向學，就業也高不成低不就。朋友為此大傷腦筋，私下跟筆者一再訴苦，並且透露這位世侄結交壞人，已廁身黑社會組織「老聯」門下。筆者當時除了多方慰解之外，對這位朋友實在是愧難相助。但這半年來，再聽不到朋友提起這個不肖之子了！詢問之下，原來已投考警察學堂，現仍接受嚴格訓練之中。

以上兩則事實，說明了在客觀環境影響下，青年人不一定壞到底，自然也不一定好到底。曾在風月場中討生活的少女，和廁身黑社會組織的浮滑青年，竟能投身警界，為社會服務，自是可喜可賀；但另一方面，警察隊伍仍未能根絕黑社會人物的滲入，也是無可置疑之事。

我們也相信近年來警方的招募工作，是經過縝密安排的。要求的標準亦寧缺毋濫。據悉，若干投考者條件稍有不符，亦難以獲得批准。但「防黑」方面，仍然略嫌不足，倘若具有黑社會會員身份的青年男女，真的洗心革面，棄暗投明，自然值得慶幸；萬一這類人物只是興之所至，或者為了過千元月薪的待遇所吸引，才獻身警界，則日子長了，是否會故態復萌；或者成為「老差骨」之後，拿他（她）們昔日在黑社會組織所學的「本領」，用於貪污枉法方面，那便糟了！因為昔日還是見不得光的黑社會人物，作奸犯科也只能暗地裏進行；如今，卻是握有權力的警員，要幹壞事則如虎添翼，防不勝防。一九七八年發生一宗兩名當值探員，以冚賭為名、打劫為實這宗較突出的事例，便足為殷鑒。據傳說該兩名大膽警探，未加入警隊時，早便是黑社會人物了！

然而這些都是說來容易，做則艱難的事。正如上文說的，黑社會人物跟普通市民並無二樣，要把「防滲」工作做到百分之百，自是十分困難。只要警方高層人物，對這方面特別留意，把警隊質素日益提高，使貪污風氣減至最低（自不能完全根絕），社會治安不至江河日下，則我輩小民，也不能過於苛求了！

手法時寬時緊　反黑工作不前

警方與黑社會組織的恩恩怨怨、是是非非，實在很難以有限的篇幅，加以一一揭露。這裏，且談談警方的「反黑」工作時寬時緊的作風。

香港政府一貫的施政手法，絕大多數以政府本身或英國的利益為依歸，真真正正顧及市民大眾的則較少。例如儲備金問題、拍賣公地問題、各種稅項及水費帶頭加價問題……等等，無不說明港府的政策是「人人應該為我，我可不為人人」的。財經問題如此，則「反黑」工作是否如此呢？視其時寬時緊的手法，便不難找出結論。

其實過往的華探長上任之初，卑躬屈節跟該區內「大阿哥」們打交道，以求轄區內太平無事。和以後對黑人物呼之則來，揮之則去，惡之欲其死，愛之欲其生的主、奴作用，都是不足為法的。

再說，社會秩序較平穩時，對黑社會組織則視若無睹（或者認為「不足以構成威脅」），或容許其半公開活動，而律例上亦無獨立懲罰之條。及至一九五六年十月大暴動之後，市民的生命財產，遭受嚴重損失，而警察部門亦手忙腳亂，甚至借重英軍開入市區，亦難以控制局面。這才領會到黑社會組織並非某些大人們所認為的「癬疥之疾」，而是足以造成重大災害的洪水猛獸，甚至足以動搖其統治權力。那時才痛定思痛，急忙成立反黑專門部門和訂製非法集會條例，又將黑人物大量拘捕，使當時的溹咸營為之「爆棚」。稍後，又將這些黑幫大、小頭目，引用「緊急條例」大量遞解出境。社會秩序方才日漸穩定。其後十餘年內，由於警方各級人員普遍貪污，黃、賭、毒三害氾濫全港，黑人物有噉飯棲身之所了，市面上打、搶、劫、殺也略為減少了，洋大人們又以為「太平盛世」了！「反黑專家」譚保禮之輩，於是乎大唱高調，說黑社會組織已完全癱瘓，再不能構成威脅了！

這種時寬時緊，自欺欺人的作風，缺乏高瞻遠矚的眼光和穩定的政策。徒使黑社會組織日益壯大，警黑勾結日見加深，而小民們所受的麻煩痛苦，也便日見增加了！

不要以為看不到像一九五六年那種嚴重災害，便算天下太平；也不要以為黑社會人物活動，只有個別而無集體巨大行動，便是「土崩瓦解、潰不成軍」。實則青、少年成為黑社會成員的數字正急劇上升；而黑社會的「堂口」，除了早已存在者外，新的組合，也正以形形色色，五花八門的姿勢陸續出現。黑社會的勢力，仍然對社會構成重大威脅。

值得令人擔心的，目前黑社會人物，據一般「老行尊」指出，百分之七十五以上屬於三十歲以下的青、少年。老的一輩，也就是仍然存有或多或少「幫規道義」、「義氣良心」的一輩，有的是金盆洗手，不問是非；有的是老成凋謝，魂歸極樂，剩下來的也心灰意冷，停止活動了。如今人數佔壓倒性比例的「新紮」人物，都是一些兇橫暴戾，目中無人，不知天有多高地有多厚的初生之犢。這類典型惡少，甚麼壞事也幹得出來。

以前的劫匪都嚴守「劫財不劫色，取物不傷身」的「誡條」；但今天的洋場惡少，劫財之外還要劫色，奉獻較少，則動輒傷人，以至強迫吞下人糞狗屎……等等，這類新聞，早已司空見慣了！

筆者曾經跟一位比較接近市民，也敢於發言的民選議員，討論過黑社會組織問題。這位議員指出：「政府官員和一些『高等華人』，是無法體會到黑社會存在的威脅的。他（她）們深居簡出，席豐履厚。出則保鏢扈從，入則侯門似海，黑社會人物自然不會撒野到他們頭上。但一般市民便不同了！他（她）們無法跟社會脫節，在營謀生計中，也無法避免和黑人物接觸。遇上麻煩之後跑去報案，真正得到解決的又能有幾人？只由新入伙的安置區或屋邨，一切裝修粉飾工程，全部都由黑社會人物壟斷這點看來，便不難想像黑社會猖狂的程度了！」

這位議員的真知灼見，使筆者大為欽佩。小巴停車站，不交「保護費」的車輛，便會被人毀壞；街邊小販不交「保護費」，生財工具便會被「天火」焚燒；新區的球場，無一不被黑社會惡少霸佔，連公立醫院每天輪籌掛號的位置，也成為黑社會人物的生財之道……。這些小市民們經常遇到的苦惱，又豈是高高在上的大人們所得而知的？

由於「反黑」政策時寬時緊、忽冷忽熱，從而使筆者聯想到法律上懲罰黑社會人物的若干問題。

據筆者所知，現行法律中，專門對付黑社會人物的條文，計有：「身為黑社會會員（或職員）」、「身藏黑社會文字或詩詞」，以及「舉行黑社會儀式」等。起先，「禁止非法集會」的條文，似乎只限於拿來對付黑社會組織的。但時至今日，已被警方「廣泛採用」，連佳藝電視的藝員，因電視台在不明不白之中突然停業而進行請願，也被指為「非法集會」了！

此外，「遞解外籍人士出境」條例，雖然並非專門為黑社會人物而設，但這條法令，卻是使黑人物最為畏懼的「緊箍咒」。因為黑人物所恃仗的，是熟習的環境、同夥的聲勢，以及作為後台的堂口。萬一被逐離境，則人地兩生，毫無依恃。不但消失了作非歹為的條件，連謀生的辦法也成為問題了！

再說，被解的目的地，一般也只有國內、台灣和澳門三處。先說國內吧，解放後嚴肅的風氣，有規律的生活和嚴厲的法紀等等，都使「慣做乞兒懶做官」的歹徒們望而生畏；台灣方面，除了跟那邊的「特」字號有關者外，等閒不易入境，剩下來的只有澳門一地了！

但有一個時期，澳門當局，對被解出境的黑人物也拒不接納。原因澳門是一個消費城市，失業人數眾多，警察力量薄弱，自然不會歡迎此類有破壞而無建設的人物湧入。故而在五十年代初期，尤其是一九五三、五四那三數年內，被解出境的黑人物，幾乎有「天地雖大而無容身之所」之感。當時警察總部成立了一個「遞解人犯工作組」，俗稱「解犯部」。人犯起解之前，該組警官循例詢問願意解往何處，然後根據被解者的志願起解。願往台灣者，必須被解者取得「入台證」，方可成行；情願前往澳門或國內者，翌日便發給費用（每一被解出境人犯，大約可獲一百多元），執行解運工作。

往澳門的由「解犯部」探員押下當時的佛山輪，因該輪設有專囚人犯的小單間。船抵澳門碼頭後，探員目擊該犯離船登陸，便算功德圓滿，原船返港；倘若澳門方面拒收，則仍然押返香港，無限期羈留，以待下次遞解。

解返國內的，自然只有經羅湖進入國境的一途。解犯的探員卻不敢跟過華界，只有在英界那邊橋頭，引頸張望。直至認為被解者確已進入華界，才算「功成身退」；倘若華界那邊不予接納，被解者很快便會退回（亦有些被解者，過橋後承認係被解身份，亦坦率地表示不想回國，邊防人員也會依從其志願，着令返回英界），在英界這邊「恭候」的警探，也就將其加上手銬，押回香港，等待下一次起解。

被打回頭的遞解犯比例很高，而警方認為「應予遞解」的人數也日益增加，兩者匯合起來，便成為香港政府一個累贅包袱。這些人連「雞肋」也不如；「雞肋」雖然食之無味，但棄之還覺可借，這群棄之亦不可惜的候解者，連「棄」的地方也沒有。於是又有「大D」及「甄審遞解人犯委員會」之設。

先說說「大D」是甚麼回事吧！原來被打回頭的候解者，愈來愈多時，便在赤柱監獄之內，劃出部份囚倉，以容納這些人物。他們不必操作（因為不是服刑犯），但卻又釋放無期。在香港政府眼內，這些人既然「棄之無地」，只能當垃圾般把他們暫「存」監倉之內，然後再想辦法送離香港。這部份囚倉便被稱為「大D」。相信目前仍然留居香港的黑社會「前輩」人物，沒有幾個未嚐過「大D」滋味的。

五十年代初期，香港政府的作風，仍然百分之百採用殖民地統治手法。百萬餘居民幾乎全部都是「順民」，「抗議」、「請願」之聲，從來沒有出現。把這批解不出去的黑社會人物，像貨物般「擺」在「大D」裏面，自然沒有甚麼人敢於批評，輿論方面亦從未替這些人說過半句公道話。於是，這批「天下雖大，無容身之地」的「人球」，也只好在「大D」之內，聽天由命地有一天過一天了！

「大D」人數愈來愈多，香港政府認為這些人既已決定遞解出境，雖然找不到收容他們的國家和地區，但把這些人「掃」出香港轄區之外，便算了事。以免成為累贅，糟蹋囚糧，也是沒辦法中的辦法。於是，便有五十年代初期的「鯊魚點心」的慘事出現。有關這件千真萬確，說來令人難以置信的事，官方從未有過半點透露；輿論界亦無人敢吭半聲。筆者人微言輕，未敢誇言「為歷史作證」，但把這件事公諸社會，以免日久失傳。否則當年犧牲在公海，成為「鯊魚點心」的人，死難瞑自。而且也抹煞了當時廣東省人民政府，曾經「搶救」及「懲兇」的一幕歷史性的措施。

搶救「鯊魚點心」　虎倀率被槍斃

原來香港政府認為這批愈積愈多的「垃圾」，總想不到處理的「善法」。倘若將這些人控於法庭，按律科刑，則這些人都沒有甚麼十惡不赦之罪。而當時的律例，仍未有專門懲治黑社會組織人物之條，在法庭上很難處以較重的刑罰。即使判個監禁三年五載，又恐這些人出獄後仍然為非作歹，後患無窮。遞解嗎？又苦無去處。於是把心一橫，將這些人用船運出公海，棄諸荒島，一了百了！

解人前往荒島的措施，是由警務處制訂，抑或經過港督或輔政司的批准，我輩小民，自然無從知曉。如果翻查舊賬，則檔案紀錄是否仍然存在，自然也是問題。因為第二次世界大戰時，德國納粹黨人大量屠殺猶太人，和今天羅得西亞的白人政權濫殺當地黑人等殘酷史實，都不見得有正式檔案存留。

據曾被解往荒島兩次、得以大難不死的「大×才」（「和勝和」人馬）透露，解往的地點，是佛堂門附近的荒島。這些荒島是否位於公海，筆者無法得之。但相信即使接近本港水域，也是沒有主權的無人荒島。

執行遞解「鯊魚點心」工作的，並非警方的「解犯部」，而是臨時受僱於這個部門的漁船或貨船。這些船隻自不會「枵腹從公」，代價按人頭計算，相信是將應該付給被解者那筆一百多元的「旅費」，移作「代勞者」的酬金吧。起先，並沒有幾條船隻的船主，肯接受這類工作，因為生活於水上的居民，大都相當迷信，認為這些人一經遞解，便九死一生。無端端揹上這一大筆血債，今後便很難獲得「天后娘娘」的庇佑，於是無人敢於受僱。但眾多水上居民之中，總會有些不信「天后」存在的，為了錢，甚麼都敢幹。君不見當年的海盜張保仔及其手下，不也是長年累月生活於水上的嗎？他們也敢於殺人越貨哩？因此「解犯部」終於找到三數艘甘願受僱的漁船及貨船。

這些「鯊魚點心」在甚麼地方登上受僱的船隻，也是言人人殊。有說是在水警基地；也有說在北角皇家倉碼頭。「解犯部」逐一「驗明正身」之後，便將被解者逐個押上貨船，又由船上的人逐個推到艙底。查核過人數無誤，便封上艙口，立即啟航。

由於提防「鯊魚點心」反抗，每艘漁船或貨船載荷人數都不會多，大約是十個八個以至十來個不等。事實上要反抗也不是容易的事。航行中，給密封在艙底之內，根本就動彈不得；抵達荒島後，僅把艙口打開一半，孔武有力的水手們，手持篙竿，從旁戒備，逐個提上來，又逐個推下海裏。要反抗，機會也是很微的。

既然到達目的地，何以要將被解者逐個推下海裏，而不直接驅上荒島呢？

原來這些荒島周圍，礁石滿佈，自然也沒有碼頭設備，故而船隻難於靠岸。潮水漲時還可以停泊近些，潮水退時，便得在離岸十丈八丈之處拋錨；即使有可能找到停泊的處所，水手們也不敢這樣做，怕的是這群亡命之徒，群起反抗。那時「死命搏生命」，成為暴虎馮河之勢，縱使船上有更多的水手，也不見得敢和這些人拚命！

當被解者逐一給推下大海時，咒罵呼喝者有之；呼天搶地者有之；嘶叫着「死為厲鬼，誓報此仇」者亦有之，加上波濤的呼嘯、水手們的叱喝、天空上兀鷹盤旋；荒島間宿鳥驚飛，真是天愁地慘，日月無光，交織成阿鼻地獄的慘厲場面。

船既不能直接泊岸，就算離岸十碼八碼吧，識游泳的人當然可以游到岸邊，不黯泳術的又如何呢？據身歷其境的人說，儘管平時窮兇極惡，毫無良心道義的人，但在那種生死關頭，大抵都能發揮風雨同途的人性。懂游泳的會扶持不懂游泳的，慢慢游向島上，但也得看一批人之中，有多少懂泳術的。例如這批「鯊魚點心」一共十名，有五個或以上的人懂得游泳，自然可以在互相扶持之下，延登彼岸；倘若十個人中僅有二、三名能夠游泳，則自然有人成為名副其實的「鯊魚點心」了！海灘上的職業拯溺員也無法一個人同時拯救兩名遇溺者，何況這些在「大D」囚禁多時，精神體力兩皆衰弱的囚徒哩！

有幸抵達荒島的人，也是衣履盡濕，即使帶有火柴、火機之類，也無法生火了。夏、秋兩季猶可，倘在隆冬時節，泡了一身海水，站在寒風冷雨之中，目睹「點心船」揚帆離去。即使是鐵打金剛也受不了此種刺激煎熬，一經登岸，便昏迷過去的大有人在。

基於「人道主義」，被解者都會獲得一些乾糧如麵包餅乾等食物，以便苟延殘喘。但這些乾糧在被推下大海時，多數便已遺失；縱能攜帶上岸，自然都變成「濕糧」了。何況這有限的食物，又能維持多久？至此，每個被解者便只有不折不扣的「束手待斃」了！

然則這些人的結果又怎樣呢？

據身歷其境的人提供的資料：有些遇上經過的漁民，在苦苦央求之下，將他們載回僻靜海灣或離島，縱其上岸；也有體力恢復後，鼓其餘勇，游到佛堂門登陸，然後翻山越嶺，跑回九龍的。當然這是僥天之倖了！其餘的不幸者，不是在荒島上飢寒交迫，懨懨死去，便是在大海掙扎時做了「鯊魚點心」。經過兩次遞解，都能游回佛堂門的黃×強（「和利和」人物），對筆者表示，倘能獲得保障，隨時都願挺身作證，揭露個人當年身受慘絕人寰的遭遇。

至於那些敢於載運被解者返回市區的漁民，也是擔着天大風險的。一經發覺，便會被控「協助出境者潛回」的罪名。他們這樣做，並沒有獲得丁點酬傭，因為這些人早已身無長物了。這完全是出於人道觀念。和那些載運「鯊魚點心」的人，同是泛宅浮家討生活，但「賢與不肖，相去遠矣」！

上述慘劇，於一九五三、五四年間，經常上演。專門賺這些孽錢的兩艘貨船（雙桅機帆）——「安利號」及「德利號」，終於受到報應。如果世上真有「因果循環」之說，那確是「天網恢恢、疏而不漏」了！

一九五四年春夏之際，有兩名「鯊魚點心」正在荒島束手待斃之際，忽然有一艘屬於寶安縣的漁船，經過附近。於是便拚命呼叫，請求援手。來船發覺了，便靠近荒島，把他們救起來，問明底蘊之後，便聲明他們的船不便駛入香港，只能把他們載回寶安某地，交由政府處理。兩名被解者自然也忙不迭點頭答應。於是，這幕人間慘劇便傳到「竹幕」（當時一般反共人士，稱國內為「鐵幕」、「竹幕」）之內了！

這兩名逃出鬼門關的黑人物，一個姓周、一個姓馬，都是黑社會組織「同新和」人馬。抵達寶安縣某地後，便將遭遇向當地幹部和盤托出。此事很快便被「地委」級的幹部知悉，核對過兩名被救者所供屬實，更查悉此類慘劇仍然不斷發生。經過詳細考慮，認為黑社會人物雖是作惡多端，但總罪不至死。即使罪該萬死吧，也應由法律判決，推上斷頭台，絕不能棄諸荒島，讓其自生自滅。至於貪圖小利，為虎作倀的「點心船」，更應受到嚴厲的懲罰。於是擬出一項行動計劃，經由上級批准，俟機執行。

大概半個月後吧，受僱於「解犯部」的「安利」、「德利」兩艘貨船，又載運二十多名「鯊魚點心」出海了！「地委」迅速獲得此項情報，便預先佈下天羅地網，讓這兩條「點心船」闖上門來！

黃梅時節，春霧橫空，那天早上海面的能見度不高。上午十時卅分左右，「安利」、「德利」半速航行，逐漸接近荒島。而人民政府的一艘砲艇，率領着兩條機動武裝漁船，也慢慢的採取包圍姿勢。

「安利」和「德利」的船主及水手們，大概全神貫注在推人下海的工作吧，身陷重圍還懵然不知。當他們打開半個船艙，逐一提人之際，砲艇和機帆全速駛至，一聲令下，兩艘武裝機帆便以一盯一的姿態，過船檢查及拍下若干照片，作為證據。然後將「安利」、「德利」連人帶船拖入華界。

大約二十天後，「安利」和「德利」兩條「點心船」的全部船員一共十名，在寶安某地給槍斃了。聞說當時的《南方日報》亦有刊載。消息傳來，人心大快，為虎作佬之輩，終於得到可恥的下場。

被救回國內的二十多名黑人物，和較早時給救起的兩個，事後都根據他們的志願，到澳門的便發給通行證（香港自然回不得了）；願意留下改造的，也分發到佛山、江門等地，學習手工業。其中一名隸屬「和勝義」的鄭×明，迄今仍在「江門火柴廠」工作，早已結婚生仔了！

經過槍斃那十名虎佬之後，再不聽到有遞解人犯到荒島那回事了！據傳當時的聯合國某工作小組，也風聞此事而進行調查，是否如此，筆者未能確定。但此事發生之後，香港政府尷尬之情，是不難想像的。

「鯊魚點心」之舉既然行不通，「大D」的待解犯便愈來愈多，於是又有「遞解出境人犯甄審委員會」（下稱「解審會」）之設。

「解審會」成員係紳士名流之輩，由港府委派組成。任務是對「大D」的待解犯，周而復始地進行「甄審」。認為情節較輕的便解上法庭受審；認為有其他地區可供遞解的，也協助他們辦理入境手續（如願意去台灣、澳洲、荷蘭或其他地區的）；認為情節輕微的，在「大D」關押一個時期之後，也予以有條件釋放（如監視行為等）。至於那些「無路可行」又情節嚴重的，也只好暫時擱置起來，無限期地關押下去。

筆者報道這段事實，並無姑息或同情黑社會人物的意圖。只是這些人罪不至死，而香港政府的「鯊魚點心」政策，也過於罔顧人道了。本着「善者善之、惡者惡之」的原則，筆者不能不秉筆直書。今天，香港政府及英倫方面，正大力捨棄殖民地政策，對於香港市民，也愈來愈獲得較多的「自由」。過去的「不當之舉」，應該拿來虛心檢討，而不至惱羞成怒吧！

上文提及的時寬時緊的「反黑政策」，一直被香港政府及警務當局長期採用。認為足以威脅政府安全時，便不擇手段大力鎮壓，連「鯊魚點心」那樣的手段也拿將出來；當認為黑社會力量「不足構成威脅」時，便又大唱高調，說黑社會組織已瀕癱瘓了！至於時而制訂嚴厲法律（如「非法集會」等）以鞏固其統治權力，時而勸人「洗底」和監獄署對青少年黑人物諸多優待等，都有「過猶不及」之嫌，對徹底消滅黑社會勢力無甚裨益。

（六）黑社會組織與各項罪惡的關係

如果說香港每日所發生的大小罪案，完全和黑社會組織有關，那未免是誇大之詞。例如若干情殺、強姦、商業行騙以至貪污舞弊等案件，都未必和黑社會有直接牽連；但如果拿在監獄中服刑的囚犯百分之九十五都是黑社會人物這點看來，則又不能說是完全不切實際了！較為中肯的說法，應該是：沒有黑社會組織存在，則社會罪惡將會大為減少，這一說，相信沒有人會反對。

一個擁有四百萬人口的都市，貧與富如此懸殊，勞與逸如此不均，人與人、事與事之間的摩擦，要做到「海晏河清」，「訟庭花落」那種太平盛世，自然勢不可能。再加上黑組織的橫行、跋扈，黑人物的無法無天，本來已經混亂得可以的下層社會，自然變得更為錯綜複雜。社會秩序瀕於脱軌邊沿，而治安問題也就江河日下了！

朋友許君，習社會學，對社會問題頗有真知灼見。某次跟筆者研究香港的黑社會問題時，彼此的觀點始終無法納而為一。他認為所有國家或地區，極少沒有黑社會或類似黑社會組織存在的。因此，把社會罪惡問題歸咎於黑社會組織身上，那是不公平的。他認為任何國家或地區的執政者，都應把黑社會問題，列入治安工作範圍的「預算」之內，就像米商把食米在輸運途中的損耗列入損耗預算之內一樣，絕不能把黑社會問題，作為治安工作的「額外負擔」來單獨處理。

筆者卻持着相反的看法。強調黑社會組織雖然難以徹底根絕，但亦並非無可救藥的「不治之症」。要把黑社會對市民的禍害減到最低點，是可能辦到的。執政者不應把黑社會組織作為「必然具有」的社會成員，抱着得過且過的態度來處理問題。接着，筆者又舉出許多實例，以支持此看法。結果，朋友才帶着「恍然」的神色，同意我的見解。原來朋友雖是飽學之士，論墨水，自較筆者為多；但對黑社會組織的認識，和下層社會的生活實況，則較筆者欠缺認識了！

當然，這是「理論」上的「爭執」。實際上又怎樣呢？本節將黑社會和各類罪惡的密切關係，分門別類如實報道，相信有助於讀者對此一問題的分析。

黑毒關係密切　荼害社會最大

首先談「毒」的問題。

是否所有販毒之輩，百分之百都屬於黑社會人物呢？

這個問題，在拙作《香港毒品氾濫真相》（《七十年代》出版）一書中，亦有論及。惟事隔三年，目前的販毒活動和當年已有很大差別。當四大販毒集團的「事業」如日中天之際，是在貪污分子包庇之下，造成近乎公開的買賣活動；目前，不能說貪污問題已完全絕跡，但幹起來總不像從前那樣「得心應手」了！因此，販毒活動早已轉入另一種「新」的方式進行。

先說販毒人物是否百分之百是黑社會人物。這種說法當然有點誇大。但從已被揪出來的「成名人物」來看，跛豪夫婦是「新義安」的大阿哥；毒玫瑰陳燕卿及其保鏢陳軍堡則是「敬義」人馬；馬惜如、馬惜珍兄弟，則為「福義興」的頭頭，油麻地果欄大販毒案的沙塵超，則是「水房」的中堅分子。此外，次一級的人物，無不是黑社會中有頭有臉的人馬。由此看來，雖非百分之百，也應該是百分之九十八了吧！

目前的毒品來源，無疑的絕大部份仍然來自泰國方面。但像十年前整船整船的運來香港，自然是行不通了！但部份海員敗類，為了鈔票，仍然冒着風險挾帶毒品的，尚屬不少。此外，新興的毒梟們，都有「代表」派駐泰國，利用旅行人士攜帶毒品；有些人被利用之後還懵然不知。原來毒梟們特別製造了一批皮喼，底部以最薄的夾板，壓縮一層厚約一分的毒品於皮喼之下，再進行細緻的裱糊工作。這類運毒工具，極少被海關人員發覺，即使拿尺去量度皮喼內部，也不會發現甚麼。除非將每個入境者攜帶的行李都加以毀壞，才會發覺，事實上是行不通的。故而過關的成功律頗高。還有，攜帶者根本不知就裏，心理上沒有威脅，神色上也就從容不迫。目前以此類手法從事毒品輸入活動的，約有三組人馬。一是「十四K」孝字堆的楊×棠（綽號「花癲棠」），一是潮幫「敬義」的後起之秀「沙膽明」夫婦，還有另一批則係某退休高級人員主持，屬下人馬分佈曼谷及東京兩地。主要「業務」是由泰國輸入海洛英，同時亦由香港偷運興奮劑往日本。這群國際性毒販的頭頭，屬於許多個黑社會堂口，夠得上份量的幾個，都是「和勝和」人馬。此外，「和洪勝」、「十四K」、「和利和」等亦有成員參加。他們在曼谷則與當地黑社會組織「飛虎堂」掛鈎；在日本則與「山下幫」結盟，「業務」進行得有聲有色。

只可惜一九七八年十月，一名姓馮的帶家在成田機場落網，日本警方獲得若干線索後，目前正大舉掃蕩「山下幫」，逼使這個新興販毒組織，暫時偃旗息鼓，停止活動。

以上是輸入方面的大致情況。至於製煉毒品的情形又怎樣呢？

過去，毒品製煉方面（即由嗎啡磚製成海洛英，或由濃縮海洛英製成純度較低的海洛英），除五十年代仍然操縱於滬幫手上之外，其餘大部份時間，都由潮幫一手包辦。因為這門「技術」在今天已不再是「不傳之秘」，能夠獨當一面，處理提煉過程的人，如今已多至不可勝數。

目前潮幫黑社會組織，尤其「福義興」及「新義興」兩幫人物，除了小部份經營黃、賭兩害之外，其餘的幾乎全部與「毒」有關。在報章上看到所有破獲的製毒機關，主持人被控諸法庭的，十之八九是潮籍人士，由此可見，目前「製毒行業」，仍然操縱於潮幫黑人物手上了！

製毒地點問題，一向以來便是這些人物最感頭痛的問題。新界及離島偏僻地區，已不能使用了！那是因為新界鄉民警覺性日益提高，遇有陌生人租用地方時，便會主動向有關部門報告，於是逼使這群靠毒為生的人，又轉向市區地方活動。

警方掃黃賭毒
上月四千多次
搜獲各類毒品千多公分
檢獲賭檔欵項十萬餘元

這雖是一着險棋，但也不是全無道理。由於目前市區廢氣多、噪音大，足以掩蓋提煉毒品時所發出的聲和味。最近破獲的製毒場所，都是在美孚新邨、尖沙咀以及荃灣最熱鬧的地方。其中兩處的破獲過程，說來頗是滑稽。尖沙咀一處，是因為鄰近大廈發生火警，滅火車及警車馳至時，製毒者雞飛狗走，而被偶然發現的；另一宗在美孚新邨破獲的，則更為滑稽。原來製毒者原係緝私處的「線人」，他故意將錯誤情報供給緝私人員，另方面則在自己寓所進行製煉毒品。當緝私人員白忙一番，回頭找他詢問詳情時，才偶然破獲這個製毒場所。這兩宗製毒機關的幕後人物，都屬於「新義安」人馬。

最後，談到零售活動方面了。

「百花齊放」時代，大圍、城砦的鴉片煙格公開營業；三角碼頭和馬山的白粉零售處多如牛毛，這些「盛況」，在今天是找不到了；傳呼機送貨的手法，也認為落伍了；據有關當局估計，全港吸毒者仍有十萬人（實際數目應為十五萬或以上）。那末，這些「黑色大軍」的「糧食」又如何獲得供應呢？

在道高一尺，魔高一丈的情形下，首先有「送貨上門」的花招出現。也就是說某一掌握若干顧客的拆家，會在一天的指定時間內，僱請若干名工作人員，將顧客需要的毒品送到府上。但並不直接接受。送來的毒品放在何處，送貨者會臨時告知，顧客依照指示前往提貨，很少有紕漏出現；亦有約定時間地點，互不交談，在擦身而過的一剎那，顧客已拿到所需的「糧食」了！當然，首先要上期交費，否則不能享受此項「服務」。目前實行此類方法的拆家，計有「和洪聖」的差利×、「水房」的高佬祥和「十四K」的大傻×⋯⋯等。

另一種方法，是利用郵差，把毒品送到顧客手上。接受此類「服務」的顧客，大多數有信箱設備，而且上鎖的。投寄份量不能過多，收到與否拆家也不負責。總之你情我願，憑着「良心」進行交易。不過，除非有特別線報，否則本地郵件極少檢查。開始以來，倒還未有聽到主客之間有「不愉快」的事發生。

尚有一種是利用戲院上映時，在座位中進行交貨的辦法。當拆家接到若干相熟顧客的「訂單」，及收妥貨款之後，便將若干張戲票，分別贈給顧客（自然不會排在一堆）。顧客們分別依時入座。拆家何時出現，事前並無規定。總之，在影片上映之際，拆家或其代表，便會神出鬼沒地出現眼前，把毒品向顧客懷裏一塞，交易而退。

自然還有不少拆家，擔着天大風險在固定地點經營的。如柴海區的馬×叔（「敬義」人物）；西環的肥九（「和合圖」人物）；九龍城的靚曾（「和勝義」人物）……等，都還「默守繩規」，以不變應萬變。不過，他們也乖得很，再不像以前那樣將毒品放在架步之內。總之，熟客光臨，他便到屋外兜個圈，回來時便有貨交易了。

一言蔽之，非黑人物無法經營毒品；經營毒品的一定是黑人物。理由嗎？很簡單。他們視坐牢如家常便飯，小量毒品的販賣罪名，一般不會太重；圈外人要插手「客串」一番嗎？一則無法找到毒品來源，二則很難找到基本顧客，三則恐怕經營還不到兩天，早會有「金手指」向上一「篤」，連人帶貨捉將官裏去了！

賭檔非「黑」不辦　員工非「黑」不用

香港的賭博，有「合法」與「非法」兩種。合法的自然首推「英皇御准」的賽馬會及其「場外投注站」了，其次則是長年累月都進行「營業」的「六合彩」。此外，便是五步一樓、十步一閣的蔴雀（天九）娛樂公司了！

至於「非法」的，也林林總總、五花八門地不讓「合法」者專美於前。計有：外圍狗、馬及回力球、十三張檔、番攤檔、牌九檔、廿一點檔，以至街頭巷尾的魚蝦蟹及啤牌檔……等。其他的違法聚賭例如某些社團的蔴雀局、牌九局、沙蟹局等等，也是不勝枚舉。此外，又有近年才「崛起」的「會所」。這些「會所」設備之豪華，消費額之高，殊非身歷其境的所能想像。這裏面賭、嫖、吃、喝以至小電影、活春宮等一應俱全。「會所」外邊巨大的霓虹管招牌，也像其他大酒樓、大公司一樣閃爍於通衢大道之中，猗歟盛

雀校開張聲勢懾人
祝賀花牌有如林立
大小凡數十個・縱橫多個舖位

哉，猗歟盛哉！

香港的非法賭博與合法賭博，除「英皇御准」的賽馬會和政府開辦的六合彩，黑社會勢力未敢滲入之外，其餘的可以説完全與黑人物有極大關連。私營「大檔」及外圍狗馬自不必説，就連警務處發給牌照，向政府納税的「蔴雀學校」，亦難避免。經營這一行業的老闆們，捫心自問，「學校」裏的「總管」、「巡場」以及經常麕集於門前的「打躉友」(註)，哪個不是有「字頭」的黑人物？否則恐怕也沒有「被聘」的資格吧！

一九六五年起，以至「廉記」成立之日止，這段時間，被「撈家」們稱之為「百花齊放」時期。不必解釋，相信也明白「百花齊放」的意義，係指黃、賭、毒三大害在貪污分子包庇之下，半公開的活動、經營。警、黑雙方皆大歡喜的局面了！

在那段警、黑掛鈎的黃金歲月之中，由窮光蛋進而厠身千萬富豪的兩方人物，少説也有百餘名之多；單是從「賭」這一項的「得益者」，能夠提名道姓的起碼超過

註：每一蔴雀（天九）學校門前及欄尾，都備有一批「打手」類型人物，這些人並非用以騷擾顧客，而是萬一「有事」（如被另一幫黑人物搗亂、勒索等）時作「彈壓」之用。

五十人（指孽錢超過一千萬的，千萬以下的簡直不可勝數）。為了避免麻煩，筆者也只好「從而略之」了！

先說「豪華大檔」的內容吧。「大檔」二字，出於何經何典，莫說淺陋如筆者未能考據，即使圈內的老差骨、老撈家，相信也是人云亦云，不求甚解。如果一定要鑽牛角尖的話，只好說「大」之所以為「大」，係「資本大」、「人面大」、「後台大」、「場所大」及「注碼大」之故，與街邊的魚蝦蟹等小型賭檔截然不同，故而名之「大檔」。

一個大檔的「人事編制」有如下述：

1．「股東」——大檔股東有「內股」及「外股」之分。前者為「當權派」；後者為「在野黨」。「內股」自然是有財有勢的「大阿哥」，外股則間或有「外人」（指非黑社會人物）參與。但「內股」人馬往往搬弄掩眼法，使「外股」人物不斷虧蝕而又不斷增本。實則這些錢都滾到「內股」人物的腰包裏去了！筆者所知，一名大亨的黑市夫人，醉心於賭檔事業，先後投資在四個大檔之中，資金超過一百萬元。但都好夢成空，拿出去的總拿不回來，幾乎累到大亨身敗名裂。其後總算及早回來，不敢再提此事了！

2．「交際」——大檔例有交際一人或三數人，專門對「包庇者」負聯繫之責。如某時可以開檔，某時必須暫停，某時進行「冚假檔」等等，均由「包庇者」直接通知「交際」，再轉知內股之東妥為準備。有等「交際」亦兼負繳交「片費」之責。例如「年節數」、「膊頭數」。(註) 江湖人物前來「打秋風」的，亦均由「交際」負責應酬。故而「交際」一職，往往高於「總管」之上。「交際」人才，必須具備八面玲瓏、交遊廣闊、面子十足、口才敏捷及實力（指手下馬仔）雄厚等條件，否則無法勝任。

3.「總管」——專負人手調配、門禁規則、場所設備及監視賭博進行時有無漏洞錯誤等工作。此一職位，自然亦非黑人物中的「泰山北斗」莫屬。

4.「巡場」——亦即在場內往返巡邏之打手。負責防止搗亂及場內一切秩序。如有外來勢力搗亂，則「巡場」必須捨命拚搏，故而「大檔」之內，必須具備三角銼、西瓜刀、牛肉刀、刮刀、水喉筒、單車鏈等「武器」，以防萬一。

5.「銀頭」——亦即「出納主任」。為避免突然「冚檔」時有所損失，大規模的「大檔」，都在場所附近另設「銀庫」，以便交收賭款；較小的「檔口」，「銀頭」經常不

註：「年節數」，添指每個節令對×方人物特別孝敬之謂；「膊頭數」則係臨時有×方人員前來，討取臨時費用。

在場所之內，需要交收時才由場內職員與之聯繫。

6.「正荷」——亦即賭桌上之重要人物，如番攤的攤官；牌九的「打荷」；十三張及廿一點的「派手」等是。此類人物必須具備眼明手快，反應敏捷，心算技術超卓，熟悉各項賭博規則，方可勝任。例如「牌九」開門時，莊家骰子一搖，喝叫一聲開門方式，正荷便須以最敏捷手法切實執行。「牌九」的開門方式非常複雜，且亦非常怪誕。例如有：「滙豐銀行」、「大扁底出」、「拍拖過橋」、「縱橫十六底出」等名稱。如非熟手，等閒無法應付。

7.「幫荷」——輔助「正荷」進行賭桌上一切操作。賠錢、殺錢，亦均由「幫荷」執行。

8.「執小」亦即打雜，負責往返奔走，銀口交收及場所中一切瑣碎工作。

9.「司閘」——亦即電視廣告中「阿蟲介紹來嘅」那類人物。此項工作，必須記憶力強、身手敏捷、體格魁梧、頭腦靈活等條件方可勝任。有等「豪華鐵竇」還具「頭閘」、「二閘」、「三閘」等安全設備，故而「司閘」職位，亦有三數人之多。

10.「女雜」——即清潔女工，亦需兼事斟茶奉煙等工作。

11．「天文台」——大檔雖有後台，如有情況，亦會由「包庇者」迅速通知。但為安全計，仍需有「天文台」之設。此項職位，專門從事「放哨」工作。一有臨時情況，即向場所發出訊號，以便應變。

12．「進客」——專負招攬賭客的工作。有固定薪金者，亦有介紹賭客一名，由場方支付若干酬金者。

13．「替死鬼」——顧名思義，那是專門代替「檔主」上庭受審之輩。倘若罰款，自有「檔主」代付；萬一坐牢，則另計「薪金」。就此職位者多數為「癮君子」之輩。

一個「大檔」，竟然有如此龐大人事組織，比諸澳門娛樂公司，信亦不遑多讓，只是「具體而微」罷了！由場所租金、員工薪金、飲食招待、用具消耗等開支，再加上巨量的「片費」，試想一個「大檔」每日的開支究竟多少？而嗜賭之徒，每日又將多少金錢，奉獻到鱷魚嘴巴之內？

一個大檔的資本，最少的也具備五十萬元；至於那些豪華鐵竇，則三、五百萬元也不出奇。著名「收租佬」沙皮×兄弟，設於油麻地的豪華鐵竇，便經常儲備現金一百萬，另銀行存款四百萬以作周轉。

「大檔」的各級人馬，除少數「外股」股東之外，自然清一色是黑社會中人，否則有通天本領，也是無人僱用。原因是「非我族類，不能參與」的「排外」思想作祟；另方面，這些工作並非全仗「本事」便可勝任，一般市民，又有幾人具備如此膽量，在「龍蛇混雜」中去討生活。

其次，談到經常活躍於街頭巷尾的「魚蝦蟹檔」及「紙牌檔」了！這種玩意，與其說是「賭檔」，不如指為「騙局」還來得貼切。因為這些賭具，已達到由荷官操縱自如的地步。這些檔口，經常在港、九各地市場附近開設，行騙對象，則以家庭婦女為主。

魚蝦蟹的賭具，是三顆木製的骰子，每顆骰子的六個平面，分別繪上魚、蝦、蟹、金錢、葫蘆及蛤蚧等六款圖案。這些骰子放置於木碟之上，覆以木碗。荷官將其大力搖動，然後由賭客下注於上述圖案中之任何一瓣，多買幾瓣自然更受歡迎。賠率是連本一賠五，注碼由一元起，以至數十元不等。

至於「紙牌檔」，則以三張撲克牌為道具。其中兩張點數，一張「公仔」。荷官以緩慢的手法，移動那三張牌，還不時有意無意之間把牌底掀起，讓賭客們看個清楚，然後投注。注碼也由一元至數十元不等。當賭客明明看到那一張是「公仔」而立時下注時，掀開後卻會變成「點數」，於是便算輸了！

實則骰子跟那幾張撲克牌，都是做了手腳的。莊家要開甚麼便開甚麼，賭客永無「勝利」的希望。這些檔口經常設荷官一人，助手一人（負責殺錢及賠錢），「天文台」二至三人及偽裝賭客的歹徒數人。不要小覷這些檔口，由於「顧客」不少，而且有殺無賠，不像「大檔」一般有上有下；至於「派片」方面也很「經濟」，不必付「環頭片」而僅需付出「行必片」而已(註)，因此，每一檔口每天（開檔兩次）的收入，達到三五百元也非奇事。十名八名歹徒分而用之，較諸在工廠或地盤工作安逸得多了！

經營這些小檔口的自然都是黑社會人物，而且僅能在其「陀地」（控制地區）範圍活動。經常設檔的計有觀塘地區的「老潮」；紅磡地區的「老聯」；油麻地地區的「和勝義」及灣仔區的「單義」等人馬。

非法賭博如此，合法的又如何呢？

以合法的蔴雀（天九）學校而論，和黑社會勢力仍然難以分開。原因是這些場所，

註：「環頭片」，係指該區的「收租佬」作經常性收費的意思；「行必片」則僅對負責該街道範圍的×方出動人員，作臨時性的奉獻，大約每次每位奉獻二至三十元左右。

雖亦有正當市民光顧，但仍以三山五嶽人物佔絕大多數。此外，又有一批精於此道的「老千」，周而復始地在各區活動。再加上蔴雀（天九）學校，和「大檔」一樣都有「按碼」之設，也就是顧客輸光現款時，可以把手錶、金筆、金飾……等值錢東西作按，向「校方」挪借現金，以求「收復失地」。既然有這許多複雜的情況存在，摩擦糾紛，自難避免。這些場所雖說是受法律保障的「商店」，但卻很難請來警員，專負彈壓之責。萬一發生爭執或外來勢力搗亂時，主觀客觀形勢都不容許報警求助（除非被人械劫或發生血案）。故而校方無法不僱用一批強有力的黑人物，作為「護場」之用。

這些「學校」，一般都由一名「大阿哥」派出一班馬仔，長駐該「校」作「護場」力量。當然，這些人絕不會主動的對顧客加以任何騷擾，因為顧客們都是衣食父母，倘若場所之內，經常露出「殺氣騰騰」的氣氛，使人望而卻步，則那間「學校」還會有「學生」去「上課」嗎？

如果你有意向「校方」搗亂或者「賭大膽錢」，則又另作別論了！六十年代初期，筲箕灣的一家蔴雀學校就曾發生一宗駭人聽聞的故事。

這家蔴雀學校老闆姓伍，係退休警務人員。某天，一個中年婦人進入校內打五十元一底的蔴雀，起先是旗開得勝，其後則節節敗退，最後輸到一光二淨，共欠七十多元。當她向「巡場」表示是老街坊，所欠之數，希望由校方墊支，晚上即行奉回時，巡場問她有無抵押，她表示僅有五分重的金耳環一對。當時金價每錢二十多元，五分金飾又能值多少？對她的請求，巡場當然拒絕了。擾攘之間，驚動了在賬房的老闆。獲悉情形之下，勃然大怒，認為此人有故意搗亂之嫌，便下令「護場」人馬，把這個「不知死活」的婦人拖到欄尾特別設備的小房間，剝去外衣，毒打一頓。事後那名婦人可能自知理虧吧，並沒有報警驗傷。事情過去了，也沒有誰去根查這件事，大家都把這樁「小到無可再小」的「小事」，完全忘掉了！

一年後，姓伍的老闆竟遭反黑組拘捕，指為黑社會人物，無限期扣押於「漆咸營」，等候遞解出境。主辦此案的「反黑組」羅路總督察，在訊問伍某時，竟然提及一年前那椿「剝衣毒打」的往事，使伍某瞠目結舌，何以會傳到警方耳目之中。結果，在「財可通神」之下，伍某的遞解令獲得取消，仍然當他的「校長」，只是把「校址」移到灣仔罷了！前車可鑑，以後伍某對於「來歷不明」的搗亂者，再不敢魯莽行事了！

非法賭博之中，在「六合彩」未面世之前，還有「字花」一項。「字花」分為港、九兩個「總廠」，日開三次，這玩意最盛行的時候，許多小報都刊出漫畫式的字花「貼士」；連當時的某電台也播出《一枝花》節目，以備好此道者揣摩參考。其盛況可想而知。

字花「總廠」之下，分為若干條「流」，相等於「分區辦事處」；「流」之下又在街頭巷尾設立若干「收票站」。每次「開字」之前，把全部投注情況集中研究，將投注額最低的那個字開出來，這自然是一項「封蝕本門」的生意，但「片費」也高得駭人。據聞「九龍總廠」的「派片」對象共有八個單位，片費總額超過一萬五千元（每天計）。

字花廠各級人物，自然百分之百都是黑社會分子。這玩意在最熱鬧的那段日子裏，養活大、小黑人物五千人以上，如果連家屬包括在內，真算是一個大僱主。只「可惜」六合彩面世之後，官府「與民爭利」，「字花」自然壽終正寢了！

港九色情氾濫　形成人慾橫流

估計戰後以來，在香港出現過的色情事業，計有：「音樂廳」、「酒簾」、「三溫暖」、

「美女插花」、「美女擦鞋」、「美女擦鞋」、「導遊公司」、「人體寫生」、「脫衣舞」、「浴池」、「小舞院」、「徵友」、「一樓一妓」、「小電影」、「真人表演」、「女子美容院」、「中國式酒吧」……等等，真是五花八門，以至各大小「娼寮妓寨」、「無上裝夜總會」、「中國式酒吧」……等等，真是五花八門，洋洋大觀，整個社會幾乎給這些「黃潮」淹沒了！

上述這些色情場所，自然百分之百由黑社會人物所經營。由正當商人投資的，簡直找不出半個例子。

除卻不超過十家稱得上是正正當當的舞廳，以及專為外國遊客、水手而設的酒吧之外，嚴格說來，上述各類色情場所，都是違法的，儘管它們都領有牌照，可以公開營業。至於附設於各大酒樓的夜總會，自然是正當娛樂場所，表演節目，亦經有關方面檢查，不在色情架步之列。

由於本文只係揭露黑社會組織與色情事業的密切關係，故而各類「架步」的內容，不擬逐一詳加描述。僅就黑社會人物如何經營這些架步，用甚麼手法控制那群廣大的可憐女性，又怎樣走「法律隙」以達到公開營業的目的，以及如何勾結貪污分子，進行殘酷的剝削……等問題，作較深入的揭露。

既是「色情事業」，自然離不開女性。不論巧設些甚麼不同的名目，亦脫不了擁有一批聽從指揮的可憐女性，以不同的方式，去供顧客們玩弄、摧殘、蹂躪、淫辱而已。因此，首先談談這些「架步」的「貨源」。

人之初、性本善，相信沒有那個女孩子生來便甘心情願供人蹂躪，自甘墮落的。因此，由黑社會人物中的慘綠少年，以甜言蜜語或物質享受為引誘，從而跌入火坑的，幾乎佔百分之九十九；有人認為家貧親老，在生存的前提下而自動出賣色相的，也大有其人。筆者對此未敢苟同。因為目前香港工業需求的勞動力，經常處於求過於供的狀態下。滿街滿巷都可以看到招請工人特別是女工的招貼，如果僅僅為了生活而去跳火坑，在情在理都很難說得過去。

專門從事引誘少女的黑社會青、少年，俗稱之為「姑爺仔」。據不完全的統計，此類「姑爺仔」竟達八萬名之多，真是信不信由你！

為甚麼「姑爺仔」一定是黑社會成員呢？說來簡單，這些人如果沒有黑社會組織作為後台，也沒有一群狼狽為奸的同黨相助，根本就無法進行活動。即使你能把一名少女引誘上手，也無法把她推入火坑，而且，也會輕易的給別人「搶」去。

「姑爺仔」亦有「有組織」及「獨行俠」之別。先談「有組織」的活動內幕。

以「十四K」的一個龐大組織為例。這個組織的「樞鈕」設於九龍亞皆老街一幢大廈的一個單位，最高當權人物，是「忠字堆」的一名大阿哥化×龍（綽號）。手上擁有夠得上條件的「姑爺仔」近十名之多，並擁有打手十餘名，私家車三輛，活動地區以九龍為主。如果香港或新界亦有對象，則「越境作戰」也不出奇。倒數五年之內，經由這個組織「賣」出去的少女不下三百名之多，其中十七名給賣到澳門去。奇怪的是這個組織卻一直「風平浪靜」從未遭遇過警方的干涉，同道之間的搗亂更不消說了！

去年失踪青年一千五百餘人
百分七十五為少女
多為黑社會所引誘

上述作為「總部」的那層樓宇，共有一廳五房，佈置豪華，恍如巨富之家。這五個房間並非由某個姑爺仔佔用，而是某人進行工作時，才指定進駐某一睡房。還在花園街另租一層唐樓，作為平時聚集之用。姑爺仔物色少女的方法，有在派對中認識的，有在夜校中認識的，有在集體旅行中認識的，亦有「來手」介紹的。總之他們的辦法很多，觸鬚也伸得很遠很遠，只要看中一名對象，你不喜歡某甲可以介紹某乙，不喜歡某乙可以介紹某丙，因為「姑爺仔」群中，甚麼類型的都有，務求對方喜歡為止。身份方面，可以扮富家子，可以扮書院學生，可以扮白領階級，也可以扮窮光蛋。總之投其所好，迎合對方胃口，故而這些「姑爺仔」也都具有「演員天才」。

當一名少女陷入「姑爺仔」的柔情蜜意圈套之後，進一步的行動便是「打印」。所謂「打印」，是指發生肉體關係。至此，那名少女已是陷入萬劫不復的深淵中了！

「打印」又有「單對單」與「輪大米」之分。前者用以對付個性較為文靜，對愛情見解較為重視的對象。這類少女把自己的一切，都寄託在「姑爺仔」身上。此後，他便會以種種藉口，勸她「暫時」廁身風月場中，儲蓄金錢，作為結婚或建立事業之用。敢於拒絕的自然很少，否則便以暴力威脅，又或者以「苦肉計」施諸「姑爺仔」身上。至此，仍不就範者是非常少見的。

至於那些個性倔強，貞操觀念較為深厚的，便施以「輪大米」方式了！首先把那名少女約出來，用汽車載到僻靜地方，先來一個下馬威，把她痛毆一頓，然後逼使她在來人之中選擇一個作為「條仔」。實則選擇哪一個都好，其結果都是一樣——遭受輪姦。

此後的幾天之內，不斷的把這名少女摧殘，使到她的少女尊嚴和貞操觀念全部泯滅為止。那時，再帶返「總部」，「量才使用」。該賣的賣出去，能作長期剝削的，便介紹到某些色情架步去，作為「組織」的搖錢樹。

如果遇到容貌及氣質，都有過人之處的少女，「組織」往往會加以「培植」，設法把她弄進娛樂圈子，使其成為「明星」、「歌星」之類，然後長期控制，成為較大的搖錢樹。數年前自殺的女星白小曼，就是這個「組織」的犧牲品。

當這些可憐的少女，被逼廁身於各種色情架步之後，何以永無脱身之日呢？自然也有其原因存在。如果這名少女，仍然由組織控制，配屬於某個「姑爺仔」的話，則上班下班，均由「姑爺仔」接送（只要在打烊時間，跑到那些色情場所門首看看，便不難發現此種情形）；剩下來的「休息」時間，也由「姑爺仔」寸步不離的陪同左右，自難有脱身機會。再說，一個少女經過一段長期間的摧殘，淪落到這般田地，早已適應這種生活環境，就算偶然遇上家人親屬，也會自動閃避，再沒有「乳燕還巢」之想了！至於賣給像「社」、「寨」、「簾」、「格」一類色情架步的，自然有「買家」負責嚴密控制，這類情形，經常都可以在新聞傳播之中看到，也不必多加贅述。

像這樣的「姑爺仔」集團，除上述「十四K」人馬經營的那個之外，其餘由「同新和」、「單義」、「新義安」、「和勝和」、「和勝義」及「老聯」所經營的，共有十餘個之多。中文大學百多名同學，自動組成調查團，於一九七八年九月二十九日公佈的：「香港色情問題研究報告書」中指出，一九七八年上半年失蹤少女人數，竟達一千三百多人（未有報案者不在統計之列）。看到上文所揭露的情況，便不難想像這些「失蹤者」，到底「消失」在甚麼地方了！

諸多色情事業之中，最慘酷的莫如「社」了！記得不久之前，曾有過一部以《社女》為戲名的電影上映。這部影片對這方面的反映，倒還差強人意。不但一點沒有誇大，且還有若干內幕，仍未為編、導所知曉。筆者不妨把「社」的組織內幕及其經警方式，揭露如下。

「社」的經營方式，不同於「妓寨」。後者羅列着若干名妓女於一層樓宇之內，派出「火車頭」（即招徠顧客的專責人物），於街道上到處拉客。有意光顧的便問明代價，由「火車頭」帶上「寨」內，交易而退，歡娛時間一般不能超過二十分鐘。但香港是禁娼的，這類半公開營業的妓寨，完全由各該區的「包庇者」容許之下，進行營業。「廉記」

成立後，「包庇者」較為斂跡，於是紛紛轉入地下活動，是為「社」。

「社」與「寨」明顯分別之處，寨係大張旗鼓，嚴陣以待，等候顧客上門的；但「社」的經營方式則完全相反。顧客不但不知「社」的地址何在，即使顧客願付更高代價，亦不能在「社」址進行交易，必須經由「公寓」、「酒店」、「招待所」及「別墅」等來電「提貨」，然後「送貨上門」。

由於「社」與「社」之間的作風、手法，略有不同，勢不能逐一揭露。以下拿「和勝和」大阿哥尖頭×（綽號），在油麻地經營的較具規模的一家，作為實例：

這個「社」的人事分工，計有：

「總管」一名，自然由尖頭×負責，總管全「社」內外大小業務；

「交際」一名，由「和勝和」的一名「白紙扇」大哥澤擔任，負責「片費」交付，及聯絡各「招待所」、「別墅」等工作；

「接線生」一名，社內共有電話三個，社與「招待所」等聯繫，均以代號稱呼，如「××記公司」、「××行」……等。對方「提貨」時，亦以「貨品名稱」代替，如「需要顏料三包，請立即送到」……等；

雜務女工兩名，專門負責「社女」膳食及「社」內清潔之責；

「司閘」一名，由「金牌打手」單超倫擔任，專門看管大閘，嚴禁「社女」私人出入。經尖頭×批准者不在此限；

「打手」四名，由「和勝和」一名「紅棍」康仔率領，負責對付外來勢力搗亂，及鎮壓「社女」工作；

「社女」十七名，年齡由十五至三十不等。其中七名是「合約身」，十名為「公主身」。前者係合作方式，由「社」方負責食宿，收入則春色平均，但須遵守「社」方「紀律」，不能隨便行動或幹「私幫生意」。合作期限多數為三個月；至於「公主身」則係由姑爺仔手中購入的少女，一般代價每名一萬至一萬五千元。規定每萬元代價須替「社方」服務一年，期內由社方酌支零用，約為每月三百元。期滿可「恢復自由」，但那並不實際，因為行將期滿之際，「姑爺仔」早已「香車迎候」，又轉賣到別的架步去了！

社方備有私家車兩架，接到「柯打」時，便由打手一名跟車前往。見貨合意，交易成功時，打手便在附近監視。「社女」的「服務時間」一般為一小時，顧客如需延長，便得付出額外款項。社女服務完畢，便由打手監視之下，上車返「社」。

「社」方業務最繁忙的時間，自然是華燈初上，以至凌晨三時左右。那段時間之內，接線生不停通話；「社女」不斷進出；司機不停接送；打手不斷奔忙。於是，鈔票也從四方八面，滾進老闆的腰包了！

該「社」的「打手領班」康仔，曾對筆者約略估計過該「社」的每日收入。十七名社女，平均每日有一名因「生理問題」而休息，實際「出勤」的「社女」為十六名。每名「服務」一次收費一百元，平均每名每日服務四次（最低估計），則共收入六千四百元（招待所另向顧客收取百分之四十介紹費，顧客實際付出為一百四十元）。其中六名為「合約身」，拆賬一千二百元，社方實際收入約為五千二百元；一個月統計則為十五萬六千元。

支出方面：房租八百元、水電及電話二百元、員工薪金共二萬元、社女零用三千元、膳食一千五百元，片費二萬元。合共為四萬五千五百元。加上臨時「打秋風」、「交際費」等共一萬元，實際支出為五萬五千五百元。

收支比對：尖頭 × 每月「純利」收入為十萬元左右。試問這是一個工人或白領的多少個月薪？試問一般工商業者，又有幾個能夠淨賺十萬元？每月滾進色情販子腰包的十萬元巨款之中，又包含了多少人間血淚、寶貴青春！走筆至此，我欲無言！

像這樣的「社」，全香港又有多少個？以上拿來作例子的那個「社」，擁有的「社女」僅是十七名而已。據「香港色情問題研究報告書」指出：「目前與色情行業或架步『掛鈎』的女性，有十二至十四萬人」哩！

還有一點值得揭露的，便是那些負責「鎮壓」工作的「打手」們，根本就不把「社女」當作人去看待。他們受老闆之命，對那些不大聽話、不熱心賺錢的「社女」（尤其「公主身」的），毒打淩辱，其慘酷之處，殊非外人所能想像。曾經有一個名叫秋×的「社女」，因為拒絕侍候一個印籍嫖客，給「打手領班」康仔獲悉，竟把她兩手反綁，拳打腳踢之外，還用驅風油撈飯強迫食下。以至整個月不能起床，此後長期患上胃病。老闆們對這些「不聽話」的「社女」絕對不會「姑息」，以收「殺雞儆猴」之效。

除卻「社女」之外，其他如「簾女」、「吧女」、「池女」及小舞廳的「舞女」，也好不到哪裏去。她們除卻行動稍為自由之外，「姑爺仔」或「架步」的黑人物，亦不會把她們當作一個人，小則疾言厲聲，大則夏楚橫施。這些女子在黑人物眼中，簡直是一具會說話、會走路的賺錢及洩慾工具而已。

如果沒有黑社會人物經營色情場所，沒有「姑爺仔」興波作浪，色情事業是否就會根絕？當然不！像香港這樣的社會，自然仍會有許多唯利是圖的人繼續經營，但那些歡場女性起碼在兩廂情願之下從事這種「工作」，收入方面無人加以剝削，也不會遭受慘無人道的諸般虐待。

五十年代中期，來自上海的「清幫」大亨魏某，曾經在跑馬地經營一處專門替女士「服務」的男妓場所，其後被某方面大施壓力，不得不偃旗息鼓，悄然結束。這處相信是香港有史以來唯一的男妓架步，「經營手法」之卑鄙低劣；「服務內容」之穢惡淫邪，不談也罷。但它總屬於和黑社會有關的色情罪惡，故而簡單提及。

至於六十年代末期，由「十四K」及「老潮」攜手經營的所謂「雞仔架步」，以「年輕貌美」為號召，架步設於九龍城砦老人街。妓女年齡由十二歲至十六歲不等。這些被摧殘的女童，連發育的象徵也還未有。雖則存在時間僅僅一年左右，但黑幫人物的所作所為，不但令人齒冷，實在已到「天怒人怨」的地步了！

老千騙子光棍　非「黑」無法活動

像香港這種社會，自然有老千、騙子等人物存在，而這類「江湖八大將」之中的「提」、「脱」人物，亦和黑社會組織有分不開的關係。

「老千」這一「行業」，在黑社會中稱為「老撇」，也是各類罪惡活動較「斯文」的一種；其方式方法，自然是以「智力」及「手法」取勝，有別於其他罪惡動輒使用暴力，而置人死地於無形。

毒販集團有「四大家族」，而老千集團也有所謂「四大名家」。毒販與老千的相同之處，係不但在本地展開活動，而且還經常作越洲越境的國際性活動。

所謂「四大名家」，係指「陳」、「孫」、「王」（有説是「羅」）、「李」四個有組織的集團而言。戰後三十多年之中，這些「天才」人物，經常活動於港、菲、日、泰、緬、星、馬以至澳、紐等地。受害的個人或公司企業，多如恆河沙數，但始終未聞有「馬失前蹄」之事發生。七十年代初期，中南半島風雲變幻，金邊、西貢等地相繼易幟，老千們也就失掉了幾個「魚腩地盤」，有些回師香港，有些則轉至其他地區活動。

除上述「四大名家」之外，還有許許多多大、小集團，也有單人匹馬闖天下的「獨行俠」。這裏，先把老千組織經常運用的行騙方式，分列如下。

「提將」——這是五花八門商業行騙的總稱，規模有大有小，手法有新有舊。那是必須具有人力、物力、財力的集團才能進行，個人作案的並非沒有，但是較為少見。

「流格」——這是包括偽鈔票、偽股票、偽護照及一切偽造文件的總稱。活動範圍屬於國際性。最近破獲的偽護照案，便是由「粵東」的一名「白紙扇」主持的。此人經常居住台北，被捕受審的僅屬於次級人物。

「做花」——亦有「男花」、「女花」之別。前者係以男騙女；後者為以女騙男，不外是藉婚姻、愛情等進行欺騙。

「正將」——亦即一般人所稱的「天仙局」。以賭假博為名，串同對某人行騙。實則參加騙人者卻自己陷入不可自拔的騙局之中。這是利用別人的貪念，其中穿插巧妙手法的一種騙局。由清末以至目前，方式毫不改變，但仍不斷有人被騙，說來倒也奇怪。

「睡棺材底」——這是近十年來的一種新興手法。進行時間一般較長久。那是培養一批「年青俊彥」，打入金融或國際財團，獲得信任後，便裏應外合，進行舞弊。年來先後發現某銀行及某財務公司高級人員舞弊，涉及款項數百萬元之多，便是此輩的「傑作」。

「燕梳老鼠」——這是專門以保險公司為對象的一種騙術。有人壽、火險、盜險等等。購買高額保險後，然後以天衣無縫的手法，造成死亡、火災、盜竊等事實，以獲得巨大賠償。

此外，還有以空頭支票套取貨物的「吸格」；藉詞辦出入境手續的騙取金錢的「捉黃魚」；以女色為餌進行捉姦的「黃腳雞」，竊取信件，查悉內容後乘機上門行騙的「黃鼠狼」；在街頭巷尾出賣假金錶的「跳流蛋」……等等。都是等而下之，難登大雅之堂的小兒科，跟上面所列的那幾種，不啻雲泥之分，天淵之別了！

表面看來，老千活動並不必以暴力為後盾，而且，進行中也極少發生打打殺殺的事例，又何以離不開黑社會組織呢？當然這只是表面的看法，實際上則並非如此。

不論任何一類老千活動，由物色對象——醞釀——實施——轉彎抹角——大功告成以至成功後「金蟬脱殼」（術語稱為「退牌」）等每一環節，都要許多配角人手穿插其間，這些人，有「專業性」的，也有「臨時性」的，都非黑人物擔當不可。一則膽正命平，萬一事敗也可面對公堂而毫無懼色；同時也不至於「爆大鑊」，避免牽一髮而動全身，使整個組織暴露無遺；還有在進行至某一階段時，非用暴力不足以完成任務……等等，故而每一老千組織，都不能欠缺黑社會力量作為支柱。事實上絕大多數的老千頭頭，本身便是「白紙扇」那類大阿哥人物，僱用外人進行工作，在心理上也存有芥蒂。故而「千」和「黑」仍是不可分離的一個整體。

以下是一樁從未為人知曉，但卻頗具「典型」性質的事例：

「十四K」大頭目余洪仔（一九七×年在澳門被「陀地」黑社會殺死，正確年份恕筆者難以記憶，相信是在七四、七五年之間），是一九五六年黑社會大暴動中，被香港政府遞解出境的許多大阿哥之一。抵達澳門的初期，窮極無聊，適遇一名由內地偷渡來澳的黑人物「師爺達」（亦屬於「十四K」組織）。兩人臭味相投，便秘密地進了一項「發財大計」。

師爺達在廣州未解放前，便是老千行中出了名的高手。其妻徐氏，虎狼年華，風姿綽約。原來他們的發財大計，便是利用徐氏接近某一宗教著名人物，從而進行敲詐。

計劃進行得頗為順利，人非草木，被騙者果然上當了！跟徐氏男歡女愛之際，竟被人撞了進來，鎂光閃閃，許多醜態都給拍攝下來。被騙者當然明白怎麼回事，便面對現實，坐下來跟余洪等人談判。來人開價不高，只要求十萬元（葡幣）的遮醜費，便將底片奉上，從今一了百了，前事不提。

在被騙者來說，當時的十萬元，儘管在澳門可以購買五層樓宇，但也像九牛一毛，不算一回事。不過時維深夜，自難有這麼多的現款。於是相約翌日午間，在某處進行交易。

到時，雙方都遵守「諾言」，一方交出菲林，一方付出巨款。被騙者並非蠢材，也知道事還未了，倒不如暫時走避，然後再謀對策。但當他收拾行裝，驅車前往碼頭之際，途中竟給另一輛汽車截停下來，脅迫到松山作第二次「講數」。

師爺達跟余洪仔的藉口，是事情還未了結，恐怕徐氏豆蔻合胎，那時不知如何善後。因此，需等候一個月之後，被騙者才得離境。這個藉口既然如此「合情合理」，而且在近十名大漢包圍之下，說不好連丟掉性命亦不稀奇。形勢比人強，無法不作第二次的奉獻。

這是最後的一次了！條件是代表師爺達夫婦代辦赴美手續，生活費五萬美元（當時是一開六）；此外，再付余洪仔等人葡幣十萬元，作為「掩口費」。一切辦妥，才准離境。

事後，師爺達夫婦移民赴美去了！余洪仔在司打口買了洋樓，出入亦有汽車代步。也許是天網恢恢吧！赴美的師爺達，在抵達三藩市後不久，便患惡性腸炎去世，徐氏也改嫁別人；至於余洪仔，也只落得三幾年快活時光，便給人用水喉鐵活生生打死於住所門前，至此，那名被騙者才算是放下心頭大石，繼續在澳門住下去。

說句公道話，以被騙者的身份地位，自不應貪圖女色；但余洪仔等人藉此敲詐，亦殊欠光明之道。從這件事看來，老千活動離開黑社會勢力，是很難獲得「良好效果」的。在「相輔相成」之下，自然也就事半功倍了！

閒話表過，回述正文。目前在香港經常活動的老千組織，據筆者所知的，計有肥佬宗集團（屬「和勝義」人馬）、肥九集團（屬「十四K」人馬）、廖×光集團（屬「新義安」人馬）、黃×福集團（屬「和利和」人馬）及劉四姑集團（屬「單義」人馬）……等等。進行的活動，以「做花」及「正將」為多。

老千人物與黑社會組織的關係，亦與一般有所不同。普遍從事各種罪惡活動的歹徒，不但與本身隸屬的黑組織經常保持聯繫，且也有一群共同進退的黨羽群出活動，而且，也認識許多其他單位的黑人物，這才到處「吃得開」。但從事老千行業的則絕不相同。他（她）們除了跟一、二名黑社會頭頭保持聯繫，以備必要時的「借重」之外，和一般的黑人物絕不交往。其原因一則無此必要，二則跟這些人來往，便很難掩蔽身份。像年前去世的大老千李×恒，他是屬於「和合圖」的「扇」級人馬，但「和合圖」的一般成員，百分之九十九不知堂口中有這一號「傑出人物」，道左相逢，還以為這位「叔父」是不折不扣的「羊牯」哩！

老千集團需要向貪污分子奉獻嗎？答案是必然的。不過跟一般黃、賭、毒等罪惡又有所不同。一般罪惡場所，對於「片費」奉獻是多方面的。例如一個「大檔」或「社」，除了「環頭」的經常費用之外，還要付出「雜更片」、「總部片」、「巡邏車片」以及臨時性的「年節片」和「膊頭數」，但老千集團或個人則不同。他們除了認定轄區的某一位當權人物（如偵緝主任或華探長），作經常性的奉獻之外，其他一律不賣賬。原因是在習慣上，某地區所發生的罪案，必須到某地區的警署報案。例如在九龍城發生的案件，你跑到油麻地警署報案，一般是不予受理的。老千們的「枱」（用以行騙的場所）設於何處，便向該管區警署的當權人物奉獻。萬一事敗，自然會獲得「適當」的「照顧」了！

其實老千的手法不論如何巧妙，都離不開以財、色兩樣為餌。只要勘破這「兩大玄關」，便減少許多被騙的機會。此外，「走法律罅」也是老千們的法寶之一。例如一張欠單，上面所寫「清還」和「還清」便有頗大分別。據「清還」的意義，是清其所有去償還欠負之謂；「還清」就不同了，無論你情形怎樣，也得照單上所欠數目，一分一角也要「還」得清清楚楚了！還有一般文書契約，利用對方不懂英文而走「法律罅」的亦屬不少。像年來發生的「分期付款」、「買賣按揭」等糾紛，都是針對被騙者不識英文而進行的把戲，至於不斷發生的「旅行社」的「貨不對辦」問題，已是如所周知之事，不必再一一揭發了！

各類宵小人物　全部隸屬黑幫

除了黃、賭、毒、千等罪惡和黑社會勢力有絕對關連之外，其他各式各樣的犯罪活動，亦無一不與黑幫有所沾染。

這些表面看來不大令人注意，但卻給市民經常帶來重大損失的各類罪惡活動，計有：

「文雀」即「扒手」活動，有「本地幫」及「上海幫」之分；

「爆冷格」——即進入無人住所或商店進行盜竊；

「夾萬黨」——專門從事爆竊夾萬或保險庫。此項活動必須擁有專門人才；

「高買」——以顧客身份，進入商場伺機行竊。年來超級市場不斷增加，亦替這類人帶來更多活動機會。

「墨漆」——即鼠摸夜盜，不要小覷這類小人物，這些人之中，不少挾有「走千家、盜百戶」的飛天本領。若干住宅或珠寶行，損失動輒數十萬，便是此輩中的「高手」所為；

「老鼠貨」——專門收購贓物，轉手圖利的「老行尊」；

「拐子佬」——專門盜竊男女嬰孩，轉責給別人或轉運出境；

「黃牛黨」——專門從事炒戲票、船票、火車票以至公立醫院門診的輪候位置。此類人物經常造成社會秩序混亂，使市民遭受不便或無辜損失：

「保護費」——包括勒收小巴及的士停車處、私家車停泊處及固定或流動攤販等「保護費」。造成升斗市民的額外負擔；

「三行霸王」——專門在新入伙的屋邨或臨時安置區，壟斷裝修工程，排擠正當三行工匠，縱使住戶自購材料，自行裝修，也被這些黑人物恐嚇，不許動工。這類情形，在報章上已屢見不鮮。但有關方面卻愛理不理的讓這種情形存在下去，使人百思不得其解。

除上列各種之外，自然還有若干不大為人注意的罪惡活動，這裏不再一一詳加細述。單就上面揭露的幾類來說，就無一不跟黑社會人物有關；也就是說，如果不是黑社會中人，也難以進行這些罪惡活動。

香港的扒手組織，一向分為「上海幫」及「本地幫」。前者潛龍伏虎，不乏「頂尖人材」。其中一個組織，由郭×海夫婦率領，屬下成員約五六名。她們極少在本港活動，除卻獲得極準確的線報而偶然出動之外，經常都輪迴前往曼谷、東京、馬尼拉、漢城及星、馬各地作案。郭某夫婦均亦「清幫」中人，頗遵守幫會規矩。前往東南亞作埠際活動時，都具備厚禮，分別拜會當地黑社會堂口，多年來極少失手。本屆在曼谷舉行的「亞洲運動會」，郭氏集團空巢出動，聞說手風順利，斬獲不菲。

至於本地幫的扒手，和郭氏集團相比，簡直是小巫見大巫了！但在清末民初之際，卻「人才迭出」，像「三手梁」、「太子光」等人物（均屬當時「和安樂」成員），能在單對單的情形下，竊取對方身上任何東西都不會被發覺。由民初以至戰前的一段時間，扒手行業日漸式微。原因是收徒困難，傳術不易。據圈中人指出，戰前的扒手，都要受過師父的嚴格夾磨，單是十個手指的運用，便要學上兩年。「出師」後還要奉養師父三年，這是該行不成文的規定。一般職業罪犯對此都不感興趣，因而「人材衰落，後繼無人」。目前經常在港九、新界活動的「專業」扒手，據云已不超過一百人。較活躍的一夥，由「老潮」的金牙福率領，除在遊客區活動外，假日也經常到澳門「作業」一番。較諸上海幫的「越洋作戰」，本地幫顯然是「小兒科」了！

十年前，黑社會圈中，曾出現過一號非常突出的人物。那便是「和勇義」的馮×叔。馮×叔頭腦非常精明，眼光也頗為獨到。他從來不直接進行偷、騙、搶、掠等活動，卻在九龍城砦設立一處收購贓物的架步，不論任何種類的賊贓，貴重如珠寶金飾，笨重如機器零件，以至一切家庭用品，均在收購之列。他將「貨物」略加整理之後，便分別拿到港、九兩間夜冷店（也是他老人家獨資經營的）出售。他還設有一處熔金工場，匪徒們倘若劫得大批金飾，他能替你在六個小時之後，全部變成「泰條」。這樣，便可大模斯樣拿到市面出售了！不過馮×叔所收費用極其昂貴，金飾交由他鑄成金條，最低限度抽頭四成。也就是一百両金飾，匪徒只可能回六十両。為了「安全」起見，劫匪們自然也樂得被他剝削了。當年，提起馮×叔的大號，確是響噹噹的「大人物」。只可惜老天爺不給他太長的生命，一九七三年聖誕之前，竟然中風死在東頭村道。遺下許多孽錢，也給他兩名寶貝兒子花清散盡了！

在「百花齊放」那段警、黑的「黃金歲月」裏，華燈初上，夜幕低垂之時，只要在油麻地榕樹頭蹓躂一番，便可以看到一幅令人難以置信的「奇景」。

在廟街及公眾四方街交界處，停着幾輛大型房車。每架車的擋風玻璃之上，都貼上「九龍城」、「大圍」、「尖沙咀」……等字條。不明就裏的人，以為這是「白牌車」。但當你聽到站在車旁的那些大漢，以廣州話攘臂高呼時，便知道不是那碼子事了！

「十二、三歲嘅姑娘仔呀，有心試吓『雞巷仔』嘅就上車嘞，免費接送呀……」

「去大圍嘅上車嘞，正式雲土呀，燈明斗爽，保證安全呀，有嘅就上車嘞……」

「真人表演呀，鐵竇呀，包管風平浪靜，有事公司照起呀，來回免費接送，上車喇……」

原來是黃、賭、毒接送顧客的專車。車廂裏已坐上了部份顧客，後至者也爭先恐後鑽進去。大漢們叫得口沫橫飛，圍觀者瞠目結舌，近在咫尺的油麻地警署，竟然會視若無睹。真令人有「人間何世」之感！

一位退休將近十年的「沙展」（筆者認識較深的好朋友）陳×，對這些畸形現象，曾經有過一番頗為中肯的評論。他說：「黑社會人物之所以明目張膽，經營這些違法事業，自然倚仗有人在後面撐腰，否則算你膽大如天，也未必敢如此放肆。平心而論，偷搶打殺，抓到是要坐牢的，而且也未必保險一定有所收穫；但拿出了多少『皮費』便可半公開活動，既能保險賺錢，而又風平浪靜，我也會選擇後者。如果只怨黑社會人物橫行無忌而忽略他們的撐腰者是誰，那是最不公平的……。」

陳君是我認識的×界中人唯一不貪污的一個。退休後，在水上經營小販，仰事雙親、俯育妻兒，不足之數，只憑「退休金」補助。他說的那番「道理」，表面看來嘸啥稀奇，卻也不無道理。

燒殺搶掠罪案　多數與「黑」沾連

俗語把重大罪惡，往往以「殺人放火」四個字來形容它。實際上香港每年都發生過不少「殺人放火」的事例，不過，殺人及放火，是否每一宗都是黑社會人物所為，那便值得商榷了！

現任警方「刑事偵緝處」處長關賢，於一九七八年十月十八日的一個「晚餐例會」上，以「社會罪惡」為題，發表了一番談話。他說：「我們對於有組織性的罪案有兩種方法應付：一是找出它的犯罪組織將其瓦解；二是將它賴以為生的東西或場所，加以摧毀……黑社會仍然是社會秩序的頭號敵人，黑社會問題也就是罪惡問題，兩者難以分開……」有關這番談話，我輩市民是可以接納的，因為關處長還知道面對現實，沒有避重就輕，也承認黑社會組織是社會的頭號敵人，並不像以前那位「反黑專家」譚保禮所說的：「黑社會組織已經全部癱瘓，無能為力作較大的活動了。」那樣欺人自欺，規避現實了！

因此，每年所發生的殺人、放火事例之中，除了極少的倫常巨變（如把子女拋擲下樓，然後跳樓自殺等），或個別因騙取保險費而故意縱火者外，餘下的説是全與黑社會人物有關，亦不為過。例如發生在「大檔」中的槍殺警長案，和蔴雀學校中殺害休班警員案，不折不扣的都是黑社會人物所為。

談到「專業」的殺人組織，香港的黑社會人馬，自難與歐、美、日、泰等殺手相提並論；但卻不能説香港完全沒有這類組織。據確悉，這一類專門接受委託而進行殺人、傷人的黑社會組織，最低限度便有三個之多。例如澳門葡京酒店大血案，和十四K大頭目余洪的被殺案，都是香港的殺手黨受聘前往而大開殺戒的。此外，歷年來仍然成為懸案的殺人案件，亦有不少宗是這類殺人組織的傑作。

當然，黑社會人物也是人，雖則兇殘暴戾間或有逾於普通人，但也不會無緣無故殺人的。像年前發生在觀塘的一宗，為了一瓶胡椒粉而殺人的人，到底極少極少。如果為了尋仇洩憤，或者接受「重金禮聘」，那就完全是另一回事了！

為首的一個「殺手黨」，由一名「十四K」綽號沙膽雄的領導。説來奇怪，沙膽雄的「幫齡」不高，僅有十年左右，而且，職位方面，也並不是「紅棍」、「草鞋」，而是一名普通會員「四九仔」。如此身份地位，竟能在黑社會圈中「揚威立萬」，指導一

荃灣河背街發生疑為爭女尋仇兇殺案

兩殺手登門擺命

會所東主被斬死

死者之子目擊慘劇嚇至賴屎不曉呼救

個殺手集團，不能不算是「難能可貴」。但說起來卻有其原因存在。

一九七二年，香港一個走私集團，潛運一批價值一百七十萬元的名牌手錶前往日本。貨是安全抵達了，但卻給當地的「山下幫」以黑吃黑手法，全部吃個清光。走私集團首要人物之中，有一名謝二姑的，是「十四K」初期（在廣州那段時期）內八堂香主齊瑋文（女）的得意門生。謝二姑吃了這記悶棍，心中大為激憤。於是以每名一萬五千元的代價，召集十名年青力壯、兇狠過人的打手，跨海東征。無論如何也得露點顏色給「山下幫」看看，以免對方小覷「齊國無人」！

照說區區十名打手，遠涉重洋，向地頭蟲挑戰，實在有點「不自量力」。但謝二姑一怒之下，並不計較勢力是否懸殊，地頭是否熟悉這些問題了。同時，她的一名嫡親舅父，在大阪經營中華料理，在當地也扎下了根。如果予以臂助，則以閃電手法給「山下幫」一點打擊，也不是全無希望的事。於是，這十名殺手便分批以遊客身份，先後抵達日本。殺手群中，沙膽雄便是其中之一。

果然「皇天不負有心人」。謝二姑抵達大阪之後，得到舅父暗中幫助，查悉山下幫部份人馬將於兩天後到「人形町」（那是離成田機場不遠的一個小鎮，當時成田機場仍在修築中）進行某種活動。於是十名殺手分批前往該處，預作埋伏。「山下幫」的六名黨羽抵達「人形町」時，便立即上前圍攻，狠斬狠殺。「山下幫」黨徒措手不及，一死五傷。最幸運的還是這批殺手行事之後，竟能分批安全回港。也許日本警方認為這是國內幫會的火併內鬨，而忽略了這群外來「遊客」吧！

奏凱歸來，謝二姑總算稍洩心頭之恨。論功行賞，每人再給三千元；而動手殺人的沙膽雄，則另重賞一萬大元。至此，沙膽雄便種下了組織「殺手黨」的動機。

鍍過金，越洋殺人的「英雄事蹟」，使沙膽雄聲名大噪。回港不久，一場「十四K」跟「和勝和」爭奪地盤的大斷殺中，沙膽雄率領八名手下，反覆衝殺，使對方魂離膽落。此後，沙膽雄簡直成為「旺角之虎」。不久，他便糾集志同道合、膽正命平之輩共約五、六人，組成「殺手黨」。揚言只求代價，萬事可為。此後數年中，倒也受過不少「委託」。深水埗及尖沙咀地區的兩宗尋仇血案（並未弄出人命），據說也是沙膽雄集團所為。一九七八年六月發生的澳門葡京大血案，亦為沙膽雄手下所為。當時沙膽雄正往台灣遊埠，未及受聘，僅由其手下出馬。血案發生後，沙膽雄便不敢再回香港，一直匿居台北。但入台證件居留時間有所限制，期滿後申請繼續居留，抑或已潛返本港，則不得而知了！

除沙膽雄集團之外，另外兩個同類性質的組織，一個是「新義安」大頭目肥鵬（綽號）所率領，另一個則是「同新和」紅棍報紙榮所組織。前者大本營在尖沙咀，後者則經常在灣仔活動。他們都接受圈內外（圈外委託者自然須有可靠人士介紹及保證）人士委託，從事職業性質的打殺行動。不過，較諸沙膽雄的組織，自然是黯然失色，甘拜下風了。

每年發生的火警，不下千百宗。這些火警如果也說是黑社會人物所為，那未免太不公平，自然也無此可能。不過，若干市場及小販集中區，不時發生的縱火案，不消說都是黑人物為了勒索「保護費」不遂，而進行報復的所為了！此外，若干小巴被毀或被燒事件，自然也與此有關。警方對此亦採取相同的看法。

至於每年所發生的大、小械劫案，則可以斷定完全屬黑社會人物所為。一位在職的監獄署人員透露，因暴力行劫而被判入獄者，百分之百都是黑社會人物。其中當然也有極少的例外，像以冚賭為名，打劫為實的兩名現役警探，雖則傳聞他們未廁身警界之前，便是黑社會分子，但入獄服刑之後，監獄署職員詢問他們是否黑社會會員時，他們當然不會坦率承認。相信這是唯一的、不屬於黑人物的搶劫罪犯了！

勢力侵入黌宮　威脅教育事業

黑社會勢力侵入學校，已不是一件秘密的事！這裏要談的，只是他們用甚麼方法滲透入各級學校，情形的究竟嚴重到達甚麼程度，從而使家長們了解與此有關的各項問題，防範子弟們捲入這股黑色的漩渦。

嚴格說來，除了兩所大學和理工學院，以及部份私立的專上院校之外，所有中、小學校（包括公立及私立），無一不受黑社會勢力的困擾。只是程度上有所差別而已！

這些毆打學生，踢人入會，勒收保護費及引誘女學生等卑劣行為，百分之百是黑社會青、少年所為，中年以上及叔父輩，極少進行此類活動。猶記某個民間團體，曾經作

從警察宿舍衝出・黑語盤詰

惡少橫行黌宮
學生迭遭毆打

出調查統計，據指出，受黑社會勢力騷擾的中、小學校，竟達百分之七十五以上。筆者認為此一統計已是非常非常保守的了。

受影響學生的年齡，由十歲起以至二十歲都有。最可怕的是這類情形有如毒菌，一經找到「據點」，便不斷地擴散，由點、線、面迅速的發展，以至到無可收拾的局面。

黑社會組織向中、小學校滲透的方式方法，一般說來，離不了以下的幾種。

一、先行物色對象，施以恐嚇或毆打，然後「踢」其入圍，成為黑組織的一名小嘍囉，於是，「點」的建立成功了。

二、再利用這個「點」，在校內招惹是非，再由「大哥」露面，陸續招收「新血」，把「點」擴展成「線」及「面」。

三、在這家學校樹立相當勢力之後，又利用這些勢力向橫發展，以同樣手法向別的學校滲透，於是，黑色勢力便如細菌擴散一般，迅速蔓延起來。

這些學童成為黑色小人物之後，又怎樣的被進一步的利用呢？

一、教唆他（她）們返回家中盜竊財物或挪用學費，作奉獻「大哥」或連群結隊吃喝玩樂之用。

二、利用一些好勇鬥狠學童，向其他學校的學童挑惹是非，由「大哥」出面撐腰，威脅對方「講數」，進而諸多勒索。

三、利用這些學童，刺探家中或鄰居虛實，進行爆竊或搶劫等活動。

四、利用女學童引誘其他同學，墮入「姑爺仔」魔掌之中。

五、利用這些學童出面組織「派對」，招來更多少男少女，然後分別進行上述的幾項罪惡活動。

也許有人認為黑社會人物如此猖狂，難道學校的師長全不發覺嗎？如果有所發覺，何以不加制止或向警方報告呢？這些也是說來容易，行之艱難的問題。不錯，許多師長都知道學校裏有這類問題出現，但卻拿不到具體證據，受威脅或已被踢入圍的學童，絕不會洩漏本身「秘密」。即使真的掌握到一些證據，報給警方處理時也多數得不到甚麼結果。原因是這些「乳臭未乾」的孩子們，在警方心目中簡直不算一回事。只認為是孩子們之間的爭執，很少採用「查案」方法去認真處理。同時，老師發覺校內存有黑社會問題，報請警方處理或對有關學童施以懲罰，結果，這名老師卻在回家途中被人狠揍一頓。於是，許多校長及導師們，都抱着因循苟且態度，只要問題不太嚴重、不太「表面化」，也就懶得理會了。再說，「諱疾忌醫」的心理也普遍存在，誰都不願意公開自己辦的學校，出現了黑社會問題。

也許有人認為筆者對上述問題，會有誇大渲染之嫌，這裏，且舉出一宗事實，便不難理解此類情形，究竟嚴重到甚麼程度。

事情發生於一九七八年十月間：

數名就讀於九龍廣東道××中學（政府津貼學校）小學部的學生，一連幾日於下課返家途中，卻被一群為數約十餘名的青、少年（有些穿着別家學校的校服），攔途毆打。其中一名姓周的學生，被打後由母親陪同前往尖沙咀警署報案，並到醫院驗傷。

事情傳出之後，若干記者便進行深入調查訪問，結果，揭露了一宗駭人聽聞的事件。

原來該校的中、小學生，經常都被一群自認為黑社會的青少年毆打。毆打之後，再以黑社會背語盤問，並且勒索金錢。其中某班學童，被毆打及勒索的竟達三分之二以上。警方公眾關係科對此事亦予證實，只云「此事警方已展開調查」。

不要以為這是偶然發生的個別事件；也不要以為這是無足輕重的小問題。實則此等情形，每天都不知發生多少宗；而這些被人視為「無足輕重」的小人物，都是未來黑社會的「接班人」！

上文提及一位著名老藝員的獨子（就讀於九龍塘一家著名的貴族學校），竟然是「和勝義」黑人物，還參與一宗綁票案。貴族學校和富家子弟尚且如此，其他更可想而知了！

至於「女書院」的學生，竟然「客串」應召女郎的怪事，筆者不忍也不想詳加揭露了！這是社會的悲劇，也是我們下一代的悲劇，只希望有關當局不再等閒視之便阿彌陀佛了！

（七）香港黑社會組織的兩大暴行
——淪陷前的大焚掠及五六年的雙十暴動

除卻一九二五年省港大罷工時，黑社會組織乘機搏亂，渾水摸魚之外，此後三十餘年之中，也幹下了兩項滔天罪行，受害的各界市民，多至無法估計；財產物資的損失，猶甚於天災橫禍，說起來，實在天人共憤。

這兩項災害，一是一九四一年冬，日軍入侵香港，九龍半島淪陷之前，黑社會狂徒四出燒殺劫掠，造成「兵災未至，人禍先臨」的悲慘局面；另一次則是一九五六年的「雙十大暴動」。事件中殺傷之多、焚掠之慘、波及之廣、為害之大，為香港開埠以來所僅見。

這兩次暴行，最遠的距今只不過三十餘年，中年以上的市民，身歷兩次災害的相信仍大有人在；但二十五以下的青、少年，則只能從文字記述中了解真相了！這裏，先談日軍侵港前夕大焚掠的慘酷經過。

邊境烽火連天　黑幫密謀蠢動

一九四一年十二月，日本軍閥發動太平洋戰爭，星、馬、泰、緬、印、菲及香港等地，均為戰爭中的攻略目標。實則自從一九三八年廣州陷入日軍手中之後，香港居民便一直處於驚惶憂慮之中。誰都料到總有一日戰爭會降臨頭上，問題只是遲或早罷了！

這種憂慮，終於被一九四一年十二月八日早晨的炸彈聲證實了！當天，日軍除以空軍轟炸啟德機場、金鐘兵房及太古船塢等地之外，陸軍第三十八師團，亦以二二八步兵聯隊為攻擊前鋒，在炮火掩護下，由深圳一帶越過邊境；向新界進攻；海軍方面亦由第二艦隊協同作戰。於是，新界北部一下子便陷落日軍手中。九日午後，便已攻至城門水塘附近，九龍市區，雖有獅子山相隔，但密集的槍炮聲，已是清晰可聞了！

九日下午，大約有五、六十名大漢，聚集在欽州街一幢樓宇的天台之上。一名面帶煙容，身材瘦削的中年男子站在肥皂箱之上，帶着沙啞的聲調，對着四周的人大聲嘶叫：

「各位手足，我們發財的日子終於來臨了！噤仔已打大埔，所有『花腰』都跑到對江去了！我們要把握時機，即時出動。各堂口要齊心合力，互相支持，提防『羊牯』們會反抗。至於是否劃分地盤，抑或來個大兜亂，稍後各堂口的大佬再行商議。現在，哪一位阿哥阿叔，如有甚麼意見趕快提出，免至阻礙發財時間……。」

發言者是「和安樂」的白紙扇梁棠，職業是「收買佬」。鴉片煙癮特大，戰前那段日子，每天銷費也非抽六角錢不可。梁棠雖是雞鳴狗盜之輩，但卻粗通文墨，而且也詭計多端，否則亦不會紮職為「白紙扇」了！

集會的五十多個人之中，有屬於「和安樂」的，也有「和洪聖」、「和群英」、「和利和」及「和義勇」的；此外，廣州淪陷後南移來港的「粵東」，也有兩個人參加。

梁棠的話聲甫歇，那群人便七嘴八舌的各抒己見。有主張集中全力攻打銀行的，有主張逐家逐戶地氈式搜掠的，也有主張先行搶劫金舖及大公司的……意見紛紜，不一而足。最後，還是由「粵東」那兩名「叔父」中的一個叫四眼球的，力排眾議，講述自己的「心得」。

原來四眼球在三年前廣州淪陷時，也有洗劫西濠口和西關一帶的經驗。他指出雖在兵荒馬亂之中，對於財物，「羊牯」還是非常重視的。如果過於輕敵，或者力量過於分散，則會遇到強烈的反抗。接着，他便捋起左臂衣袖，顯露出一處傷痕，據說是當年攻入西關一家大宅時，遭受宅中人反抗而被刺傷的「光榮戰績」。

眾人聽到四眼球這番「偉論」時，便急忙請教，如何部署才能事半功倍。於是，四眼球便以過來人的資格，貢獻出一條「妙計」。

他認為進行「發財大計」時，不能把力量分散，最低限度要有一百人為一股；同時，必須有足夠的「架撐」（即武器），才能使「羊牯」們懾服。他又指出一個必須先行解決的問題，就是進行搶劫時，應該預先分配「地盤」，以免發生糾紛而自相殘殺。眾人認為四眼球的提議十分有理，便由各單位推舉出一人，以抽籤方式，分配搶掠地盤。結果，「和安樂」分得旺角區，即南由山東街起，北至界限街止的一帶街道；「和洪聖」及「和群英」分得深水埗區，即由界限街起以至青山道尾（即今天聯邦戲院附近）止；「和利和」及「和勇義」則分得油麻地區，即南由佐敦道起，北至山東街止的一帶街道。至於「粵東」，則因人手較少，自動不參加抽籤，只要官涌附近地區，亦即介乎柯士甸道及佐敦道之間的幾條街道。

地盤劃分已畢，除即由「和安樂」的梁棠規定以白布纏繞左臂作為標誌，又以「勝利」二字作為口號，以免碰頭時發生誤會。故而事後這些匪徒被人稱為「勝利友」。

一切商議就緒，已是黃昏時分，新界方面傳來的槍炮聲漸趨沉寂，聞說日軍已繞過大埔，正向九龍市區前進。於是這群黑人物急忙四出聯繫，找尋幫中手足，準備大發戰爭財。

當時，每個堂口出動多少人，今天說來，已是無足輕重之事。但據一名參與其事的「老行尊」許伯（隸屬當時「和利和」組織，六十歲，現在荃灣×聯建築公司地盤任看更）指出，他們「和利和」跟「和義勇」兩個堂口，共約出動二百五十人。首先在上海街找到兩家刀剪店，破門而入，各自找尋適用的「架撐」如西瓜刀、牛肉刀及大菜刀等，然後分為五組，每組約五十人。聲明單獨發現財物，歸個人所有，集體發現的則見者有份。事前也曾訂明不傷人、不劫色。但在進行搶劫時，遇有反抗者則予斬殺，以免耽誤大事；至於劫色方面，就他所知，在砵蘭街、山東街、豉油街、上海街等均有發生。在上海街近榕樹頭的某號四樓，三名匪徒輪姦一個年約十三歲的少女，引致被姦者跳樓自殺。

強砸九龍貨倉　焚掠黃埔船塢

在十二月九、十兩日，各區警署人員雖然尚未撤往港島，惟已無人出勤巡邏。當時上述各地區僅有油麻地、旺角、深水埗三間警署，但若干警務人員已被調往前線，協助英軍防守或擔任救傷、運輸等工作，每間警署都把大門關上，連門口站崗也撤銷了。是以這群「勝利友」得以橫行無忌，予取予攜。

經過整個晚上的姦、殺、燒、掠，深水埗、旺角、油麻地三個地區，早已滿目瘡痍，不成樣子了！至於上海街的金舖集中地區，自然成為匪徒的最佳目標。由於戰事突然爆發，事前毫無徵兆，因此這些金舖也來不及疏散。其中的×盛金舖被劫時，東主拒絕交出夾萬鎖匙，因而被匪徒亂刀砍死。但死者身上仍然一無所有，於是將全體五名店伴，逐一提出門外，盤問鎖匙下落。這五名店伴實在不知東主將鎖匙藏於何處，自然無法答覆。匪徒們便一一將他們亂刀砍死。殺至最後一名時，那個年僅十八歲的少年，跪地哀求，說出父母雙亡，還有一位七十歲的祖母由他奉養，求免一死。但匪徒們已殺得性起，結果，這名少年仍然難免「淩遲」之苦。至於其他商戶、銀行以至一般居民的損失，簡直無可估計。稍為反抗的便縱火焚燒。像接近油麻地警署的數幢被燒樓宇，一直殘留着給人憑弔，直至年前才予以拆除。

戰後，一九四六年出版的「香港年鑑」，僅以「深水埗、旺角及油麻地一帶，匪徒乘機發動，大肆搶劫。殷商富戶多被搶，損失慘重……」等寥寥三數十字，來形容這場淪陷前的浩劫，跟實際情形相比，簡直是避重就輕了！

十號早上，上述各區已遭近千名的黑色人物洗劫殆盡，便又向南（柯士甸道以南的尖沙咀地區）發展。在此之前，這個地區並沒有被黑人物列入「行動區域」，原因是尖沙咀地區，多為外籍居民，匪徒們還看不透這些外籍人士（戰前的外籍人士，一向自視頗高，而一般中國人對他們也敬而遠之），是否仍有反抗之力（例如有自衛槍械之類），故未敢貿然動手。這時，各區已被搜劫一乾二淨，而九龍城區，亦已被潮幫的「福義興」反覆洗劫，再不開闢新地盤，便會坐失良機。因為新界的英軍敗訊頻傳，日軍進入九龍市區，已是迫在眉睫。所以不管三七二十一，決定向尖沙咀發展。

經過一日一夜的燒殺，許多黑人物以外的地痞無賴及膽正命平之輩，都紛紛尾隨這群「勝利友」之後，參加燒掠行列。「和安樂」的主力首先搗毀九龍倉大閘，率眾蜂擁而入，倉內存留的白米、砂糖、棉紗、布匹、罐頭及洋酒等，迅即被掠一空。留守員工，被殺及被毆傷的，亦逾十名之多；跟住，箭頭又指向紅磡區。

戰前紅磡街道簡單，居民稀少，大的商戶不多，只有黃埔船塢（即如今的「黃埔新邨」）最為惹人注目。其實船塢之內，除卻修船機械及笨重的銅鐵材料之外，哪會有甚麼貴重物品？但這時黑人物已失卻理智，不管裏面有些甚麼，一律列為洗劫對象。當發覺裏面全是笨重的機械和鋼鐵材料之後，不禁惱羞成怒，一把無情火，幾乎把整個船塢燒個清光。

匪徒們因利乘便，復向紅磡三約的民居進發。能帶走的便帶走，不能帶走的便付之一炬。當時天寒地凍，北風凜冽。蕪湖街的一名老婦，為了搶救一張棉胎，竟給匪徒們推入火堆之中，活活燒死。

如上所述，戰前的紅磡、土瓜灣一帶，並沒有甚麼巨商富戶。當匪徒們向這些地區「發展」時，為了徹底搜括，在每條街道中間，首先將一些易燃物品，燒起一堆熊熊烈火，然後將所有居民，驅出街道之上，排列成行，勒令奉獻財物。敢膽反抗或毫無貢獻的，多數會被推入火堆之中。據一位目擊這場浩劫的張老太指出，僅僅碼頭圍道今天的金門戲院附近，便看到十名以上的居民，被匪徒們活生生的燒死。事隔數十年，談起這段恐怖往事，此老還餘悸猶存，傷心落淚。因為她的一位同胞兄長，便是在這場浩劫之中，喪失了寶貴生命。

下午，這群匪徒邊燒邊搶，已接近九龍城區。當「進展」至九龍城道北帝街附近時，和正在該區進行燒殺的潮幫人物相遇。後者認為前者侵入地盤，不許前進。當時，這些人都已陷入瘋狂境界，哪還有道理可說？一言不合，刀棍齊飛。一場混戰下來，雙方死傷纍纍，如此行動，跟野獸已無多大分別了！

南區富戶遭殃　旺角商店被洗

晚上，槍炮聲愈來愈近，軍警亦紛紛撤往港島，於是匪徒們又再回軍向尖沙咀進發。這時，已再沒有區域之分了，所有各堂口的黑社會人物，以及一些乘機搏亂的無賴地痞，甚至黑人物的家屬，全部集中一起，攜帶着擔挑繩索，蔴包布袋等物，浩浩蕩蕩，分別由彌敦道、漆咸道，廣東道進入尖沙咀區。一場鬼哭神愁的大洗劫，又再度上演。

居住在漢口道的葡人施路華，在一九四七年十二月接受澳門一家報紙（已停刊）訪問時，曾作以下的透露。

十二月十日凌晨，忽然震天的喊聲，來自四方八面。起初人們以為日軍殺到，但聆聽之下，卻全是本地口音，並夾雜着粗言穢語，便已料到是怎麼回事了，還未來得及應變準備，大門已被乒乒乓乓的猛力推撞。推不上幾下，終於給撞開了。匪徒們便蜂擁而入。據施君回憶所及，所有進來的人，都以白布或毛巾纏着左臂，手持利器，有如兇神惡煞。入屋後不分青紅皂白，喝令蹲下，拳打腳踢一番，然後翻箱倒篋，大事搜劫。

施君住的那座樓宇共是四伙人，男女老幼共十三名。除了一對丹麥籍（海員）夫婦之外，其餘都是葡籍人。當時葡萄牙是親德的。而日本則為軸心國之一，所以這些葡人都以為日本會「尊重」他們，並不急於走避。不料日軍還未前來，卻先給匪徒們劫個清光。

匪徒在屋內搜索一番之後，認為仍有財物收藏起來，於是向縮在廁所中的十多人拷問。這些人中，只有施君懂本地話，便作兩者之間的通譯。當匪徒們聽說再無其他財物時，便狂性大發。以蔴繩當作皮鞭使用，沒頭沒面向他們抽打。一位五十多歲的卡素太太，竟給匪徒打碎了眼鏡，玻璃片刺入左邊眼球之內，事後成為「獨眼夫人」。

拷打之後，仍然得不到甚麼，金錢等自然全部取去，甚至連眼鏡、髮飾等物亦不放過。臨走前還把傢俬雜物亂砸一通，才呼嘯離去。對門的一戶華人，任職某航空公司，其二十多歲的妻子慘遭輪姦，丈夫企圖拯救時，慘被打折右腿。（施路華君戰後在澳門郵電所工作，現已退休，住在荷蘭園正街。）

在廣東道開設找換店的秦君（順德人），也在這場災劫中喪失了性命。當匪徒破門而入時，麥君便將所有鈔票（包括港幣及外幣）共約三千多元，雙手奉獻。但匪徒們太過無知，認為一定藏有金條光洋之類，因為戰前的找換店門首，通常都標貼着「金銀找換」的字樣，其實不過是由清末民初一直遺留下來的行業慣用語而已。秦君百般解釋，都不為匪徒接受。在一再拷打之後，身受重傷。兵荒馬亂中缺乏醫藥治療，淪陷後不久，便傷重而死。遺孀現居紅磡，提起這些當年慘事，猶自悲憤萬分。

洗劫尖沙咀區之後，部份匪徒意猶未足，認為旺角地區可能還有「漏網之魚」。於是又「回師」旺角，再度洗劫。正是黃台之瓜，何堪再摘？可憐當時的市民，既擔心日軍殺至，又三番四次給這群「勝利友」更番蹂躪。但除了「逆來順受」之外，又能做些甚麼？

港九黑幫會師　市民飽嘗痛果

黑人物搜劫九龍的消息，很容易便傳到香港。當時的警察自然已沒有保護市民的能力，但卻引起那邊的黑人物垂涎三尺，也想乘機撈其一票，惟是香港方面不同於九龍，雖在兵荒馬亂之中，仍然有若干警察及團隊（即義勇軍）維持秩序及指導市民防空常識，故而除卻薄扶林及香港仔曾被劫掠之外，對市區還不敢動手。但九龍的「勝利友」捷報傳來，港島方面的黑人物焉能無動於衷，於是西區的「和合圖」及灣仔區的「單義」兩幫首領，便緊急會商「過江」之計。

終於給「單義」的一名紅棍「報紙洪」想出辦法，原來九龍方面的英軍撤至港島之後，判斷日軍渡海，多數向銅鑼灣及北角一帶登陸，乃將主力集結於該區。上環以至西環一帶，則較少軍事部署，若干有必要往返港、九兩地的居民，則以較多的酬金，僱請小艇由上環前往旺角（渡海小輪當時已全部停航）。「報紙洪」糾集兩幫黑人物共六十餘名，以暴力威脅八隻小型船艇，由上環碼頭渡海，在九龍山東街碼頭登陸。時為十一日上午。

實則經過兩天兩夜的洗劫，居民哪裏還有甚麼值錢的東西可資劫掠？但這些兇神的想法卻不一樣。他們認為「爛船也有三斤釘」，偌大的一個九龍，絕不會一兩天時間便給洗劫乾淨。「報紙洪」首先到欽州街跟「水房」的梁棠取得聯繫，作禮貌上的「投帖拜山」。道明來意之後，梁棠認為「勝利友」既已捷足先登，剩下的何妨做個順水人情？便同意這些人再來一次徹底搜括，且還派出二三十名手下「協助」。於是一場更慘酷、更徹底的劫殺行動，又告展開。

這批人也知道九龍城區是潮幫地盤，由於彼此一向沒有「交情」，不去招惹他們也罷。但認為旺角的何文田，及深水涉的橫街小巷等去處，總會有些「保持完整」的地方。於是放棄通衢大道，專向較偏僻的街道下手。

戰前的香港工業並不發達，青山道一帶仍未成為工廠區，甚至大埔道尾（即今北九龍裁判署一帶）仍然還很荒涼；但太子道以北、欽州街以南那段地區，卻是人口集中之處。雖則經過一再洗劫，但匪徒人數到底有限，而且多數着重街道上的商店，因此，還有部份未經洗劫的住戶。這些「幸運者」還以為可以逃過此劫，不料這批會師人馬又再捲土重來，也只好認命了！

上述地區雖則人煙稠密，但居民大多數都是普羅大眾。在戰前那段人浮於事的日子裏，能夠保持溫飽已屬難得，即使積聚了幾個錢，在風聲鶴唳的環境中，誰都拿來買入油鹽柴米，以備不時之需了，哪還有甚麼餘錢供這些人劫掠？於是，這班匪徒的足跡所至，不論新舊衣裳，油茶米麵，以至一些普通日常用品，能夠拿走的都絲毫不漏。鴨寮街若干戶人家，剩下的丁點糧食也給搶掠清光，繼而日軍入城，他們連粥水也沒得喝，最後活生生餓死。

這是「勝利友」在九龍最後的一次搜掠了，因為十二日黃昏，日軍已攻入市區了。但這次最後的搜掠，卻出乎意料的遇到一次抵抗，匪徒方面也死傷了不少。

原來今天的大角咀一帶，戰前還是海灘和爛地，但卻蓋搭着許多棚舍板屋。那是一批修船工人聚居的處所，因陋就簡的聊作棲身之用。由於破破爛爛的全不起眼，所以較早的兩次搜劫，尚幸未蒙光顧。當然工人們並未存有幸免之心。他們先把婦孺集中一起，由少壯男子組成一支「自衛隊」以修船工具為武器，準備萬一被搶劫時便全力反抗。

那批匪徒合當倒霉，當他們路經此地時，認為總會有多少油水。便一聲呼嘯，如入無人之境。正待動手之際，木屋中竟然衝出數十名大漢，手持鐵筒、士巴拿等「武器」，攔住去路。為首的「報紙洪」勃然大怒。右手一揮，帶領着匪徒們向前衝殺。一場混戰，於然展開。

過去這些匪徒之所以無往不利，完全是靠人多勢眾，也從未遇過膽敢反抗的對象，但目前這批修船工人卻大大不同，他們除了具有放手一搏的膽量之外，還看準了匪徒們「欺善怕惡」的弱點。一個照面下來，匪徒方面已倒下十多個。雖然反抗的一方也有受傷，但卻前仆後繼，拚死搏鬥。這一來，匪徒們怯場了！一聲散水，狼狽奔逃。作惡多端的「報紙洪」，也給砸穿了頭顱，由兩名手下架着逃走。結果因為流血太多，死在塘尾道附近。這時候，誰也顧不了誰，有二寸氣在，「手足」們還會捱捱義氣拖着走；二寸氣嚥下了，自然像死狗般扔掉了事。

如今仍在「財利船廠」工作的老師傅陳×雄，便是當年跟匪們拚搏過的英雄人物。提起這些慘酷往事，仍不禁再三嘆息。認為日軍尚未殺到，中國人便互相殘殺起來，實在是雖勝不武。惟是當年迫於環境，你不殺人，便會為人所殺，自然也顧不了許多了！

十二月十二日黃昏，日軍先頭部隊已進入九龍市區，這場由黑社會發動的「勝利友」

大殺掠，也就宣告結束；九龍居民，又開始嘗受一連串更悲慘更黑暗的日子。

談論起這段慘酷往事，有人認為「勝利友」進行大劫掠時，日軍已攻至新界。當時九龍的居民，即使沒有這場劫掠，他（她）們的生命財產，說不定亦會喪失在日軍手中。但筆者認為這是十分荒謬的怪論，大大不以為然。

這種說法表面看來不錯，受劫掠或慘殺的九龍居民，即使逃過此次劫數，他（她）們的生命財產，難保在淪陷後會被日軍（或漢奸）奪去。但理論和實際兩方面都有所不同，就理論而言，單拿八年抗戰來說，死在敵人手上的軍民，又何只千千萬萬？但這些犧牲者不是殉國，便是抗戰中的死難同胞。死後還稱得上國殤兩字。像這樣糊裏糊塗的被黑社會匪徒殺害，又算是哪門子的事？泰山鴻毛，其別於此。至於被匪徒劫掠的財物及生活資料，在淪陷後亦未必全部被日軍奪去。在稍後強迫大疏散時，或能攜回國內亦未可料。拿上文提及上海街的那間×盛金舖來說，便是一個例子。原來給匪徒殺死的那名東主，事發時有個兒子正在港島，幸而免卻這場劫數。淪陷之後，秩序稍為恢復，他便急忙渡海返回店中。他知道父親一向把夾萬鑰匙藏在廚房的鹽罐之內，結果全部金飾得以保存。他把亡父及店伴們埋葬之後，便把金飾分批帶回國內，在曲江開了一家首飾店，直至勝利後才又復員返港。今天，已成為該行業的老行尊了；因此，未被「勝利友」劫掠，亦未必會損失在敵人手中；尤其淪陷初期，多少人在飢餓中輾轉死去，天曉得這些人中，有多少是被匪徒劫去糧食而活生生餓死的呢？

雙十懸旗鬧事　黑幫連夜調兵

距離上文所述的黑社會大劫掠二十五年。

二十五年，剛好是四分之一世紀。正是十年人事幾番新，這二十五年中，國民黨政府由於戰後貪污腐敗，以接收為藉口，到處羅織罪名，徹底搜刮，四大豪門和一些大官僚、大軍閥，無不宦囊豐滿，各各擁有天文數字的財富；而百姓們飽受失業、饑饉及通貨膨脹之苦。天作孽、猶可為；自作孽、不可活。這個腐朽的政權終於土崩瓦解，龜縮台灣。代之而起的中共政權，經過六年來的艱苦奮鬥，終於成為強國。海外僑胞，初則徘徊觀望，繼而四海歸心。因為跟隨國民黨打回大陸的希望日逐減少，對中共政府寄予殷切的期望的卻日漸增加。對於政治，香港是個最敏感、最複雜的地方；而國、共雙方也長年累月的冷戰，無形中香港也成為最前線。如此這般，終於導致一場流血大暴動——一九五六年由台灣特務一手策劃的黑社會大暴動。

這頁震驚世界的慘酷歷史，距今時間並不太長。但三十歲以下的青年人，當年仍在孩提襁褓之中，最多也不過剛剛踏進小學校門，對這次事件的來龍去脈，自然不會十分清楚。加上香港人很善忘，天大事情，過去之後也就忘個一乾二淨。在黑社會人數空前龐大、香港政府對反黑工作時寬時緊的今天，重提舊事，實非多餘。

自從國民黨政府敗退台灣之後，每年的十月十日辛亥革命紀念日（亦即國民黨政府沿用至今的「國慶」），都以津貼機票和食宿，發動海外同胞赴台觀光，作為點綴門面；港澳地區則對親蔣社團補助聚餐費、花牌費，及印備大量青天白日旗，通過這些「社團」四出張貼，以壯觀瞻。事後又由親蔣報章刊物，圖文並茂的宣傳一番，一方面表示「人心思漢」；另方面則向在草山「韜光養晦」的蔣老先生醜表功。

一九五六年十月八日，李鄭屋邨徙置區的一個居民組織（由少數親蔣人士把持）的重要人物吳×，從「港九各界慶祝雙十國慶籌備委員會」處，帶回大批青天白日旗及若干「慶祝補助費」之後，便立即吩咐十多名心腹，加緊佈置。這十多個人之中，八名是

「十四K」人馬（包括事後被遞解出境的肥佬林、大鼻登在內）；另外五名則為「和勝和」分子（包括事後被解出境的大傻球）。這些人，都是在深水埗地區橫行霸道，魚肉市民的歹徒，而名義上卻是上述的那個居民組織的「委員」。

當時的徙置區，只有黃大仙、石硤尾和李鄭屋邨三處，每年的十月十日，親蔣人馬都利用這三處地盤作為「重點區」，進行懸旗及張貼標語等政治活動。當天晚上，李鄭屋邨的每戶居民，都收到十面紙旗。送旗上門的大漢，再三叮囑，這些紙旗一定要懸掛或張貼於當眼之處。此外，還發給每戶一元的漿糊費（當時一元貨幣仍是紙幣，最大面額的硬幣還是五角）。居民們都知道這些傢伙是甚麼人物，也知道拒絕懸旗會得到甚麼後果。因為一九五五年的雙十節，石硤尾的R座，就發生過因拒絕懸旗，全家四口都被來歷不明的人毆至重傷的事例。不過，舊式徙置區外牆面積有限，很難把十面紙旗全部張貼，居民們只有把這些旗黏在一根小繩上面，張掛於戶內或窗門之上；有些則隨便把一面紙旗貼在窗戶或門上，敷衍了事。九日上午，那個派旗的傢伙，再分頭巡視一番，遇有拒絕懸旗或懸旗「過少」的便提出警告，上述的三個徙置區，還未到「雙十」那天，便已出現「旗山旗海」的場面了！

九日午間，那群傢伙又在該村的Ａ、Ｂ、及Ｇ各座重新佈置，因為那幾座樓宇，都面對通衢大道，「觀瞻所繫」，自然要「刻意求工」。他們一共出動了五十多名大漢，把所有面向街道的各層牆壁，都貼滿了紙旗；此外，又把數不清的旗串，縱橫交織地懸掛在座與座之間，每層的外牆，也貼上一個或多個用紅紙剪成的「卌」字。這還不算，像「中華民國萬歲」、「蔣總統萬歲」及「反攻必勝、復國必成」……等標語，也到處張貼，連地下的公共廁所、浴室都全貼滿了！真是猗歟盛哉！

十日上午，港島東區的一家戲院（現已拆卸），正在上演「香港文化教育界慶祝國慶大會」。十一時卅分左右，「大會」已接近尾聲。司儀正領導與會人等高呼「蔣總統萬歲」的口號，一名「糾察」，突然倉皇地奔向前排，對一名五十多歲的大塊頭低聲耳語，大塊頭也面露緊張之色，向鄰座的人打個招呼，便立即離座，緊跟着那名「糾察」，跑到大堂外票房接聽電話。只聽得大塊頭頻頻在電話中囑咐對方：「你們一定要堅持到底，絕不能讓步，這與國家的面子攸關。我會立刻向上級請示，你留在現場轉知老吳一定要堅持下去，必要時給他們一個下馬威，一小時內我會趕到現場……好，就這樣決定，待會見。」

原來李鄭屋邨為了懸旗問題，滋事分子已和徙置事務處的職員硬碰上了！

事情的開始有如下述：

上午九時卅分，徙置區一名姓李的職員，看到G座的公共牆壁，張貼着巨大的由紅紙剪成的「卄」字，周圍也掛滿了由小繩懸繫着的旗串，這跟徙置區管理條例是有抵觸的。於是，便通知該座居民自動拆去。但誰也不敢理會這些事，而且亦很難認定是哪家哪戶貼上去的。於是，該職員便親自動手將「卄」及附近的紙旗（約為十面）拆去。起先，並無任何人干涉或反對，而姓李的職員巡視一番之後，便也返回設於A座地下的辦事處料理公務。

這件事給那個「居民組織」知道了！十時三十分左右，一名綽號「豬腸粉」（十四K人馬）的男子，糾集了三四十人，聲勢洶洶地包圍辦事處，高聲喝問是誰撕毀了G座的「國旗」。辦事處的職員便告訴他們，指出懸旗應在私人居住範圍之內舉行，絕不能在公共牆壁張貼或懸掛。且曾通知附近單位自動拆除，可是無人理會，故而由辦事處人員親自動手，以免妨礙交通。

這番解釋，「豬腸粉」那群人自然不會接受，反而再三追問是誰動手撕毀「國旗」，並以粗言穢語破口大罵，揚言不交出撕旗的「兇手」，便將辦事處「夷為平地」。

當時，在徙置區辦事處的職員，除出勤者外，留在辦公室的尚有二十七名。但包圍辦事處的人愈來愈多，既有看熱鬧的，也有惟恐天下不亂的，亦有為「豬腸粉」那群人增援而來的。上午十一時左右，麕集者已超過六百人。辦事處的職員眼見勢色不同，便立即致電深水埗警署（當時石硤尾警署尚未成立），請求派出警員，維持秩序。

十一時十分，深水埗警署派出警員二十名，由督察一名率領，抵達現場。當他們發覺局勢絕非目前人手所能控制時，便一面跟警署聯繫，另方面只能採取消極行動，嚴密保護徙置區辦事處人員的安全，對於驅散人群，則力有不逮。滋事分子眼見警察並未採取任何干預，膽子馬上大了起來。便由「豬腸粉」提出條件，限徙置區在十五分鐘內答覆，否則採取行動。條件是：

一、將撕去的「卄」標誌及「國旗」重行張貼及懸掛，並加上蔣介石肖像；

二、由辦事處購買五百元爆竹（當時仍未禁止燃放爆竹），在撕旗地點燃放，作為認錯；

三、拆除「卄」及「國旗」的李姓職員，向蔣介石像行三鞠躬禮，以示道歉；

四、在全港大小報章刊登撕旗道歉啟事，限於次日（即十一日）見報。啟事稿由滋事分子擬定，不得更改一字，並以「套紅」刊出；

五、對撕旗職員，予以紀律處分。

對於這樣的苛刻條件，辦事處自然無法答覆。於是場面便如火山爆發前夕，異常緊張。

這些條件，是否由「豬腸粉」提出的呢？當然不是！「豬腸粉」是「十四K」的「草鞋」，以前在北河街擺賣豬腸粉，因此獲得這個綽號。這個人連西瓜大的字也認識不了幾籮，又怎會草擬「道歉啟事」？不消說也是由那個姓吳的「社團首長」在幕後操縱了！吳某此人，原來是台灣國民黨「中央委員會第六組」（專門負責海外工作）的外圍人物。當他教唆「豬腸粉」提出條件之後，便吩咐馬仔打電話向正在××戲院開會的梁××報告，也就是上文提及的那名大塊頭。

梁××是「六組」駐港特務頭目，以出版社副總編輯名義掩護身份。當天的「慶祝大會」，他是有資格坐上台上作為「主席團」的成員的。但由於「身份」問題，不敢在大庭廣眾露面，故而坐在前排，裝作來賓模樣，看看這個「會」開成怎樣，以便向台北方面打小報告。

當梁××獲悉李鄭屋邨的情況之後，便馬上離開戲院，立即趕赴現場，找吳某共商大計。其時局勢又起了變化。

原來徙置區辦事處的主任，眼看事體隨時可能擴大，為了「息事寧人」，竟然答允滋事分子的部份要求，願意將「卄」及「國旗」重新張貼，及購買十元爆竹燒放；至於「道歉」及「處分」撕旗職員問題，則需請示上級，方能答覆。

滋事分子一見官方讓步，頓時氣燄萬丈。一口咬定必須完全接納，不許討價還價，否則立即採取行動。形勢愈來愈緊，深水埗警署的「援兵」也趕抵現場，為首的是一名副警司，受命全權處理此事；此外，九龍警察總部亦取消各級警務人員休假，準備應變（當時尚未有「藍帽子」的機動部隊）。

躲在現場附近的梁××及吳×在一家餐室設立了「臨時指揮部」，手下馬仔則往返奔走傳遞消息。當梁××獲悉官方有讓步之意，便立即指示滋事分子要為「國家」掙一口氣，所有條件絕不能打上折扣，如再拖延，便立即以暴力對付。於是，暴徒們便瘋狂地湧入辦事處，衝破警察人牆，見人便打。負責現場指揮的副警司，只得吩咐部屬，全力保護二十多名徙置事務處的職員離去。暴徒們便分成兩批，一批搗毀辦事處並縱火燃燒，另一批則尾隨撤退的警察，瘋狂地追打徙置事務處的職員。追至永隆街口，雙方展開大混戰。結果，警察及徙置事務處職員多人受傷。暴徒亦被警方發射催淚彈驅散。

事情發展至此，倘若沒有外來勢力參與，局面應該可以控制。事態也不至於擴大。怎奈梁××認為這是千載一時的機會，對香港的警察力量也估計過低，便想乘機掀起一場大風浪。不過，「六組」派遣在港活動的人馬中，梁××只算是二流貨色，還沒有全盤作主的膽量；此外，「軍統」（「六組」屬於「中統」特務系統）派遣在港的特務頭子畢××（少將軍階），對「六組」的工作也經常加以挑剔。於是便將始末情形，分別以電話通知上級和「軍統」頭子畢××。

潛伏於半山羅便臣道的「軍統」頭子畢××，此時亦已獲得報告。接到梁××的電話之後，便以冷峻的口氣道：「這件事，從現在起，由我們（指「軍統」）處理，你們不要再插手這件事。」有畢××這句說話，情況便又進入另一階段。於是，設在北角某街的秘密電台，便不斷的和台北方面聯繫，也注定了發生這場史無前例的大災劫。

香港警察總部的政治部主任哥×（英籍，階級為「助理警務處長」，已退休），亦於正午十二時四十分，召集幾名部屬研究此事。根據各方面獲得的消息，認為雖是星星之火，隨時可以燎原。而且，也獲悉台北派駐香港的特務，有可能居中策劃。為免事情擴大。便也採取防範措施，把各區警署人員，抽調部份到九龍總部，以備應變。同時，通知九龍總部盡可能多派警員駐守現場（李鄭屋邨），防止暴徒再行集結。但哥×先生卻料不到台北方面，竟會直接派遣特務前來指揮；更料不到這件「偶然」發生的「獨立事件」，其結果會引致如此重大的的損失——包括居民生命、財產及香港政府聲譽等損失！

下午六時十分，一名瘦長中年男子，閃閃縮縮地走上九龍長沙灣道一××號二樓。屋內的四男一女恭候多時。男的分別是陳×英、大×登、鍾×、歐×；女的則是齊×文，他（她）們都是追隨「十四K」香主葛肇煌由穗來港的「內八堂」人馬。後到的瘦長中年漢子，則是在港潛伏的「軍統」特務陳×階（化名孫先生），係畢××的心腹助手。一向以來，「十四K」人馬都由其出面作「特」、「黑」之間的聯繫。

陳×階一派緊張之色，首先查問這個地方是否安全，大×登拍心口保證絕無問題，並云已派出二十名手足在附近及天台擔任放哨，「外人」很難侵入。陳×階這才吩咐各人坐下，下達一連串的機密指示。

陳×階首先指出，這是一件「是可忍孰不可忍」的事。為了「國家」的「體面」，為了「振奮」海內外同胞的人心，為了使香港政府不敢輕視「右派力量」，政府（指台北）方面，已決定轟轟烈烈的大幹一場。同時，也是貴堂（指十四K）和香港的「洪門哥弟」報効「國家」的「千載良機」，一定要幹得有聲有色，把左派打到落花流水，出出這幾年來的一口怨氣……。

五名「十四K」頭目聽得眉飛色舞，一片「死面後已」的嚴肅表情，繼續聆聽這名「軍統」特務的訓示。

陳×階繼續提示以下各點：

一、由十四K聯絡全港「洪門哥弟」（即各堂口的黑社人物），準備編成五個大隊，人數多多益善，有武器者盡量攜帶，聯絡工作，限於當晚（十日）十時之前完成；

二、明日（十一）午前，政府（台灣）將有重要人物來港，直接指揮五個大隊，進行「戰鬥」；

三、五個大隊以「孫」、「逸」、「仙」、「先」、「生」五個字為編號，如「孫大隊」、

「逸大隊」……等；來自台北的指揮者，亦以上述五個字為代號，如：「孫君」、「逸君」、「仙君」、「先君」、「生君」等；

四、大隊召集人以「十四K」人物為主，別的堂口人物，如屬「忠貞可靠」，亦可充任。各大隊的召集人選出之後，立即以電話通知×先生，時間為本晚十二時至午夜一時，電話號碼為××××（當時電話號碼，大部份仍為五個字）；

五、此外，已分別通知××……等三家中學，必要時召集學生參與宣傳工作；並通知調景嶺忠貞分子，候命開入市區，參加戰鬥；

六、香港總督葛量洪仍在度假期中，護督戴維德才智不足，盡可放手大幹；

七、攻擊對象為左派報館、商店、學校、社團、工會……等，務必全力以赴，一舉摧毀左派在港的實力；

八、戰鬥地區暫時以九龍及新界為主，香港方面，則按實際發展情形逐步進行，不必同時發動，以免分散實力；

九、已通知四家印刷廠，連夜趕印「國旗」，以備使用，各大隊召集人可於明（十一）日午間領取；

十、戰鬥開始後，本人（陳×階）之聯絡電話為……等共四個；戰鬥指揮總部，初步擬定設於長沙灣球場。

當陳×階將「十大戰鬥綱領」傳達完畢之後，早已燈火萬家，黃昏時分了！這五名「十四K」首腦，便立即分頭向各黑社會組織聯繫。這時，外邊的情形，早已鬧到天翻地覆，日月無光了！

特務天外飛來　密謀血洗半島

原來被暴徒縱火焚燒的李鄭屋邨辦事處，一直至下午四時左右，才由消防人員將火頭撲滅。九龍警察總部認為事件的焦點，係李鄭屋邨接連青山道的幾條街道，便集中力量於該處附近一帶。八百名警察便在永隆街、東京街、順寧道、青山道等處佈防，並架設鐵馬，禁止「閒人」來往及集結，一切仍然採取被動姿態。

接獲軍統特務陳×階指示的五名十四K頭目，以最迅速的一傳十、十傳百的方法，將「戰鬥綱領」傳達給九龍各堂口的黑社會人物。晚上八時，也正是警察換班之際，已接獲通知的暴徒們便乘機蠢動。

九時卅分，一輛消防車在九江街附近幾乎被推倒。其後雖被警察救出，但若干警察及消防員已被玻璃瓶及磚頭擲傷。

十時十分，嘉頓公司十餘輛貨車率被焚毀。

十時四十五分，新中國貨公司、榮華茶樓、大豐國貨公司……等均被暴徒砸爛店門，搶劫一空。

十一時十分，暴徒已進出於旺角繁盛地區，彌敦道的大發土產公司、學生書店、元×參茸行、益豐食品公司……等均被破門洗劫；而南昌街的周生生金舖亦被砸個稀巴爛，幸而保險庫堅固，並無重大損失。

十一日淩晨，九龍警察總部、旺角警署及九龍交通部，均被暴徒包圍襲擊，而警察則關上大門，採取守勢。

十一日淩晨四時，諒各黑社會組織已普遍接獲通知，於是受害地區，逐漸擴展至旺角、長沙灣及整個深水埗區，直至黎明前後，才稍為和緩下來。然而警方及消防人員，早已疲於奔命了！

十月十一日。晨早八時過後，便發現一群群的暴徒，分別集結於石硤尾、青山道、長沙灣道、荔枝角道、大角咀道、基隆街、鴨寮街、汝洲街、南昌街……等地區。人數最多的約為二千；最少的也有三五百。長沙灣球場附近，只見人頭湧湧，一批為數約二百名的暴徒（可能是首要分子），都臂纏白布，巡邏於球場內外；而球場之內，不知甚麼時候，早已豎立起一面巨大的青天白日旗，旗竿足有三丈來高，迎風招展，好不威風。

經過一天一夜的折騰，警方陣腳似乎也稍為穩定下來。一名助理警務處長和一名政治部警司，進駐九龍警察總部，協同九龍總指揮官處理一切；各區警署（包括港、九及新界），亦全部取消休假，連可能動員的輔警都集中候命。同時，亦決心使用較多的催淚彈，來應付未來的惡劣場面。

可能整個九龍的黑社會組織都接到先一晚的通知，且已編成若干「大隊」。軍統特務陳×階，親自駕駛一輛柯士甸牌房車，進出於深水埗地區，然後又駛回長沙灣球場，對那群臂纏白布的傢伙指示機宜。

九時卅分過後，血腥行動開始了，暴徒們首先攻擊青山道中建國貨公司、龍門冰室、雪山冰室、×祥匹頭店、益群食品公司……等商店。大門砸破了，暴徒們便瘋狂掠奪，能帶走的便帶走，不能帶走的便堆到馬路上焚燒。警方用甚麼方法對付這些匪徒呢？十名以下的警察都不敢單獨執行任務，只有動輒百多人的防暴連隊，列成方形陣勢，遙向暴徒們發射催淚彈。東邊的給驅散了，馬上又移到西邊集結。一進一退，你追我趕，跟小孩們玩捉迷藏並無多大分別。

十時十分，一架來自台北的×航客機，降落啟德機場。七名衣飾煌然的男子，下機後匆匆分乘兩輛的士，絕塵離去。其中一架載着兩名乘客的駛向汽車渡海碼頭，前往港島半山羅便臣道，晤會「軍統」駐港特務頭子畢××；另一輛載着五個人的，則直駛九龍市區，消失於彌敦道的車海人群之中。這七名天外飛來的特務抵達之後，暴亂的形勢便迅即升級，血腥暴行也在各處瘋狂展開。

午後一時，一輛小型貨車於兵荒馬亂中直駛長沙灣球場，迅速卸下一疊疊的青天白日紙旗。據目擊者的估計，為數可能超過五萬面。此外，球場內那面大旗之下，竟然用木板搭起一張七八尺長的簡單桌子，上面紙張筆墨俱全，四五名男子及一名女子伏案疾書。寫些甚麼，旁人自不會知道。但事後發現許多政治性的標語和「車輛通行證」，極可能是從這個「臨時總部」簽發出來的。

二時正，整個九龍北區和荃灣，全面遭受狂風暴雨的襲擊。左派的學校、商店、工會等自然無一幸免，而一般店舖如荔枝角道的明華百貨店；長沙灣道的廣源餐室及南昌街的一家傢具公司，也給暴徒們洗劫一空；荃灣方面，三間工會及一處工人醫療所，也被數以百計的暴徒圍攻。

自從台灣特務抵港親自指揮暴徒隊伍之後，進入北九龍地區的車輛，都要用錢購買一面紙旗，貼在車頭之上，才可通行。這面紙旗的代價，起碼是十元，如果車內人衣着較為漂亮，或者車輛較為名貴，則須付出較多代價。一輛由尖沙咀進入北九龍的私家車，由於車主佩戴着名貴金錶，竟被歹徒勒索一千元；另一輛某空運公司的貨車，也被勒索七百五十元，才給放行。有些車輛，由荔枝角道以至青山道這段地區，竟然給勒索十一次之多。

暴徒濫施殺戮　領事夫人慘死

各種車輛除必須購買紙旗，始獲暴徒放行之外，特務還發出一些「特別通行證」，給一些「同路人」及「特殊身份」的人。事後被發現的便有如下的兩種：

（其一）

此車係我方報館工作人員使用，所過之處，盼即放行，切勿騷擾，必要時應予協助。生君諭。

（其二）

此車中立，由本人負責管理，並已購國旗乙幀，敬希各位留意，勿生意外是禱。C.C中三青總。逸君留條。

除來往車輛之外，整個北九龍區的商戶，亦被暴徒進行勒索。他們分為數十組，向每條街道的商戶、工廠拍門（雖在白天，但已無人開門營業），其中還有一兩名穿着白衫藍裙，作學生打扮的少女在內。商店開門後（不敢不開，否則將門砸爛，後果便嚴重了），他（她）們便會宣傳一番，説這是一場反擊香港左派的鬥爭。目前才剛開始，需要許多經費支持，故而籲請各界同胞捐助。在此種情形之下，商人自然不敢拒絕，否則抄家滅族也不稀奇。「捐助」數目最少為一百元，最多的竟有被勒索五千元的。像長沙灣道一家五金店，因為懸掛一幅毛澤東像，便被勒索五千元，店東還被強迫在店門口罰跪半小時。

這些商戶「獻捐」之後，會獲得一面註有暗碼的紙旗，據云把它張貼於當眼處，以後便沒有人敢來騷擾。南昌街一家雜貨店被勒索三千元，由於現款不足，只得簽發支票，而暴徒們也照收如儀。一些無人應門的店舖，不消説會被破門而入，寸草不留了！

下午三時左右，大角咀華×國貨公司因無人應門，被歹徒破門而入，除將貨物全部掠去之外，所有設備，也被全部掃爛，最後還要縱火焚燒。幸而消防車及時趕到，否則該處附近許多木屋會被株連，弄出一場沖天大火災，也不奇怪！

與此同時，香島中學、嘉頓公司再被圍攻。幸而職工們誓死堅守並致電警方求助，幾經艱苦，警察才姍姍來遲，暴徒畏懼催淚彈，這才一哄而散；在荃灣，由代號「孫君」的軍統特務率領的「十四K」、「和勝和」、「和勝義」、「和安樂」……等黑人物組成的「突擊大隊」，人數逾千，配合寶×紗廠的一批親蔣工人，瘋狂地再向各工會及工人醫療所進攻。寶×紗廠門前，有二十名穿着白衫黑裙的女學生（據聞是××嶺中學的），手持政治性標語，高唱反攻大陸歌曲，替暴徒們打氣。紗廠資方恐事件鬧僵，只得出面周旋。暴徒群中一名操國語的中年男子挺身而出，自承代表「突擊大隊」全權處理此事。並開出條件：一、左派工人全部交出；二、立即懸掛青天白日旗及蔣總統肖像；三、賠償損失三萬六千元。廠方認為第一項無法答允，二、三兩項則應承照辦。該名男子佯作應允，俟廠方懸掛旗幟及交出巨款之後，便指揮暴徒一擁而入，揪出若干左派職工毒打，有些人被打至重傷，無法動彈，而暴徒們則在旁拍掌稱快。除寶×紗廠外，南×紗廠及東×醬油廠，均受到同樣勒索。至於荃灣鬧市所有商戶，亦遭地氈式的劫掠，極少幸免。

與此同時，九龍市區亦正演出一幕轟動中外的慘劇，瑞士共和國駐港領事館的副領事兼參贊及其夫人，竟被暴徒縱火焚車，司機當場慘死；參贊夫婦亦受重傷，入院後的第三天（十三日），參贊夫人重傷不治，枉死異鄉。

下午四時左右，一輛的士載着瑞士駐港副領事埃士德夫婦，由九龍前往新界。的士駛至大埔道時，被暴徒包圍，喝問有無「通行證」。的士司機表示未曾購買，但只願意交出十元作購旗費用，暴徒們認為有心抗拒，便展開瘋狂襲擊。首先將車輛推翻，然後潑上火水（每群暴徒之中，必有三數名攜帶電油或火水，以便隨時放火），縱火焚燒。由於車輛翻側，朝天的一面又已關上保險掣，故而車內三人無法爬出。車後廂的埃士德先生以英語大叫：「我不是英國人，我們是瑞士外交人員……」可能在場的暴徒無人懂得英語，埃士德先生的呼叫，不但無人理會，反而給加一罐火水。附近的一名店員見狀，急忙致電「九九九」。當滅火車及救傷車趕抵現場，把餘燼撲滅，將車內三人送往醫院時，司機已被證實斃命；埃士德夫人也在十三日不治死去，而埃士德先生則須長期留醫，及施行植皮手術，始能出院。

姦淫燒殺齊出　設立地下總部

暴徒們如此猖獗，連外交官也罹此無妄之災，然則香港的警察都跑到哪裏去了呢？如果說警方坐視發展，則有點言過其實。正確說來，應該是力有未逮。當時整個警察部門還不足六千人，除了留下部份在港島擔任警戒之外（港島方面的黑社會組織，也曾於灣仔地區密謀蠢動，幸為警方及時鎮壓，無法得逞），九龍方面，尚需派出若干人，專門保護各大銀行、政府機關及尖沙咀地區；而各區警署，亦有可能被暴徒攻擊，自然不敢上演「空城計」。因此，能夠抽調出來使用的力量，實在不多，很難應付這場暴亂。

雖然盡了最大努力，也只能夠在暴徒集結的地區，放射催淚彈加以驅散。這種被動和消極的做法，顯然無法應付暴徒們的「游擊戰術」。因此，警隊和消防局人員，除了東奔西走，疲於奔命之外，只有瞪着眼讓局勢惡化下去。

至於暴徒方面，據事後參與此事的×根（「和勝義」人馬）透露，除了乘機搏亂的部份市民之外，單是各個黑社會堂口出動的人數，竟有三萬之多。當「總部」設在長沙灣球場時，負責聯繫及傳遞命令的車輛（包括私家車、電單車及單車）便超過五百架（當然以單車為最多）；由「十四K」頭頭陳×英、齊×文陪同巡視的台灣特務，亦經常親臨「前線」，指揮暴徒們轉移進退。警方防暴隊尚未開抵現場，該處的暴徒早已「轉進」到另一地區去了！警方的隊伍，始終無法捕捉暴徒的主力，在顧此失彼的情形下，無法不處下風。

在台北，十月十一日的大小報章，一律以重要篇幅，報道此次暴動事件；不過，在他們的筆下，惡徒卻變成「護旗英雄」，而暴亂事件的擴展，也被描述成為香港政府偏袒撕旗者而激起的「民變」。此外，一張「黨報」還以挑撥語氣，鼓勵暴徒破釜沉舟，為「護旗」而戰鬥到底，替「國家」保持尊嚴。至於特務專程來港指揮暴亂一事，自然諱莫如深，好像這場殺人放火的罪行，完全跟台北沾不上邊，純粹是九龍居民「自發性」的「愛國」行動。

十月十一日由朝至晚，九龍半島，除了尖沙咀地區之外，燒殺劫掠已發展至油麻地、九龍城、土瓜灣等地區。佐敦道以北，幾乎沒有半寸乾淨土。據警方接獲的資料，計有工會、學校、工廠、商店被洗劫或焚燒的不下三百家之多。死傷人數初步估計，截至十一日下午五時止，已超過三百人；單是嘉頓公司對開的迴旋處（即大埔道、青山道及欽州街的交叉點），便伏屍四十餘具；荃灣地區被暴徒殺害或重傷至死的，也超過二十名。

下午三時，港府召開高層緊急會議。由於暴亂仍然不斷擴張，警方亦無法遏止，其嚴重程度，已出乎與會人等意料之外。結果，署理港督戴維德決定頒佈戒嚴令，及調派英軍進入市區，維持秩序。

戒嚴令於十一日晚上八時，由香港電台及麗的呼聲聯同播出（當時商業電台還未成立，電視台更不必說了）。護督戴維德親自廣播，向市民表示決心彈壓此次暴亂。整個九龍半島，由十一日晚上七時半起，至翌（十二）日上午十時止，實施宵禁，所有居民必須留在家中，一切交通包括公共巴士及渡海小輪，均於晚上七時卅分停止行駛。並規定不准人群在街道集結，違反戒嚴令者，軍警受權開槍射擊。恰巧該年十月十二日，是農曆重陽節。由於戒嚴令所影響，連前往新界掃墓也在禁止之列；港島方面，雖未實施戒嚴，但因禁止人群集結，故而市民乘坐纜車登高的節目，也只有取消了！

實則由十一日凌晨起，這場暴亂已演變成為台灣特務與香港政府的間接鬥爭，兩方面指揮之下的暴徒及軍警，則作直接正面衝突。戒嚴令雖已頒佈，但暴徒們並非各自為戰的烏合之眾，而是有計劃、有組織、有指揮系統的隊伍。在宣佈戒嚴之後的二十分鐘，長沙灣球場的「臨時指揮部」便已撤走了，作為「指揮部」象徵的那面「帥旗」也不見了，附近居民還看到一幕「下旗典禮」。百餘名臂纏白布的大漢，和約三十名白衫黑裙的少女，在青天白日旗降下時，環繞周圍大唱其：「三民主義，吾黨所宗……」的「黨歌」。

據參與這場暴亂者事後透露，「指揮部」於十一日下午六時四十分，已由長沙灣球場移至下葵涌的一處民居。從那時起，來自台北的五名特務，有三名已不再露面，僅留下「孫君」和「生君」，分別負責當天晚上進攻九龍城區和荃灣區兩處的指揮工作。戒嚴令頒佈後，形勢似乎稍為平靜，實際上卻在深水埗地區以外，掀起另一個高潮。

當時的戒嚴令，宵禁範圍雖則包括整個九龍及新界，實際上警方的主力仍然放在深水埗區，調入的英軍則在旺角、油麻地、尖沙咀、紅磡、土瓜灣等地巡邏，故而若干地區都成為真空或半真空狀態。例如啟德機場至太子道之間，軍警只沿馬路巡邏，對於九龍城砦四周街道如龍崗道、城南道、獅子石道、衙前塱道、衙前圍道及東頭村道等，則根本無人理會。匪徒的消息十分靈通，十一日午夜，數百名匪徒有如從天而降，突然出現在東頭村道及侯王廟附近。三×布廠、聯×興漂染廠及龍崗道的一家工會宿舍，首遭襲擊及洗劫；繼而義×泰布廠亦遭百多名匪徒破門而入，配備木頭車及手推車，掠去二千布匹及若干現款。該廠曾再三致電警方求助，但當警察抵達時，連人影也找不到了！

荃灣方面，十一日黃昏之後（亦即宵禁時間開始），以迄十二日凌晨八時，逾千名暴徒在「孫君」直接指揮之下，血洗荃灣。居民被殺的有五十多人；被強暴的婦女少說也有六、七十名之多，受傷者不計其數，至於財物損失，簡直是無法估計！

原來宵禁範圍雖然包括九龍及整個新界，但北九龍方面，過了荔園和鍾山台，便等於真空狀態了！由長沙灣球場遷至下葵涌的「指揮部」，不但燈火輝煌，進出人等絡繹不絕，由葵涌以至荃灣市區，仍有私家車三輛及單車數十輛，不停穿梭往返，負擔傳達命令及聯繫工作。當荃灣地區的暴亂到達最高峰時（十二日凌晨二至三時），傳說蔣經國曾在現場出現。這些傳說，自然難以置信。而且實際上也無此必要。不過，軍統駐港特務頭子畢××，則確曾於十一日午夜在荃灣碼頭附近出現，可見台北方面，對這場暴亂的「期望」，是何等「重大」了！

最為慘烈的可算是「港九工聯荃灣醫療所」的「攻防戰」了！

五百多名暴徒，由來自台北的「孫君」率領，波浪式的向該所圍攻。該所留守人員僅有十多人（其中五名女性）。當暴徒以木槓、竹槓、水喉鐵、石塊、啤酒瓶以及火水電油等襲擊焚燒之下，所內的職工們仍能沉着應戰，各守崗位，使暴徒無法進入。由午夜十一時至凌晨一時的兩小時內，暴徒曾發起七次波浪式攻擊，均不得逞。其後，由「水房」的黃×帶領十餘人，爬上天台，搗毀屋頂，以長梯進入屋內之後，打開大門，其餘匪徒始得洶湧衝入。結果，全部女性均被當眾輪姦，男性則死者三人，重傷八人。有些傷者事後被送返國內醫治時，仍須個多月才能痊癒，其中兩人竟至終身殘廢。

另一群匪徒沿眾安街進行地氈式洗劫，稍有反抗，立斃當場；另一群為數約二百名的匪徒，企圖洗劫河背村，但當時天已微明，風聞九龍方面大隊軍警正在趕來，匪徒們才不敢動手。

九龍市區方面，實施宵禁之後，雖有軍警不斷巡邏，但旺角及油麻地區，仍有零星暴亂事件；若干未能及時返家，或不知就裏貿然出外的居民，被軍警槍傷槍斃的，相信為數不少。這些人，都成為這場暴動中的犧牲者。

暴徒塞滿囚營　港府籌謀善後

香港政府新聞處，於十月十二日凌晨發出的公報如下：

「自從昨（十一）晚七時半實施戒嚴後，大埔道及青山道交界處已呈寧靜。但由昨日黃昏之後，滋擾事件地區已由深水埗沿着青山道發展至新界荃灣，而暴亂性質亦已變更，似乎變為左右翼兩派內部中發生鬥爭。荃灣地區及附近，許多工廠之內發生劇鬥。主要為工廠，損失頗重。」

十二日，局面似乎已被控制，晚上仍然實施戒嚴；同時，鑒於荃灣地區幾乎弄至天翻地覆，若干軍警被抽調至該區戒備。儘管這樣，當天晚上荃灣附近仍有若干暴亂事件。五百多名匪徒竟能在軍警監視之下，企圖洗劫老圍村。幸而該村父老早作準備，匪徒還未展開行動，便立即鳴鑼求救，並以自衛槍枝（鳥槍）向匪徒發射。當英軍聞訊馳援時，匪徒才化整為零，四散逃去。

十月十三日，也是這次暴亂事件中，引起中、英交涉的一天。而正在度假的港督葛量洪，也急忙趕返香港，處理善後工作。

台北方面，大小報章仍然刊出暴亂新聞，某晚報且把荃灣地區的姦殺焚掠事件，稱為「居民對附匪人員的懲罰」。如此歪曲事實，簡直是傳播界中無恥之尤！

北京方面——周恩來總理約見英國駐北京代辦歐念儒。周總理對此次九龍暴亂事件，十分關懷。他嚴正地指出：在九龍的中國店民，他們的生命財產在國民黨特務分子的殘殺和劫掠下，所遭受的嚴重損失及重大傷亡，表示極大的憤慨和關注。對於香港英國當局，未能採取有效措施，將國民黨特務分子所組織及策劃的暴亂加以制止，以至中國居民受到重大損失，提出嚴重抗議。

周恩來還指出：香港英國當局要立即採取有效措施，嚴厲制裁國民黨特務分子，切實保護在港九的中國居民和中國政府附屬機構和企業。同時，英國政府對上述問題應予答覆。而且，中國政府保留在以後提出要求的權利。

香港方面——由於中國提出嚴厲抗議，使行裝甫卸，遊罷歸來的港督葛量洪有點緊張了！十三日整個下午，香港各部門高層人士不斷接觸，商討如何收拾殘局，作善後設計。警務處提議在宵禁時間之內，全力搜捕黑社會各堂口首要人物，這個建議即被葛洪量所接納，訓令迅速執行。

十三日晚上以至十四日凌晨之際，相信是警方最緊張最忙碌的時間了！當時尚未有「反黑組」之設，只由刑事偵緝處及各級偵緝人員，盡量提供黑社會人物資料。除卻從前有過犯罪記錄者外，任何偵緝人員所提供的可疑人物，均在黑名單之列，來一次「寧枉毋縱」的大搜捕。

來自台北的七名特務，除那兩名從未露面的，仍然匿居於羅便臣道畢××寓所之外，曾經直接指揮殺人放火的「孫君」、「逸君」、「仙君」、「先君」及「生君」，由十三日上午起，即不再公開露面。作為「臨時指揮部」的下葵涌某號，亦僅留下三數名大漢焚燒紙張旗幟，並將屋內清理一番，便即迅速離去。

當天晚上，實施宵禁開始後，整個九龍的警方車輛，幾乎全部出動；而英軍的軍車亦尾隨警車之後，分為十餘組四出拘捕黑社會人物。搜捕地區除李鄭屋邨、石硤尾等徙置區之外，九龍城砦、東頭村木屋、福華村木屋、青山道木屋以至油麻地、旺角、深水埗、荃灣……等地區，均有數不清的黑人物被捕。最不幸的還是宵禁期內，仍然留在街上的人，不分青紅皂白，全被拘拿，囚禁於「滦咸營」之內。據説港島方面，西環及灣仔兩區，亦有不少黑人物被拘。那些都是在九龍殺人放火之後，溜回港島藏匿的暴徒。截至十四日晨為止，被拘留在「滦咸營」的已超過三千人。

有關「滦咸營」的情形，筆者在拙作《香港毒品氾濫真相》一書中，曾有過較詳盡的報道。儘管該營地方十分寬敞，但一下子拘留三千多人，其擠迫情形，自可想見。這些人之中，真真正正的黑社會暴徒自然不少，但因種種關係，給牽連在內而被拘捕的市民，也屬不少。一位當時負責看守該營的營長，事後告訴筆者，在十月十四、十五、十六那幾天，由於被拘人數不斷增加，以至炊事工作無法正常進行，有些人兩天兩夜得不到膳食供應。不知怎的竟然有人將大批×記鮮奶及好彩香煙運入營內出售，這些東西瞬息便搶購一空。鮮奶及香煙每瓶（包）均為十元，那當時的黃金售價，每錢不過二十元而已。因此也有人發了大財。當年並無「廉記」之設，貪污舞弊幾乎公開進行，何況是「兵荒馬亂」之際？自然也無人理會這些瑣事了！

十四日晚上，港督葛量洪在香港電台及麗的呼聲廣播。強調此次參加暴亂的歹徒，定必予以嚴厲懲罰。同時也指出局面雖然已被控制，但仍未能完全恢復常態，因此，局部地區仍須繼續施行宵禁，而英軍亦暫時留在市區，協助恢復市面秩序。至於北京方面的抗議及指責，則避而不談，隻字沒有提及。

十月十六日，港府宣佈戒嚴全部解除，市區及郊區恢復常態，而被拘於漆咸營的人數，已升至五千三百餘人。不必說睡覺了，相信連坐着站着也覺擠迫不堪。

同日下午，港督會同行政局，制訂緊急羈留條例，警方有權引用該條例而將任何人拘留十四日；如有必要，則可將拘留期作無限次數伸延（每期十四天），直至該人的個案作出決定為止。

戒嚴既已解除，秩序亦已恢復，香港政府對於這場暴亂，不能不有所「交代」了！十六日下午，新聞處通知於輔政司署之內，舉行記者招待會。出席長官除港督葛量洪外，還有輔政司戴維德、署理警務處長必明達、駐港三軍司令史德頓……等。

招待會上，各報記者爭相詢問。當提及周恩來總理的抗議時，葛量洪說中國的抗議，係將駐港記者拍發的電訊作為根據，有關指責（即指國民黨策劃及指揮暴動），絕不準確。當記者又問及周總理指責香港政府的措施不當，而且保留以後提出要求的權利時，葛洪量竟指為「干預內政」。

至於有人指責暴亂中有國民黨特務指揮一事，乃「不足為信」云云。

暴行天人共憤　醜事遺臭萬年

這場轟動中外的大暴亂，九龍及新界居民，其生命財產損失的程度到底多少，實在很難統計；即使官方於一九五七年之初，宣佈賠償暴亂中所有損失，並且通知受害市民進行登記。但和實際的死傷及被燒被劫數字，相信仍有很大出入。理由是：

1．經過這場暴亂，許多受害者或其親屬，都視香港為「九反之地」，沒有信心居留下去，從而遷徙別處或返回國內；

2．暴亂中，曾發生多宗黑人物及若干不良分子乘機互相仇殺事件。此類傷亡，自不敢登記及索取賠償；

3．受傷程度不大嚴重，或自行醫治而醫院方面並無記錄的，恐怕調查時手續繁複，費時失事，因而放棄登記；

4．暴亂期內，工廠無法生產，商店無法營業，受薪者無法上班等，很難舉出實際的損失數字；

除上述所列各項之外，精神上的損失（筆者親屬之中，曾有人於暴亂中嚇至神經失常者）及其「後遺症」所引致的一切不良後果，更是無法估計了！

以下是一名參加這場暴亂的黑人物楊××（福義興人馬）被遞解往澳門後，對筆者憶述當年的身歷情形。

十日午夜，友人×君拍門甚急。開門後見其面露緊張及興奮之色，問其何事。據説獲得「館口」通知，在這三幾天內，有機會大開拳腳做其世界，問我（憶述人自稱，下同）能否「班馬」參加。

×君係「十四K」人馬，與我不同「格屎」，但因一起在城砦販賣白粉，故而交情不惡。我當時因賭博負債甚多，問得有此機會，便乃欣然應允，並邀同「堂口」兄弟共五名，隨×君往東頭村木屋區聚集。

我住在城砦大井街，距東頭村（當時來建徙置區）不遠，抵達時已有近百人集中於村前空地，×君介紹我等六人給為首的耀哥認識。時已接近黎明，耀哥即高聲對在場各兄弟宣佈，說天明之後便分批前往深水埗欽州街及茂山道交界處集合，又說我們這百多人均歸「仙君」指揮，「仙君」係上頭派來負責人物，倘若接到「仙君」口頭或文字通知，便須服從。至於做世界時個人所得，不必歸公；集體所得，則平均分配。我方將有幾萬人出動，不必畏懼「花腰」（即警察）云云。

天明後，×君偕同我等約十五人為一批，步行前往深水埗。沿途看到幾輛被推翻的汽車正在焚燒，在大埔道及界限街交界處，則發現屍體兩具，至嘉頓公司附近，則見有七具屍體，平排放在安全島附近，蓋以黑布，政府黑廂車正停在附近工作。各街口則有千多人擠塞圍繞，以粗言穢語高聲吶喊，但並沒有採取行動。

轉入欽州街，只見每條橫街均塞滿人群，所有商店則全部關門閉户，和街上人頭洶湧的情形很不協調。×君囑我們一行人在基隆街口蹲下休息。有頃，石硤尾方而傳來槍聲，跟着人群像潮水一般向欽州街及青山道方向奔跑。遇到舊識牛×四亦在人群之中，詢問之下，原來警察發射催淚彈，故而人群急速散開。牛×四又説我們太「執輸」了，昨天（即十日）已有不少人發了大財，不過為時未晚，聞說尚有幾天機會，如能打入幾間左派銀行，大家便可「撈粗嘢」了！言訖匆匆離去。

十二時，有大貨車一輛駛來欽州街附近，放下幾千張青天白日紙旗，又有人搬下幾籮麵包，但很少人上前取食。×君取了一疊紙旗，分給我們每人十張。此時，耀哥在貨車上招手示意×君上前，耳語良久。貨車離去後×君帶領我們一行十多人，前往長沙灣道球場附近。×君進入球場，囑我們在外邊等候，切勿走開。

其時只見球場之內，豎起一面大布旗（國民黨旗），很多人進進出出，近馬路的一邊鐵絲網，全被打通。臂纏白布，駕駛單車或電單車的人，穿梭往返。馬路的另一邊，百數十人正在打劫金×美容院及附近各商店，忙忙碌碌地搬取貨物。我們不覺怦然心動，正想上前「打份數」時，×君已由球場出來，叫我們跟着他走。而且邊走邊對我們說：發財機會就快到了，這些小意思何必理會。而且，這是「勝和仔」做的（指洗劫那幾家商店），你們插手恐怕會惹麻煩。如今上頭已有命令，還是做我們自己的事吧！當然我們還不知道所做的是甚麼任務，只有跟着×君走，向太子道方面進發。

途中遇到「和勝義」的大黑，他帶着三十多人，每個都臂纏白布，像軍隊一般操過來。我和他曾結夥打劫，認識甚久。但見他敞開衣襟，斜插西瓜刀，豪氣萬千地對我說：「××你這時才『蒲頭』，太遲了！今天早上我們在青山道爆開中建公司，個個手足都發了財，我們還『冧』了兩條友（即殺死兩個人）。如今出發去南昌街做世界，你有興趣就跟我來！」我正在猶豫之際，×君急忙示意趕路，於是目送大黑一班人嘻哈大笑地邁步離去。

×君偕同我們到達大世界戲院（今已拆卸）附近，每人發給白布一條，紙旗一疊。白布一端寫上「仙君」兩個墨筆字，×君吩咐我們先將白布纏於右邊衫袖，然後說：「上頭吩咐，凡進入荔枝角道的車輛，均須購買『國旗』一面，否則燒車兼『砌人』。紙旗代價多多益善，最少十元。全部收入，由我扣起一半交回『總部』，其餘照人頭均分。」說畢，便吩咐開始工作。

其時巴士仍未停駛（按當時尚未戒嚴），由上海街及太子道折入荔枝角道的車輛，雖比平時稀少，但並不是沒有。可能我們比較倒霉，第一輛進入荔枝角道的車輛，竟自稱是「香港×報」的採訪車，車頭插有布製小旗，迎風招展。「×報」係國民黨報，自然不能收取保護費。車上一名四眼佬還向我們說：「各位辛苦了！」

此後，凡有車輛進入，我們都上前勒索，代價視車中人打扮而定。雖說事前規定最少十元，但據我所見，最少的亦須付出四十元；最多的一輛係×氏電影公司的外景車，我們開價三千元，否則打爛車上設備。再三討價，卒以八百元成交。其中有兩架巴士交不出保護費，我們便派出五個人上車搜劫乘客，我還獲得勞力士鋼錶一隻。

下午四時，另一批人前來「接班」，為首者遞過來一張條紙，由「仙君」簽後。×君便率領我們返回長沙灣球場候命。此次共收得保護費約六千多元，一半由×君交回「總部」，我們每人分得一百八十多元。

下午六時左右，×君說晚上轉移工作地區，到九龍城一帶發財，吩咐我們準備「架撐」，九點正在侯王廟前集合。於是我們仍然步行離開北九龍區……。

以上由揚××口述，筆者當場筆錄，詞句未經修飾，只求保存口述者的原意。當天

(十一)晚上，這批人轉移到東頭村道「發財」，上文已有提及，不再贅述了！

周恩來總理提出的嚴重抗議，一直至十月十七日，英國政府才有官式的反應。當日倫敦外交部召開記者招待會。該部發言人稱，英國已拒絕北京方面的抗議，把這場暴亂說成是香港「難民」對左派的「報復」，而且，由始至終，香港政府處理此事並無不當。因此，英國政府決定拒絕這項照會。

十月十九日，英國駐北京代辦歐念儒，謁見北京外交部副部長章漢夫，申述英國政府對這場暴亂的意見。歐念儒說英倫方面正訓令香港政府徹底調查暴動的起因及背景，目前作出結論，仍屬言之過早。同時，英國政府認為中國及香港左派報章所提出的抨擊，實屬誇大渲染，不實不盡。因此，英國政府向中國提出「反抗議」云云。

章漢夫副部長即力斥其非，指出香港政府不但對香港的中國居民和中國在香港的企業機構保護不力，且還替國民黨特務洗脱罪嫌；而港督葛量洪對中國政府的正當要求，竟指為「干預內政」，實在無理之極。最後，章漢夫副部長要歐念儒代辦將其口頭抗議，立即轉告倫敦。

實則當時的美國，正在全力庇護台北政權，對中國則採取仇視態度。英國政府當時唯美國馬首是瞻，如此橫蠻，自然不足為奇。

然則香港政府對這場暴亂的「調查總結」又是怎樣的呢？一九五七年元月一日，港府新聞處發表的「九龍及荃灣暴動報告書」中，指出整個事件係由黑社會及「中國難民」所發動。黑社會則以「十四K」及「和安樂」為主，而「十四K」則係國民黨方面「半官式政治的地下組織」；至於中國方面所指「係由國民黨特務指揮策劃」一點，香港政府經過「深入調查」之後，仍然「無法取得佐證」云云。

這種「冷戰」方式的調查報告，北京方面自然不予接受。於是中國外交部又發表聲明，逐點駁斥「報告書」中不實不盡之處，同時提出嚴正要求，要香港政府負起暴亂中的一切賠償責任。這樣，才促使港府進行調查登記，作出極有限度的「賠償」。其實，人的寶貴生命和健康，又豈是幾個銅錙能賠償得了的？

由一九五七年起，拘留在滚咸營的五千多人，已陸續「甄審」完畢。其中近千人被警方終身遞解出境。其餘的也陸續提控於法庭，控罪絕大多數是「破壞戒嚴令」；至於部份給冤枉抓進去的，縱能「查明釋放」，但已平白吃了幾個月的「皇家飯」了！

不知是「偶然巧合」還是「別有用心」。九龍大暴動後的一個月，有一個所謂「中國洪門海外昆仲懇親大會」，在台北召開。香港的「十四K」組織，由陸仲×（白紙扇）

及李×芳（紅棍）出席。「會議」由一九五六年十一月一日至三日，一連三天舉行。「會議」期內，「副總統」陳誠、「行政院長」俞鴻鈞及國民黨「中央黨部秘書長」張厲生，均向「大會」致「訓詞」。現錄該「大會」向蔣介石及陳誠的「致敬電文」抄錄如下，以作本節之殿。

總統副總統鈞鑒，中共匪幫，勾結俄帝，竊據大陸，瞬將八載。戕殺國人、朘削同胞，殘酷慘烈，曠古所無。言之心酸，聞者髮指！凡有血氣，莫不思滅此朝食。幸賴鈞座抱定殲匪決心勵精圖治，完成反攻準備，磨礪以須。誠我中華民族之救星，自由世界之先導也！我洪門秉承天下興亡，匹夫有責之懿訓，心存國族，志篤忠貞。謹以至誠，在鈞座領導之下，敬供逐策。尤祈早張撻伐，殛彼巨兇，收復山河，拯斯黎庶為禱！肅電致敬，

伏維睿察！

中國洪門海外昆仲懇親大會叩

民國四十五年戌佳

（八）澳門黑社會組織揭秘

香港、廣州、澳門三地，形成三角，關係密切，一水之隔，朝發而夕至。而人情風物，言語俗習，均盡相同。雖則港、澳兩地，暫屬英、葡管轄，但血濃於水，省、港、澳三地居民，並不因此而有所隔膜。

以歷史言，自是廣州最為悠久，澳門次之，香港則算是「小弟弟」了。「小弟弟」的香港，黑社會組織尚且如此「蓬勃」，兩位「大阿哥」自不必說。撇開廣州不談，身為「二哥」的澳門，黑社會組織也具有悠久歷史，自然不在話下了！

鴉片與「豬仔」　產生黑組織

說起澳門的秘密組織，自然要提到曾經隱跡於望廈「普濟禪院」（今人稱之為「觀音堂」，係澳門名勝古蹟之一）的大汕和尚了！當時，這位佛門弟子，志切反清，曾以「普濟禪院」為秘密機關，奔走於省、澳之間，聯絡一班反清志士，密謀活動，那是「康熙」中葉之際。大汕和尚具有湛深的文學修養，生前所作的詩，一直為人傳誦。當然，跟他一起密謀反清活動的，大多數也是亡明的士大夫階級人物。「秀才造反，三年不成」。大汕壯志未酬，便給清廷官吏逮捕下獄，尋且於放逐途中，賫志以歿。跟他一起秘密活動的那班「秀才」，也就五陵星散。這雖是個秘密組織，但卻與黑社會組織有別，較詳盡的情形，不再贅述。

至於澳門真真正正的有黑社會組織，應該說是由「東印度公司」和「豬仔館」所引起的。

鴉片戰爭，清廷喪權辱國，鴉片在不平等條約之下，大量運入中國，荼毒廣大同胞。其時香港猶未開埠，英人的「東印度公司」便於澳門設立，以澳門為轉運站。「東印度公司」的大班們，那時簡直就像個「上皇帝」。平日高高在上，除卻重大問題才偶一花花腦筋去處理一下之外，其他次要工作，如上貨、落貨、包裝、存倉、轉運……等，均假手於受僱的華人（小部份印人）。靠此項工作謀生的，少說也有六百人之多。一八三九年清廷大臣林則徐來澳巡視，曾對澳門的華籍居民作精密統計，也還不到一萬名。以人口比例來說，當時靠「東印度公司」吃飯的人，還較今天「娛樂公司」（賭場）的員工為多。

人多了，為着爭奪權益和操作地盤，自不免有摩擦糾紛。當時的一名華籍管工林阿發（中山人），便組織一個名為「友聯」的團體。其性質並不像今天的工會組織；目的也不是為工友謀福利，而是一個秉承主子意旨，控制及剝削工人的黑社會組織。

加入「友聯館」的人，據說會獲得「保障」。但必須將工資收入十分之一，繳交「會費」。當時澳門的通貨，雖已有「鷹洋」（墨西哥銀幣）使用，但一般百姓，仍然以銀両及銅錢作日常交收之用。以勞力謀生的人，每月收入能夠有二両白銀，已算不錯的了！抽去十分之一，便是相當「巨大」的數目。於是部份人加以反對。但林阿發有洋人侯活作後台，不屈服者立即予以解僱。於是，這些勞苦大眾，只有萬分無奈地向惡勢力低頭，按月把血汗錢雙手奉獻。

利之所在，使另一名也有洋人撐腰的頭目垂涎。此人也是中山翠微人氏，名叫陳光。他手上亦有百十名基本人馬，於是起而效顰，組織「友樂館」。自然也不是替工人謀取福利的組織，但手法卻比「友聯館」「開明」些。他並沒有硬性規定工人們作十分一的奉獻，只是「隨緣樂助」地收集會費；但卻在堂口之內，開設賭博（以番攤及擲骰子為主），從而抽頭圖利，這一來，工人們所受的禍害更為嚴重。「友聯館」的剝削還是有限度的，但「友樂館」則為害無窮。勞工們每月的血汗錢，往往在剎那間輸個一乾二淨。雖說「賭錢有來去」，但究是輸多贏少。不嗜賭博的也給其他工友強拉入局，輸清了便向堂口預借工資，但要繳付百分之十五的利率。以當時的按揭息口而言，那已是超逾常理的最高利率了！因為有抵押的借貸，一般不會超過月息三分（百分之三）。故而加入「友樂館」的工友，長年累月都處於負債的情形之下，只得鋌而走險去幹那盜竊搶掠的勾當了！

一山不能藏二虎。既然有兩個堂口，摩擦自所不免。在幾場流血大拼鬥之後，各又「招兵買馬」，補充實力。不久，便成為作奸犯科的黑社會組織。

此外，鴉片戰爭之後，「賣豬仔」也成為澳門的「新興事業」。所謂「賣豬仔」，係將一批批的華人勞工，「賣」到外埠的意思。香港開埠初期，也盛行這種「事業」。買入「豬仔」的地區，除當時南洋各地之外，還有秘魯、巴西、古巴等國。其後，連英、美等國也需要這類廉價勞工了！「豬仔」的來源，分為「志願」或「被騙」兩種。前者家無恆產，或遭受天災人禍，無以為生時，自願過埠出賣勞力；後者則係被「豬仔館」人馬欺騙或脅迫之下，給「賣」到國外去。

其實所謂「賣」，只是簽訂較長期的「勞工契約」而已。有的被「賣」的「豬仔」。經過三二十年的奮鬥，竟然成為巨富，衣錦還鄉。目前香港一個華資財團的首腦（已去世），也是「豬豬」出身的。其實在農村經濟普遍衰落的當年，如屬自願，「賣豬仔」也不失為奮鬥途徑之一。

回頭再說澳門的「豬仔館」。十九世紀四十年代，也是澳門「豬仔業」最蓬勃的年代。當時一名最具勢力的「豬仔頭」李七斤，是由水上遷居陸上的居民。他在紅窗門街設立「總部」，還掛了「利廬」的招牌，擁有馬仔近百人，這些爪牙分佈在澳門的每個角落，任務是物色「豬仔」。當時澳門的賭場，並非今天那末集中，也不是由一家公司專利營業。任何人向葡人政府申請，都可以開設番攤館。因此，街頭巷尾都充斥着這類賭場。而李七斤的馬仔，也經常在這些場所活動。只要你年輕力壯，不論生張熟李，都可以向他們借錢賭博。贏了，加五奉還；輸了，當「豬仔」去也！

「利廬」既然為「豬仔竇」，為了看管這些「豬仔」，和萬一發生糾紛時加以鎮壓，便招攬一班流氓無賴，作為打手。這些人，自然不會安份守己。除了在賭場物色對象之外，還對初來澳門的陌生者，進行威逼利誘，甚至在僻靜地區，將人打至暈厥，裝在蔴包之內，以木頭車運返「總部」，強行禁錮，脅逼落船，如此這般就把一個人「賣」了出去。

「友聯」、「友樂」和「利廬」，都是澳門黑社會組織的「開山始祖」。直到今天，當地的黑社會組織，仍有以「友聯」及「利廬」作為堂口名稱的。是否一脈相承，或前者後者並無「血緣」關係，就教於若干「陀地」的老行尊，亦沒有人能夠加以證實。

至於當時的賭場，亦分別僱用若干打手，作為「護場」之用。這些人，是否也像今天一樣「非黑不用」，亦無從稽考了！

民初至戰時　勢力漸茁壯

進入民國，其後的二十餘年之間，也是澳門嫖、賭兩項事業最蓬勃、幣值最穩定、秩序也稱得上「良好」的「太平年代」。當時澳門的市面，一方面是笙歌處處，夜夜元宵；另方面則黑暗腐朽，落後貧窮。加上葡當局只知苛徵暴歛，對社會建設及市民利益毫不關心，使澳門成了一個毫無生產力的純消費城市，一塊不折不扣的殖民地。而澳門的黑社會組織，也在這種畸形狀態之下茁壯起來。

二十年代初期，澳門人口只不過十八萬四千人，但數得出的黑社會堂口，就已經有：「友聯」、「同義」、「家義」、「聯英社」、「友和」、「利盧」、「尚義堂」、「群英」、「合義」、及「黃館」等不下十個之多了！

香港黑社會組織，並非國內洪門山頭的直系源流，已如上述。然則澳門的黑社會組織，又是否和洪門有關呢？有等文字記述，認為孫中山先生，曾藉洪門組織，在澳門進行「反清」活動，這種説法是似是而非的。不錯中山先生曾經在澳門進行過革命活動，也在草堆街開設醫局，作為掩護，而且曾發行過鼓吹革命言論的刊物「鏡海報」，但卻從來沒有用過洪門名義進行任何活動。有之，亦以「同盟會」名義進行。因此，在澳門的歷史上，確屬未有過正統的洪門組織出現過。

然則澳門的黑社會組織，是在怎樣的情況下產生的呢？答案也並不複雜，澳門和香港同樣是殖民地，開埠以來一直和黃、賭、毒有密切關聯。有了這些罪惡活動，自然而然的會有黑社會那類的組合產生，何況娼、賭、毒「合法化」的時間，澳門比香港長得多。明乎此，澳門有黑社會組合，也就毫不稀奇了！

由於澳門的娼、賭、毒，長期以來便公然開放，並不像香港那樣時開時禁，黑社會也就無娼可「包」、無賭可「庇」，亦無毒可販，因為這些「事業」都由政府一手包辦。故而澳門的黑社會「謀生之道」，跟香港的黑人物略有不同。

統計那段時期內，澳門黑人物謀生之道，除受僱於賭場作護場，及煙格、娼寮等作跑腿之外，另有行騙、夜盜、扒手、拐帶小童、收曬晾、在輪渡上或街頭賣假藥等活動，遠不及香港黑人物那樣「多彩多姿」。不過，澳門的黑人物比較容易滿足，而澳門的人情味也較香港濃厚，故而生活上也不像香港那樣緊張、徬徨。

澳門民風一貫較為保守，知識水準也較低落，再加上警察力量微薄，在某段時期之內，黑社會人物的身份很「特殊」。所謂「特殊」，係指「神枱貓屎、神憎鬼厭」之謂。假如某一「爛仔」的身份給人發覺了，於是整條街（或巷）的街坊都會對他「敬而遠之」，並不像今天那樣司空見慣，毫不為奇。但也產生了一些很矛盾的現象，便是黑人物有時竟會以「街坊地保」的身份，進行一些「排難解紛」的工作。

黑社會人物會像「地保」一般替街坊們「排難解紛」，在今天看來，簡直是荒唐怪誕，但當時確有此類「怪事」出現。一位屬於「利廬」的老叔父陳伯（八十一歲）對筆者表示。由於當時的澳門政府，除了「錢」之外，甚麼事也不起勁。如果街坊鄰里之間，有些甚麼像你偷了我的小雞、我弄破了你的窗戶……等糾紛爭執，而又各不相讓時，實在沒有投訴或請求主持公道的去處；警察方面，除了葡人就是印（巴）人，對華人習俗一竅不通，自然也很少人向警方投訴。如果該街道某人是「爛鬼」身份，便會被人認為是江湖人馬，見識「高人一等」。在投訴無門的情形下，往往會把這名「爛鬼」請將出來，作為評長論短的中間人。而且，「爛鬼」們的「判決」，往往也使兩方（或多方）的當事人心悅誠服，平息爭論。自然作為「地保」的「爛鬼」會獲得「利是」一封，各得其所而退。據陳伯說，當時他居住在陳樂巷，跟一名「爛鬼」道友明，就曾做過上述那種「地保」不下十次之多，其他街、巷、圍、里，亦時有此種情形出現。說起來，確令人忍俊不禁。

至於當時各個黑社會堂口擁有成員的人數，也是眾寡懸殊。最多的「友聯」竟達近千之數，最少的「家樂」則僅百餘人而已。好在當時堂口之間，極少像今天那樣動輒打打殺殺，故能「和平共處」。就記憶所及，除了一九二九年發生過一場流血大廝殺之外（「利盧」與「友聯」因爭奪當時港、澳客輪「泉州號」的碼頭地盤而起），僅有個人或少數人之間的爭執打鬥，牽涉及整個堂口的則罕有所聞。

一九四一年香港淪陷，澳門人口驟然增加。而香港的黑人物和珠江三角洲的「大天二」，亦有部份來澳棲留，於是情形便複雜起來。以前和平寧靜的氣氛消失了，變成偷、搶、打、殺無日無之。戰火雖然沒有波及澳門，但卻在日寇勢力包圍控制之下；再加上各國的間諜活動、冒險人物的走私漏稅、游擊隊買賣物資軍火……等，使當時的澳門幾乎成為東方「卡薩布蘭加」。相形之下，黑社會的活動自是黯然失色，「無善可述」。至於在「普濟禪院」發生的那件轟動中外的賭商傅某綁票案，完全係珠江三角洲的「大天二」勾結當時的華籍葡警所為，與黑社會並無多大關係。而且內情複雜，為了避免麻煩，在此不擬評述。

鵲巢遭鳩佔　形勢趨複雜

篤信「風水」的人認為澳門係「蓮花地」，不像香港「窮山惡水」，因此，香港「貧富無三代」（亦即沒有一連三代貧窮，也沒有一連三代富有）的情形，在澳門極為少見。筆者雖然不大相信這些堪輿之術，但實際情形又似乎如此。綜觀澳門的「世家」，百多年來多數都能保持舊觀，「破落」的不是沒有而是很少。相信這是由於澳門環境，不論人與人或事與事之間，都沒有香港那樣複雜，因而變遷也就不大。拿澳門「陀地」黑社會組織來說，亦屬如此。

澳門的黑社會組織，不論名稱、性質和活動範圍等等，數十年來，似乎沒有多大變動。除了一些屬於右派「工團總會」的外圍組織（如「聯誼體育會」），在「一·二三」事件之後，已停止活動，其餘的「堂口」，五十年來，並沒有多大變遷。

像一些以「體育團體」為名的黑社會組織，表面上是「公開」的，但骨子裏也奉行黑社會組織那一套（如職級、詩詞、背語及手勢等）。不過，這些「團體」的「執事者」都能約束門下弟子，等閒不會惹是生非，除非別人上門撒野，又另當別論。此外，又有一些類似黑社會組織，但卻沒有黑社會活動的集團，例如「八區仔」便是。

所謂「八區仔」，係指中山縣第八區的同鄉而言。僑居澳門的中山籍人士最多，其中又以「八區」為最，這些人排外性及團結性都很強，於是不期而然的成為一股勢力。「八區仔」的成員中，很有些「財勢俱備」的人物，他們不會欺凌弱小，實際上也無此必要，因為這些人都有家有業，和一般「爛鬼」有很大差別；但萬一跟「外來勢力」發生糾紛，他們卻又敢於起而抵抗，甚至以眼還眼、以牙還牙地進行報復。像這樣的「準黑社會」集團，在香港是找不到的。

「八區仔」的「成名傑作」，係在一九七四（或七五，恕筆者未能確憶）年間，撲殺十四K「雙花紅棍」余洪一事。這真是「狗咬人」不算新聞，但「人咬狗」則世間少見了！以一個並非地道黑社會組織的集團，竟然殺死一名強悍的黑社會大頭目。在香港以至世界各地，相信亦屬罕見。這樁事的「精彩過程」，將在下節「黑海傳奇」中詳細揭露。

澳門黑社會組織的「保守」而又「特殊」的一貫作風，由一九五六年起，有了極大變動，使澳門黑社會發展史，踏上「新」的階段！

原來一九五六年香港的黑社會大暴動（詳見上節）之後，香港政府將大批黑社會頭頭遞解出境，而這些有稜有角的大阿哥，絕大部份都選擇澳門為遞解地，從而帶來了極大的變化。

在此之前，澳門黑社會組織只有十個八個單位，對社會秩序，似無多大影響。但這一大群的「過江龍」來到澳門之後，初期為了生活，而且人地兩生，一時之間還不至有甚麼「表現」；一年之後，這些來自香港的黑社會「精英分子」，已逐漸適應環境，也看出了「陀地」黑社會的弱點和澳門警察的無能，於是便大展拳腳，開壇設舵，興風作浪。「十四K」、「和安樂」及「和勝義」三個堂口相繼成立。廣收徒眾，作歹為非，使一向淳樸保守的社會，變成腥風血雨的「修羅地獄」。

香港黑社會堂口如此之多，為甚麼在澳門僅能成立三個單位呢？原來被香港遞解來澳的一群「大阿哥」，絕大多數屬於這三個單位的。如：「十四K」的大鼻登、余洪、肥林、陳仲英、十叔、陳炳南、巢標……等；「和安樂」的擔水原、恩仔、大舊暖、大頭成、有牙強、大眼發、砵仔耀、黃權……等；「和勝義」的文健標、梁根、豬乸尾、黑仔耀……等；都是香港黑社會圈內的「風雲人物」。別的單位被解到澳門的並不是沒有，不是人數少，便屬籍籍無名之輩。要在一個完全陌生的環境去發展組織，自然不是容易的事。再說，這些人雖被香港政府「終身遞解出境」，但幾年之後，他們都拿到了澳門身份證，可以用旅遊為藉口，堂而皇之地返回香港。但「十四K」、「和安樂」及「和勝義」的大哥們，則已落地生根，到處楊梅一樣花，自無返回香港的必要。這就是由香港「移植」澳門的黑社會組織，僅有上述那三個「堂口」的原因。

香港的三大堂口在澳門落地生根，開枝散葉之後，便成了「鵲巢鳩佔」的局面。一向「保守」而又力量薄弱的「陀地」黑組織，也怯於他們那種「膽正命平、兇狠俱備」的作風，莫不「折節下交」，尊之為「老大哥」，自甘作「小弟弟」；再加上澳門並無懲治黑社會人物的法例，只要你不是「刑事現行犯」，就算站在新馬路大聲疾呼：「我是十四K人馬！」也不會受到拘捕（當然沒有這樣的傻瓜，假設而已），並不像香港的現行法律，「身為黑社會會員」便屬於刑事犯，隨時可以拿上法庭「洗底」一番。這也是「過江龍」們能迅速崛起的最大原因。

社會受荼毒　秩序大混亂

澳門黑社會形勢，起了「喧賓奪主」的大改變之後，是否原有「陀地」人馬，對這些外來勢力一直都「退避三舍」，不敢攖其鋒呢？大致上是可以這樣說的。但在三大外來勢力設壇立舵的初期，也曾發生過幾次不大不小的衝突。像一九五八年白眼塘的「水房」與「利廬」之戰，以及一九六一年司打口「同義」與「勝義」之戰，都是「陀地」人物抵受不了「外來壓力」而發生的「大戰役」。但這些「過江龍」已無路可走，退一步便無死所，在暴虎憑河的形勢下，都拿出「以一敵十」的勇氣，把「陀地」各堂口殺得棄甲曳兵，落荒而走。自此之後，澳門的黑社會勢力，便被這三大外來組織取而代之了。

「十四K」、「水房」及「勝義」在澳門「生根」之後，便立即展開組織工作，六十年代中期以後，青、少年都趨向「新潮」，「反叛性」也愈

「勝義」五十人「十四K」七十人
澳黑幫醞釀大火併
前昨兩日連續出事警方注視中

來愈高。風氣影響之下，都以身為黑社會人物為「榮」，甚至連生活簡單、習俗淳厚的水上居民，也染上了這種趨勢。於是，這三個外來堂口，便增加了不少「新血」。影響所及，若干小規模的「新組織」也紛紛出籠。如大三巴附近的青、少年組織的「三巴堂」，新橋的青、少年組織的「新義」……等，都是「具體而微」的新興黑組織。儘管它們沒有甚麼「幫規堂誡」，人數方面也少得可憐（僅得數十人）但對社會的治安，卻帶來了極大災害；像不久前的所謂「七小福」組織，僅僅幾個初生之犢，便把澳門社會秩序搞到「天翻地覆」，其他更可想而知了！

澳門法律本於葡國，十七歲以下的少年，在決律上佔有很多「便宜」。如非犯有嚴重罪行，法庭不能拒絕保釋；司法警察對未成年的疑犯，拘留不能超過若干小時，都足以使這些小流氓愈來愈猖獗；還有最滑稽的一項的勒索或強搶款項，不超過三十元的，不能以刑事案起訴。曾經有過一樁這樣的「笑話」：某住戶被人爆竊，損失現款八十多元，以電話報案時，竟給當值警官罵個狗血淋頭，認為損失如此「輕微」，竟然斗膽驚動官府，實屬「可惡」。試想，如此法律，如此情形，能把治安問題搞好才怪！

這群「新進」的黑人物，加上組織不斷擴大的「過江龍」堂口，澳門的社會秩序可想而知。近年來，闖入工廠打劫糧款者有之，進入狗場辦事處持械行劫者有之，冒警查房，將酒店所有住客洗劫者亦有之。至於扒手活動、膊頭黨，炒船票、鬧市中飛車搶劫……等，簡直是家常便飯。因此，像葡京酒店大血案之所以發生，亦早在識者意料之中了！

目前，澳門黑社會組織的堂口，連同由港「移植」及新崛起的單位，再加上原有的「陀地友」，已不下二十個之多；人數方面，最保守的估計為一萬四千人。

人數方面，自以「十四K」為最多，約為四千人，佔全數的三分之一；依次則為「和安樂」三千人、「和勝義」二千人；新崛起組織共約一千人，而原有的「陀地」各堂口則共約四千人左右。

澳門首次劫廠
獨行賊戴鋼盔及持利刀
指嚇三職員掠款二萬五

黃毒高利貸　黑幫作後台

為數眾多的黑人物，擠在這樣的一塊彈丸之地，如何謀生呢？實則上文早已提過，澳門的黑人物，多數有家有業；新近崛起如「三巴堂」、「新義」等堂口，幾乎百分之九十八係三十以下的青少年，這些人很多是揹着書包的學生，有些是漁民子弟，有些更是「太子爺」身份的闊少爺。他（她）們出來玩樂吃喝，多數從家裏拿錢向外花。以偷、搶、劫、竊為生的，比例上很少。一言蔽之，真正以黑社會身份謀生的，絕大多數還是外來勢力的「十四K」、「和安樂」及「和勝義」這三組人馬。

許多歐、美「著名」的記者（或作者）筆下，都把澳門形容成為一個帶着「神秘色彩」的東方城市，甚至還有許多近乎神話的傳說（一名美國記者，在一篇有關澳門的遊記中，就曾說澳門存在一種神奇的巫術，實則是一些「問米婆」而已）。當然，從表面看來，澳門一地實在存有許多令人費解的事物。例如一個工業比例如此低落、農產品則幾乎等於零的城市，四十多萬的市民究竟如何生存？窮街陋巷的居民，和鬧市相比，其生活水準及文化程度，幾乎相差半個世紀……等等問題，百思不得其解一樣。

黑人物通常賴以為生的，除卻偷、搶、竊、劫、騙之外自然是「賭」、「黃」、「毒」三樣。澳門的賭是公開的，不論娛樂場、跑狗場、回力球以至鋪票、白鴿票等都是向政府取得專利權而合法經營的。像這樣類似政府經營的賭博事業，黑人物有膽量去伸伸手、沾沾腥嗎？

如果你認為「不」！那末又大錯特錯了！

像澳門那些賭博事業，黑人物沒有資格去「包」，也沒有膽量去搶，更沒有可能收保護費。這些「正面」行動自然不敢，但採取「側面」或「間接」的辦法，以求達到目的，則已發生過不知多少次了！

過去十年之內，公開報道的「狗場」及「娛樂場」爆炸事件，幾乎超過十宗（還未包括接獲電話說有炸彈，經搜查後卻並無發現的）。每次事件發生之後，照例都有「幕後」接觸。如何妥協，自非外人所得而知。我們不敢肯定賭場（或狗場）會對這些人屈服而有所奉獻，但這類事情，會使賭客望而卻步的。警方對這一類的搗亂，除了進行調查之外，亦無預防方法。某一時期，賭場衣帽間存放行李，必須有顧客旅行證件在內，而且也須經過衣帽間職員嚴格檢查，才允代為存放，這是預防方法之一。但到底是消極的辦法，嚴格說來仍是無濟於事。

此外，又有一項近乎公開的秘密。每個賭博場所（包括狗場及回力球場），都聘請若干「糾察」，這些職位，並非場方有這樣的必要，而是給予各堂口的一點「意思」。分配辦法，每一堂口若干名，由各堂口的「坐館」指定某人出任（或輪流出任）。這些「糾察」職位雖然有限，每個堂口「分」到的亦不會超過四名。不過，總算是給這些三山五嶽人馬一點「面子」，從而減少若干搗亂事件。

如果說「大亨」們完全不「賣」這些人的「賬」，那又不然。不過，即使「賣賬」也並非為了本身的安全。因為大亨們都擁有多名槍手（手槍是向澳門政府領取牌照，而向槍店購買的）作為私人保鏢。安全方而，自是不成問題；倘若對某些人有所例外時，就必然具有特別的原因。

一九七二年間，由於股票市道佳俏，許多人都賺到大錢，自然澳門也跟着「旺」起來。當時還未有噴射船行走，兩家水翼船公司擁有的船隻，也不像今天那麼多，船票供應非常緊張。要買一張去澳門的船票，除非你預早安排，否則難似登天。

老潮大阿哥「扁頭平」，率同一干馬仔，便於此時活躍上環港澳碼頭。不知這些人有甚麼門路，別人買不到的船票，他們卻一疊疊的獲在手中。只要你肯付出兩倍的代價（假期則三至五倍，最高紀錄為二十倍）他們會把船票「出讓」。至於他們用甚麼辦法拿到這許多船票，進行炒票活動時何以沒有警察執行職務（香港法律炒票是刑事犯），則恕筆者無法解釋。

扁頭平的一夥人財源廣進，但來往港、澳的旅客卻吃盡苦頭了！準備前往賭博的還不會計較這三、五倍的船費，但正常旅客或假道澳門回鄉的便苦上加苦了！許多市民都致函報章揭發此事，當時「廉記」尚未成立，且還在「百花齊放」時期，你訴你的苦，自然沒有人去理會這些「濕濕碎」的事。

某大亨也發覺這件事了。當然他們可以召來兩名警察，長駐碼頭，或嚴禁售票處的職員參與某些活動，此事便可解決。但他並沒有這樣做，也許認為揚湯止沸，不如釜底抽薪吧！於是，大亨在寫字樓召見扁頭平的秘密傳揚出去了。

說也奇怪，自從有此「傳說」之後，港澳碼頭突然「海晏河清」，炒票活動停止了！扁頭平及其馬仔也看不到人影了！於是旅客和賭徒們都額手稱慶，今後再不會受到這種額外剝削了！然則扁頭平究竟跑到哪裏去，炒票活動又何以突然停止了呢？不久，謎底揭穿了！有人看到扁頭平衣飾煌然，進出於葡京賭場，大放其高利貸；以前替他奔跑作炒票活動的一群馬仔，也變成在賭場內穿穿插插的「貸款經紀」了！

高利貸這門生意，是賭場中「必然性」的產物，相信自古以來，均皆如此。嚴格的說，澳門鬧市之中，許許多多的「雷公轟」小押，都屬於高利貸性質。借出一百元，每月利息十一元，九個月就對本對利，但比起黑人物放出的高利貸，簡直又無可比擬了！

一般在賭場發放出的高利貸，用回港證抵押的那段時期，以五日為一期，每期每千元付息二百，自從澳門警方破獲幾宗高利貸集團之後，把所有搜出的回港證，無條件發還給借款者，使這些「吸血鬼」血本無歸。於是改變經營手法，以無抵押方式貸出，三日一期，每千元付息二百五十元。也就是說借出一千元，十二天之後，利息也是一千元；倘若無法清還，連本帶利從新計息。想想，這是高到甚麼程度的驚人利率？

目前經營高利貸的集團，起碼超過二十個，幾乎每個黑社會堂口（包括外來及「陀地」）都有人經營。也許會有這樣的疑問，像這種無抵押的貸款，銀主方面會有把握十足收回嗎？當然沒有。任何一個集團都準備百分之三十成為「枯賬」，儘管這樣，利率也是十分驚人的。再說，這種高利貸也不是逢人便借，如果沒有熟人介紹，或者直接跟集團中人認識，便很難成交。最近又有一種「新」的貸款方法，對象絕大多數是嗜賭的家庭主婦，那就是借款的人先將回港證作為抵押，為期三天。期限之前如能本利清還，自然一了百了，否則便由集團中人和借款人一起返港，登門索取，回來船票及零用由借款者負擔，一般嗜賭的家庭婦女，都怕丈夫或長輩知道這回事，回到香港之後，無不出盡辦法，清還貸款；至於年輕貌美的負債者，經常也會被黑人物威逼出賣色相，以償債務。這些常見於報刊的新聞，也不必作進一步的描述了。

由高利貸而引起的摩擦糾紛，幾乎無日無之。像一九七八年六月十九日淩晨發生於葡京酒店的大血案，和一九七九年元月十四日發生的名流獨子被慘殺案，都和高利貸問題有關。

此外，澳門黑人物的生財之道，還有「黃」、「毒」兩項。「黃」的方面，目前澳門並無正正式式的「舞廳」開設，僅有四家以「夜總會」為名的變相舞場。這些夜總會都擁有若干「歌舞雙棲」的女郎，除了獻歌伴舞之外，自然也幹「額外」工作。這些人，絕大多數由香港搜羅過去，也絕大多數「孭飛」（即先支若干上期或借若干高利貸，訂明清還之前不得「辭職」）及有「姑爺仔」控制的。這些場所都有黑社會單位負責「看場」，由負責的單位派出馬仔長期駐守，以便對抗外來的搗亂或侵襲者。

至於「蒸氣浴」、「靜電中心」這些色情架步，也不下五處之多。這些架步的「按摩女」和「指壓員」，其來源及遭遇亦跟上文所述的一模一樣，都是黑人物的搖錢樹，不必加以細說了！

至於「真人表演」和「小電影」，並非經常存在，而是於假期及節日才會上演。當然也是黑人物所經營的了。

澳門目前僅有製造紅丸的架步一處，至於提煉海洛英的場所，是暫時沒有了。當跛豪落網之後，香港風聲緊急，若干毒梟曾利用澳門郊區氹仔、路環及九澳等地，設立製毒場所；近年來，香港方面風聲較為和緩，不必「跨海長征」了！

澳門吸毒的人數究有多少，政府或有關團體，從無正式統計。但據毒品大拆家光頭×（十四K人馬）透露，全澳的癮君子約為二千五百人。在人數比例而言，較香港低得多了！光頭×又指出，二千五百名「道友」之中，每天消費一百元者僅佔百分之零點五；消費五十元的則較多，約為總數的一半，其餘的都是三二十元的小客戶。至於港、澳兩地毒品零售價格的差距，前者每「件」（四分之一安士）七百元；後者則為一千一百元。每「件」相差四百元，而由香港攜帶毒品赴澳，幾乎百分之百可以過關，因而經常從事運毒的黑社會人物也有十餘名之多。因此，澳門的癮君子不虞有「絕糧」之嘆。

鴉片方面，澳門目前僅有路環及深巷仔兩處「煙格」，原因是吸食鴉片的人愈來愈少；若干尚有嗜好的「二世祖」，都會自行熬製煙膏在家吸食，絕少跑到煙格去擔驚受怕。

澳門的治安問題已敲響了喪鐘。假如治安當局再像目前那樣因循敷衍，則更多的偷搶劫殺和集體毆鬥，便會不斷增加，像葡京酒店那類的大血案，亦會不斷發生了！

（九）黑海傳奇

筆者在拙作《香港毒品氾濫真相》一書中，曾將幾樁較具「代表性」的故事，組成「毒海傳奇」一節。黑社會活動範圍，自較「毒圈」為大，而且人與人、事與事之間的摩擦糾紛，「黑圈」亦較「毒圈」為多。因此，筆者也選出以下的幾樁故事，組成本節，以饗讀者。

不讓鬚眉專美　組成十二金釵

一般人以為黑社會人物，都是濃眉大眼，充滿暴戾之氣的彪形大漢。如果有這樣想法，那便大錯特錯了。年來雌雄大盜攜手作案，甚至三數名少女，進行械劫的新聞，已屬不少。這還不只，在六十年代，警黑掛鈎的「蜜月時期」，竟出現了一個「十二金釵」

的「全女班」組織。她們雖未能像其他黑人物那樣去闖銀行、劫糧款、奪警槍、殺警員，把社會秩序來個「大兜亂」。但她們在黑社會圈中，倒也幹下了不少「驚人事蹟」。直至今天，其人其事，仍為圈中人物津津樂道。

「十二金釵」並非一個堂口名稱，成員中的十二名女性，亦非隸屬於同一黑社會組織。為首的「大家姐」陳燕×，卻是「十四K」的「女英豪」，廣州時代內八堂女堂主齊瑋文的嫡傳弟子。其他十一人，則分別屬於「和勝和」、「和安樂」、「同新和」、「聯英社」及「單義」等組織。

一九四九年秋，當「十四K」香主葛肇煌倉皇離穗，逃來香港時，緊隨左右的有內八堂「堂主」。時至今日，這些「堂主」有的已跑去台灣，有的被遞解到澳門，早已「風流雲散」了！其中一名女堂主齊瑋文，在香港廣收徒眾，協助繼任「香主」陳仲英把「十四K」組織扎下根基之後，也洗淨鉛華，由絢爛歸於平淡，不知下落了！但她的一群「嫡傳高弟」之中，那名陳燕×確能「光大師門」，成為「十二金釵」之首。

何以這十二名「女英豪」，會如此「情投意合」，結成「不解之緣」呢（她們「合作」及「活動」時間，達四年之久）？當然，這要講點機緣；其次，她們之所以能在「江湖上」

揚威立萬，也是許多客觀因素造成的。例如：她們崛起時，正值「百花齊放」的黃金時代；而她們都具有一股「衝勁」，甚麼事都敢作敢為。而且，她們之中，有幾個的後台，確也很夠硬朗；再加上她們的「江湖氣」十足，手段辣、心腸狠，手頭也很鬆爽，絕無一般女性的吝嗇作風。因此，「十二金釵」幾乎是「天時」、「地利」、「人和」的「混合產品」。

筆者無法一一列出她們的芳名，除大家姐阿燕之外，僅還記得有阿英、阿群、阿月和阿玫幾個。阿燕有一位服務於×界的情郎，職位相當高；阿英則為灣仔區「單義」的中堅分子；阿群係當時的貴利王「師爺譚」（十四K紙扇）的姘婦，而阿月、阿玫二人都是當時中級舞廳的舞女大班。其餘幾個也都是出身於風月場中，夠「串」夠「勁」的少女。年齡方面一般不超過二十八歲，最年輕的一個小妹妹，僅得十七歲而已。

她們經常出現的地方是九龍旺角區，每天午後三時，便會先後集中在鳳如茶樓（現已歇業），談天說地，或者計劃當天的活動。該茶樓較清靜的一角，有一張大圓枱，便成為她們長期訂下的座位。有一次，新來的侍應不知就裏，竟然把這張大圓桌開給另一批茶客。當「十二金釵」到達時，自然大為不滿，立即找部長交涉。部長知道闖下大禍了！除把那名「不知死活」的新侍應叫到面前，狠狠的斥責一頓之外，還對這群雌老虎打躬作揖，請求原諒，只差還未下跪求饒。阿英是「十二金釵」中最衝動的一個，立即要那枱顧客移往別處，退位讓賢，部長也只得低三下四的央求那十多名茶客遷就遷就。

也許合當有事。那班茶客卻非善良之輩，原來全是潮幫「敬義」人馬（其後保護毒玫瑰偷渡台灣的陳軍堡，當時也在其中）。「潮幫」和「粵幫」一向比較隔膜，故而對這群女將並不認識，自然不肯退讓，且還出言輕薄，語帶雙關。這一來，場面便變成一觸即發。可憐那位部長早已嚇到半身癱瘓，面無人色了！

首先發難的是「二家姐」阿英。原來她們之中的幾個，手袋裏面經常都藏有童軍刀、三角銼之類兇器，一聲嬌叱，即時動手。茶壺與碗碟齊飛，椒醬共血漿一色。一個照面下來，「敬義」人馬已傷了兩個。於是茶客豕突狼奔，夥伴奔走呼號，場面為之大亂。

「敬義」人馬到底是男子漢，驚魂稍定，便立刻展開還擊。十二金釵雖狠，到底是花拳繡腿之流，何況對方還有陳軍堡那樣的高手在內？一經接觸，陣腳便呈不穩，阿玫的左脅還重重的挨了一腳，倒地呻吟，嬌啼婉轉。「大家姐」眼見情勢危急，立即跳上一張椅上，振臂嬌呼：「條四同老歪蒲頭幫拖！」（意即十四K、和記在場人馬立即幫手。）鳳如樓位於旺角鬧市，也是這兩個堂口人馬「打躉」之地。一聞大家姐求助呼號，剎那間，挺身而出的竟達三、四十人。這一來，「敬義」人馬立即居於劣勢，紛紛扶持傷者，突圍而逃。茶樓方面不敢報瞥，只得吩咐夥伴們收拾戰場，妥為善後。「大家姐」不愧「江湖俊傑」，玉手一撣，大牛落地（當時最高面額鈔票是五百元），作為賠償茶摟方面的損失。這才向助拳人等一聲「謝啦」！也扶持着兩名傷者，翩然離去。

事後「敬義」的「坐館」十叔（綽號「冇魂頭」），深知「十二金釵」的後台硬朗，希望化干戈為玉帛，便派出「紅棍」耶穌（綽號，經常在雞寮一帶活動）作「和平大使」，專誠向娘子軍奉茶道歉。場面上佔了上風，「大家姐」也就嫣然一笑，答應「前事不計，後事免提」了！

像類似這樣的故事，發生在「十二金釵」身上的，多至不可清數。例如大鬧九龍城大同舞廳，用美人計陷害某社團首長，土瓜灣截劫毒梟「盲毛海」的毒品，以及榕樹頭拆賣藥檔的招牌……等等，倘若一一報道，相信十萬字也還未夠。只好舉一反十，其他從略了！

「十二金釵」至七十年代初期，便已銷聲匿跡。有的去了美國，有的作了歸家娘，有的也做了老闆娘。下場最悲慘的還是「老二」阿英，於一九七〇年，竟然在一次墮胎手術中死去，這件事也導致一名婦科醫生坐了幾年牢。從此，「十二金釵」便成為黑社會「歷史」中的陳跡了！

條四頭目被殺　黑幫膽戰心寒

上文各節之中，曾不只一次提及「十四K」大頭目余洪，在澳門司打口寓所被殺一事。但只簡單提及，詳細過程，將於本段揭露。

余洪，又名余洪仔，雖非「十四K」在穗時代的內外八堂「堂主」，也是追隨香主葛肇煌「遺難來港」的基本人馬之一。五十年代初期，便在香港石硤尾一帶招收「門生」，獨樹一幟。幹過的「好事」有字花檔、劏死牛、偷、搶及包庇深水埗區的下級妓女等。一九五五年曾在福華村木屋（今已拆除）販賣海洛英，但給「和勝和」人物指為侵佔地盤，將其驅逐。余洪當時羽毛未豐，惟有忍氣吞聲，悄然離去。背後卻聲言即將培植勢力，把「勝和仔」趕盡殺絕，誓報此仇。大有宋江題反詩的「他年若遂凌雲志，敢笑黃巢不丈夫」之概！

世事天心兩難測，余洪仔的「大仇」，料不到已永無報復之日。原因是一年之後，便發生轟動中外的黑社會「雙十大暴動」，而余洪亦因此事而被警方遞解出境了！

此人在黑社會大暴動中，被台灣派來指揮的特務，編入「第四行動組」，歸化名為「仙君」（詳見上文第七節）的特務指揮。參與搶掠青山道中建公司、嘉頓公司及圍攻香島中學等罪行。被警方拘捕時，猶與同黨十多人計議搶劫長沙灣道某銀行。當警隊掩至時，十多人拚命突圍，且有在三樓跳落街道中逃走者。余洪及同黨二人被拘，囚於漆咸營數月之久，然後遞解。原擬選擇赴台，不料台灣方面拒發入境證，於是轉而選擇來澳。

抵達澳門後，起初也和其他被解黑人物一樣，一籌莫展。其後設下色情陷阱，大大的敲了某宗教人士一筆，便買車買樓，廣收徒眾。出則趾高氣昂，入則前呼後擁，成為「十四K」「殺」字堆的大阿哥。

上文提過，澳門一地，除了黑社會組織之外，還有一種介乎「黑」、「白」兩道之間的所謂「地方勢力」。余洪在某種場合之中，跟上述的那種人物梁××發生口角，本屬雞毛蒜皮小事。但余洪當時認為自己的江湖地位，如日中天，門下十大弟子，全是膽正命平之輩，同時還可糾集「毅」字堆大批人馬，隨時為他賣命。這時給梁某頂撞，覺得「有失威儀」，也影響他今後在江湖上的聲譽，於是密謀報復。

當查悉對方是「八區仔」時，余洪有點猶豫了！他深知對方是一個有財有勢，團結力很強，甚至有官方人物參與其中的「地方勢力」。便想趁風駛㔶，就此罷手。但他的妻子×氏，出身勾欄，見識淺薄。余洪成為大阿哥後，早就給一班手足大嫂前、大嫂後的叫昏了頭腦。這次丈夫被辱，如果吞氣忍聲，莫説丈夫的「聲威」受挫，自己做「大嫂」的也會面目無光。於是竭力慫慂余洪採取行動。再加上門下幾名愛好惹是生非的弟子，聲言非顯露點顏色不可。在此種情形之下，便不得不跟「八區仔」硬幹一場了！

首先，余洪將十大弟子分為五組，每組又擁有「毅」字堆的馬仔十名八名，出沒於「八區仔」慣常聚集的場所，不分青紅皂白，見人便打。至於跟他正面衝突的梁某就更不消説了，竟然一天之內被毆三次，逼得躲入醫院避難。在猝不及防之下，「八區仔」果然給「殺」字堆人馬打到雞飛狗走。荷蘭園及沙梨頭的兩戶人家，且被破門而入；打人之外，還將房內傢俬雜物，砸個稀巴爛。被打的人自然事後向警方報案，但當時澳門的警察，十分無能，殖民地的作風，導致這些巡警老爺普遍存有「勤出糧、懶做事」的思想。藉口調查，便把事情擱下不管，使「八區仔」人馬有冤無路訴。

如是者三天過去，「八區仔」被打的人愈來愈多，甚至連三尺小童，也難避免。肇事的梁某逼得請出兩位頗有體面的黑幫叔父出面調停，約對方在皇宮酒家「講數」。

屆時，余洪夫婦偕同一干馬仔，以「勝利者」姿態昂然抵達酒家，梁某及幾名「八區仔」早已恭候多時；作為「魯仲連」的兩位叔父（並不隸屬十四K），自然也依時列席。

梁某首先向余洪斟茶道歉，兩位和事老也笑臉相陪，認為大家都是在澳門棲身搵食，朝夕相見，何必因小事而翻面成仇？再說，對方也給打到七零八落了，洪哥也應得饒人處且饒人，一切到此為止，杯酒釋嫌，重修和好了……。照說，任何稍具頭腦的江湖人物，到此也應趁好收場了！不料余洪等人是有備而來，倘若對方不接納「投降條件」，則絕不罷休。這一來，事情便成僵局了！

余洪提出的條件頗為「簡單」，除要梁某在大庭廣眾之中，向其夫婦下跪斟茶認錯之外，還需付出「毛詩」一封，數目為三萬六千元，作為獎賞弟兄之用。一經提出，不但梁某瞠目結舌，連列席的兩名叔父，亦不禁大為不悅，認為無理要求。

事態既成僵局，兩位「魯仲連」拂袖告退，不再理會此事。而余洪在行前竟大聲疾呼，聲稱今後繼續打殺，直到所有「八區仔」全部下跪叩頭為止。說畢便率眾揚長離去。

上文曾經說過，八區仔是個有財有勢的集團，且還有官府力量參與其間。此次梁某委曲求全，斟茶道歉，無非是集團中老成持重之輩，認為「瓷器」不屑跟「缸瓦」硬碰而已，並非無反抗能力。談判結果一經傳開，全部八區人物不禁嘩然，便召集大會，準備強硬對付。

會議中議論紛紜，有認為用銀彈政策，招聘另一幫黑人物，跟余洪一夥拚個生死；有認為出動官府力量，給余洪等人一個下馬威，拘入衙門，毒打一頓……。一時意見紛紛，未能取得一致。最後由一名深謀遠慮的×叔，力排眾議。認為上述兩種辦法，都要花一筆錢，但卻難以收「治本」之效。故而必須尋求一項徹底解決辦法，免卻日後麻煩；他又指出對方一夥，唯余洪馬首是瞻。余洪在，此事斷難了結；余洪不在，對方便蛇無頭而不行，再沒有惹是生非的力量。因此，他建議前往香港聘請金牌殺手，將余洪送上神枱。撲殺此獠之後，再出動官府力量，彈壓餘黨，這才是徹底的「治本」辦法。此語一出，全體贊成，並即席籌款，作為聘請殺手之用。

但還有一個重要問題需待解決。那就是撲殺余洪之後，必須有人「孭飛」，否則澳門警方難以下台。因為殺手完成任務之後，便會即時離去，自不會承擔此罪。如果沒有挺身認罪的人，則這個計劃也很難實行。

引起此次爭端的梁某，此時便挺身而出。認為解鈴還需繫鈴人，事情因他而起，「孭飛」之責，自然應由一己承擔，只要有人代為照顧家屬生活便成。他又認為十年八載牢獄生涯，換來惡魔一條性命，並不十分吃虧。於是，問題便全部解決了！

余洪那夥人狂夠了！每天還照樣派出打手，到處找「八區仔」的晦氣，有如當年胡惠乾專打機坊一樣。那天午後，余洪夫婦偕同兩名手下，正在某酒樓吃喝完畢，駕駛自用車返回司打口寓所。甫出車內，強有力的襲擊便來自四面八方。五名彪形大漢，以磨尖的水喉鐵作武器，瘋狂圍攻。余妻跟兩名手下，連呼救的機會也沒有，便已倒卧於血泊之中。當然殺手們要的是余洪的命，對受傷的二男一女不再理會，其中一名殺手，獰笑地對着驚至面無人色的余洪道：「你要所有八區仔向你低頭下跪，恐怕今生今世都辦不到了！你到五殿閻君那裏訴寃吧！」余洪知道這是生死關頭，便拿出最後一分力量，背靠車門，借力飛起左腳，企圖踢掉對方的奪命兇器；另方面把吃奶的氣力都凝聚到喉嚨之間大呼救命。殺手豈是省油之燈？只見他向側一滑，避過飛來的一腳，然後吐氣開腔：「及早上道吧！」磨尖的水喉鐵帶着風聲向前一送，穿心過肺，將余洪活生生的釘在駕駛座位之旁！

司打口並非僻靜地區，發生這場打殺，自然引起多人圍觀。但卻沒人上前勸解，而平時例必站在十二號碼頭（即當時「東山」輪碼頭）的那名崗警，這時也不知跑到哪裏去了！

結果，梁某挺身投案，承認謀殺余洪。警方需要的是有個人送上法庭受審，其他自然不去理會。儘管余妻指出行兇者超過四個人，而且，承認殺人的梁某也無法交出兇器，但這都起不了甚麼作用。警方將人送上法庭，法庭依例判決。過些時候，人們連這件轟動一時的血案，也忘記得一乾二淨了！至於來自香港的那幾名金牌殺手，據聞也是「十四K」人物（忠字堆）。鈔票才是真的，「自己人」？去見鬼罷！

上演騙術奇譚　豪門人財兩失

這一段，有異於上面那兩則刀光劍影、打打殺殺的硬性故事，而是一個「軟性」的、文謅謅的「騙術奇譚」。

一位出身於豪門大戶的少爺。負笈英倫，學成返港時，才不過二十五歲。大少爺雖然門第、學歷都高人一等，但卻有點美中不足，不但生來不夠英俊，而且高度只有五呎一吋。雖非侏儒，但在一般女孩子心目中，實在不夠「份量」。

老爺及夫人一共生下一子三女，雖說男女平等，但到底是「口號」而已。傳宗接代的期望，自然完全擺在大少爺身上；而傳宗接代的第一步驟，就是替大少爺討房媳婦，否則如何實現？

香港一地，男子以財為貌，像大少爺那樣的條件，還怕沒有漂亮少女委身下嫁？果然，消息傳出，介紹人紛沓而至，幾乎門檻為穿。

大少爺儘管其貌不揚，但卻眼高於頂，一般庸脂俗粉，等閒不屑一顧。儘管老爺夫人一再敦促，仍然難有寸進，婚訊無期。

就在這個時候，老爺的寫字樓來了一位新的女職員。雙十年華，如花似玉。論學歷，也是南洋大學肄業生；論家世，更是南洋某殷商的掌上明珠。最難得的就是一副嬌小玲瓏身材，只有五呎正。跟大少爺站在一起，僅僅矮那末一吋。真是天生一對，地設一雙。

大少爺此時也在寫字樓出任董事兼出口部經理之職。對這位新來女同事，似乎也頗感興趣。據云，身材矮小的人多數自尊心特別強。大少爺在人叢中往往矮別人半截，如今，站在這位女同事之前，卻高出對方三吋（連大少爺的高踭皮鞋），頓時覺得自己成為「大丈夫」了！

在老爺的撮合，大少爺的追求下，情形大有進展。當達到談婚論嫁階段時，老爺、夫人和大少爺，便備辦一份名貴禮物，到女方的家長住宅打交道。倘若氣氛融洽，便即時提出量珠下聘的問題。

原來女方K小姐的父母家住檳城，在香港卻寄居於此地嫡親舅父H先生家中。H先生也是殷商，家中陳設之豪華，絕不下於大少爺跑馬地的祖居。於是，老爺和夫人放心了！舅父如此，甥女可想而知，何況K小姐的父親據說還是檳城的錫礦大王？寒暄已畢，H先生表示自己的甥女跑來香港做「白領麗人」。為的是歷練世情，並非為了那份薪金。

同時，也受了姐夫（即K小姐的父親）之託，替她物色如意郎君。此語一出，老爺、夫人正中下懷。便立即透露求親之意。

H先生也很欣賞大少爺的年少老成，但自己到底只是監護人，如此大事，必須取得檳城那邊姐夫及姐姐的同意。這是合情合理的事。此次會晤十分圓滿，老爺及夫人起而告別，舅父恭送如儀，至於那小兩口，自有他們玩樂的去處，不必細表。

三天後，H先生到老爺府上回拜，也帶來檳城那邊的一封電報，內容是希望老爺、夫人和大少爺能夠屈駕那邊一行。為了兒女婚事，自然免不了要跑一趟。但老爺酬酢繁忙，業務羈身，未能成行，僅由夫人攜同公子動身。H先生和K小姐自然也同機前往。

在檳城近郊的一幢別墅之內，夫人會見未來親翁夫婦。那邊不同於香港寸金尺土，人家的別墅，單單花園便超過一萬五千尺，私家游泳池及網球場等，無一不備。在夫人和大少爺逗留那兩天之內，也看到礦場的職員經常用電話或親身請示，忙碌非常。此外，婢僕如雲，賓客不絕，在香港，還很少看到如此氣派的家庭。

K先生對未來女婿也頗滿意。他表示自己快要接受「拿督」勳銜（等於香港的「太平紳士」）無法到香港去，當面委託妻舅H先生為愛女的監護人，在香港那邊代替自己主持婚禮。於是，夫人大少爺、H先生及K小姐四人，都懷着不同的喜悅心情，回到香港。

兩個月後，一場隆重的婚禮舉行了。女方由舅父H先生作主婚人，但K先生卻寄來一份礦場主權書的副本，作為愛女的妝奩。據說，在檳城那邊正在辦理轉移手續，今後，礦場的所有權是屬於新娘子的了！

投桃報李，男家的聘禮自然不便太寒酸。聞說是港幣五百萬，由滙豐銀行直接撥匯過去，折合叻幣二百六十萬元。此外，老爺和夫人置給媳婦的首飾，也超過二百萬元。

新婚夫婦另築香巢於半山區白××道，那是新購置的產業，為了博取新娘子的歡心，房產也用她的名字購入。婚後，小兩口十分恩愛，而老爺也準備宣佈退休，把全部生意交由兒媳輩發揚光大了；這是一九六七年五月間的事。

婚後十日，新娘子說舅母患病，必須前往探視，可能要深夜才能回來。大少爺對這位新婚妻子一向千依百順，自無異議。由於本身有應酬，未能和她一起去探舅母的病。只是打個電話致問候之意。對方要他放心，新娘子自會由舅父親自駕車護送回來，不必大少爺去接了！

當天晚上，H先生家中的大廳，燈燭輝煌，香煙飄緲。供桌上擺設着許多貢品。奇怪的是供桌兩旁，分別擺放着紅棍一條、戒刀一把；供奉的神位也並非甚麼菩薩或祖先，而是由黃紙硃書的「洪門前後五祖之神位」。

K先生也不知道甚麼時候來到香港，只見他和H先生分別肅立於神案兩旁，而K小姐則恭謹下跪，面對「五祖」神位，立下千鈞重誓：

「立誓人葉×霞，在五祖神位之前立誓。本人奉命進行×家工作，現在已到『收事』階段。如有貪戀富貴、戲假情真，或者藏私落格，欺騙大哥，願受三刀六洞的幫規處分，死而無怨。」

誓畢，K先生及H先生連忙趨前將她扶起，口中不迭說：「×霞，辛苦你了！」

原來這是老千行「四大名家」之中，其中的一個龐大組織所進行的一次活動。K先生如是叔父輩，H先生則是「粵東」的大阿哥，而K小姐則是H先生一手培植出來的「千花」。

由醞釀以至成功，足足花了三個多月的時間。如今，到手的鈔票已接近八百萬元，應該接近「收事」（老千行稱結束每一次的活動為「收事」）階段了！為了防避葉×霞戲假情真，不受控制，故而在「收事」之前，來一次「小香堂」，使這名後起之秀懾服。其實要背叛老千組織也不是那末容易。聘金和首飾早已到了這些人手中，任何情形之下，他們也不至血本無歸的了！而且，他們的勢力遍佈港、星兩地，葉×霞來個真的背叛，恐怕，「三刀六洞」的誓言，遲早也會實現的。

據葉×霞的報告，由工潮而引起的社會動盪，使老爺及夫人非常擔心。曾經提出要小兩口暫時到檳城岳家居住。香港方面，由老爺再度出山負責一切業務。萬一解放軍攻下香港（當時很多人都有這種顧慮），兒子媳婦和傳家之寶都去了檳城，便沒有甚麼可擔心的了！據說那套傳家之寶，以當時的價值，便超過七百萬元。

這又是一筆意外的收入。不過，檳城那幢別墅早已退租了，如果大少爺也一同前往，便不難露出馬腳。因此，對於這個工作環節，必須縝密安排，才能功德圓滿。於是便立即展開緊急會議、尋求轉彎抹角的妥善辦法。當晚，新娘子直到午夜一時，才由「舅父」親自駕車送返白××道。

十天後，風潮愈來愈嚴重，謠言一日數起，夫人決定把傳家之寶交託媳婦暫時保管，叫小兩口到檳城那邊避避風頭。但大少爺早已受到愛妻的指使，當即對父母表示：他們結婚之後，還未曾度過旅行蜜月。不如由愛妻先將傳家之寶帶去檳城，存放銀行保險箱，再返回香港，一起環遊世界。估計兩個月後，便可回到檳城。屆時，如果風潮平息，自然返回香港，倘若仍然「亂」下去，才到岳家居住。老爺夫人自無異議。當天晚上，便在祖先神位之前，把一個首飾箱隆而重之地交給媳婦。夫人還指出這是三代家傳之寶，紀念的意義比物件本身價值重要得多，當然希望世代相傳下去。雖然這是暫時託管性質，但遲早也得交給媳婦，不必立下甚麼書面聲明了！媳婦急忙下跪，雙手把首飾箱接過來，還向祖先行三跪九叩之禮。在旁的老爺和夫人都禁不住老淚奪眶而出。而大少爺則急忙把愛妻扶起，下跪太久，生怕磨損了嬌妻玉膝。

三日後，媳婦由檳城回來了，還帶回一張那邊國家銀行保險箱的開戶單據。於是兩小口在風雲動盪之中，飛離香港，環遊世界去也！第一站是檀香山。

按照這對新婚夫婦的行程，最快也要兩個多月才能回到香港或檳城，不料還未到一個月，他們便提前返港了！而且，新娘子一下機便由舅父接回家中居住，只得大少爺一個人垂頭喪氣地回到跑馬地的祖居。

老爺及夫人大為詫異，詢問何以提早回來，何以不去檳城而跑回香港，又何以媳婦不在一起？大少爺起初是俯首無言，拒不作答。老頭子再三追問之下，才囁嚅地說出究竟。原來在檀香山及巴黎兩處地方，大少爺不知怎的，在迷迷糊糊之下，竟然先後跟兩名風塵女子發生關係，而且還給嬌妻拍下照片作為證據。一怒之下便由巴黎折回香港。途中，嬌妻聲明立即辦理離婚手續，如今暫時寄居舅父家中，相信三幾天內，律師信便會寄到了！

老爺跟夫人聽罷這段故事，不由目瞪口呆，大驚失色。同時也痛責兒子，有這麼一位嬌妻，竟然還去拈花惹草。大少爺則指天為誓，自己絕對沒有不軌念頭。但不知怎的卻糊裏糊塗幹下了這些事。老爺到底是個見識多廣的人物，便把兒子拉入書房，一一細問發生紕漏時前前後後的情形。但大少爺總是說得不清不楚。總之，幹下了這些風流事之後，自己才如夢初醒，好像吃過甚麼迷藥似的。這一來，老爺有點懷疑了，急忙打電話到H先生處查詢究竟。得到的卻是三言兩語，非常冷淡的回答。於是又偕同夫人，親自找H先生商議，但出乎意料之外，開門的女傭說H先生攜同K小姐外出去了！去甚麼地方？答覆是一概不知。

情形愈來愈明顯了！老爺懷疑自己上了老千組織的當；但夫人急的卻是那套傳家之寶。夫婦倆立即跑到法律顧問那裏求助，律師研究過所有情形之後，認為對方完全佔了上風。在法律上，一點也沒有把握取得優勢。為今之計，只有等候對方的律師信寄來之後，才作打算；另方面，吩咐老爺派人到檳城「起底」，以及萬一法庭批准離婚時，進行另案訴訟，希望能取回那套價值七百萬元的傳家寶物。除此之外，再無良策了！

結果，一一如律師所料。通姦證據為法庭所接納，批准離婚；至於檳城那幢別墅，調查結果是租來的，並非親翁產業。而且，K先生在那邊也沒有甚麼錫礦場。但這些問題與離婚案件無關，庭上不予理會。

事情到了這般田地，只好另行訴訟，希望取回那套傳家之寶了！不幸的這場官司也敗訴了。雖然夫人強調這是託管性質，但卻提不出文字上的證據。按照法律，夫妻之間的互相餽贈，離婚或分居時，不得向對方討回；在法律觀點而言，那套寶物是屬於餽贈之列。庭上判決時，可憐夫人竟然在法庭中昏了過去！

老千組織以前後四個月的時間，取得超過一千五百萬元的「輝煌戰果」；作為新娘子的，照規矩也分得四百萬元，跟真正的情人環遊世界去了！剩下這件「奪寶官司」

的新聞，流傳於「上層社會」，成為酒後茶餘的話柄；同時，也替若干記者撰作花邊新聞時，提供了上好資料。

通過一家著名的私家偵探社，老爺終於獲得證實，這是老千設下的陷阱。但私家偵探提供的材料，經過法律顧問的研究，認為很難被法庭接納。老爺也只好大嘆家運衰微，招致重大損失，而夫人及大少爺，還為此事而病倒半年有多哩！

十八黃紙兄弟　因利互相殘殺

五十年代，除了出現「十二金釵」的女將集團之外，還有一個名為「九龍十八虎」的組織。

「九龍十八虎」並非獨立的黑社會堂口，而是由若干個堂口的大阿哥進行燒黃紙、斬雞頭、歃血為盟、禍福與共的小集團。性質也跟「十二金釵」差不多。

這個小集團的人物，計有沙皮狗、豬油仔、靚茅、靚強、師爺譚、黑仔耀、金牙連……十八人。由於本故事所提及的，僅是其中的三數名，故而不必全部列出；至於這十八頭「老虎」所隸屬的黑社會單位，則計有「和勝和」、「十四K」、「和義堂」、「和安樂」及「和勝義」等。

這些人，在五十年代初期，任何一個拿出來都是響噹噹、能夠獨當一面的著名黑人物。他們有些是「二路之帥」、有些則是「坐館」或「揸數」，最低限度也是「棍」、「扇」兩級人物，連，「草鞋」也沾不上邊，遑論籍籍無名的「四九仔」了。

其實這些人，任何一個都擁有相當勢力；在五十年代之中，衙門方面也對他們這些人顧忌三分。這樣，何以還來這一套歃血為盟，互相利用的把戲呢？原來他們之所以如此，對外是用以威脅衙差，使其正視這十八頭「老虎」團結起來的力量總和；對內則希望懾服徒眾，使其不敢稍生貳心，等於告訴他們「你跑到哪裏都是老子們的天下」。此外，堂口與堂口之間偶有爭執，也好通過這群大阿哥的交情，將大事化小、小事化無。說起來，倒也用心良苦。

「十八虎」小集團成立後的幾年內，確也「聲威遠播」。那些未有大阿哥加盟的堂口，等閒不敢輕捋虎鬚。記得當時一名在廟街開設妓寨的黑人物祥叔，其旗下五名妓女，共借了「十八虎」中的師爺譚七千多元高利貸。這筆錢後來連本帶利統計，竟然變成二萬三千多元。借款的五名妓女自量無法清還，都先後逃走了。師爺譚不甘損失，硬把這筆債扣在祥叔頭上，要他負責代為清還。祥叔是「和利和」的老叔父，人面廣闊，衙差方面也有良好關係，自然不肯揹上這筆寃枉債。但師爺譚竟然聯同「十八虎」之力，在幾次興師動眾，進行大搗亂之後，使祥叔的「寨」無法營業，逼得低頭屈服，願意將這筆與己無干的債務，分三個月攤還。五十年代初期，幣值穩定，二萬多元不是一筆小數目。但老江湖如祥叔的仍不能不乖乖的付出，可見當時「十八虎」的勢力，是何等「巴閉」了！

但這種同生死、共患難的「誓言」，只能在大杯酒、大塊肉，耳熱酒酣，稱哥道弟的時候才會掛在口邊、記在心頭。一旦本身利害有所衝突時，便會反目成仇，不惜拚個你死我活。這些「誓言」，亦不知飛到三重天的哪一重天去了！

一九六七年，因工潮問題引起的風暴，由於香港政府沒有善為處理，幾乎釀成不可收拾的局面。當時，英軍港警都忙於鎮壓工潮，無暇顧及治安問題。於是一般黑社會人物乘時而興，大肆活動。攔途截劫者有之；公開把路人拉上妓寨者有之；販賣春宮淫書者亦有之。至於鴉片與白粉檔幾乎公開營業，大小賭檔如雨後春筍，更是有目共睹的了！

以油麻地廟街來說，由佐敦道起，以至榕樹頭止，那段地區之內，就有魚蝦蟹十七檔，紙牌檔八檔，擲骰子五檔，在接近榕樹頭的一塊空置地盤之內，還有兩枱「十三張」局。每當黃昏將屆，夜幕猶未低垂之際，上述那些大小賭檔便紛紛擺設。點起汽燈，派出「進客」，高呼「埋邊有嘢玩」。據說那兩枱「十三張」，每晚抽水的收入，竟達三千多元之巨。

那時沙皮狗還未成為紅牌「收租佬」，雖然也算是半個撈家了，但和以後開設東雲閣夜總會那種風光，還相差很遠很遠。不過油麻地一帶到底是他的「地頭」，自然也成為這些賭檔的「經營者」之一。他跟他弟弟豬油仔派出二十多名馬仔，主持三處魚蝦蟹、兩處紙牌檔和一台十三張。這些封蝕本門的生意，每日替他帶來接近一萬元的進賬，好不風光！

「十八虎」之一的師爺譚，原係「十四K」紙扇人物。足智多謀，且曾受過高等教育，故有「師爺」之號。眼見把弟撈個滿堂紅，自然見獵心喜。於是也在那塊空置地盤之內，開設十三張一台，並由其馬仔靚雄及和尚仔（綽號）主理。

沙皮狗一見卧榻之旁，竟然有人鼾睡，不禁無名火起三千丈。但一查之下，這個高臥榻旁者並非別人，正是自己的拜兄師爺譚，於是不得不暫時捺低怒火，徐圖對付之策了！

當時的賭檔是不必「派片」的，誰有辦法誰都可以開，何況這個人是自己的拜兄？但同甘苦、共患難的誓言是一回事，佔薄自己的收入又是另一回事。因為自從師爺譚那台「十三張」開設之後，自己那一台的收入，便馬上縮減三分之一。是可忍，孰不可忍也！

沙皮狗到底是老謀深算之輩。儘管內心不滿已極，但跟師爺譚道左相逢時，還是拉手拍膊，親熱一番，表面上不動聲色；而師爺譚也以為把弟大仁大義，實踐「有福同享」的「誓言」，不會介意自己插上一腿。實則殺機早伏，險象環生了！

那天晚上，也是師爺譚開檔後的第四天。華燈初上，客似雲來之際，由沙皮狗的門生大隻成率領的四名打手，蜂擁而來，上前搗亂。師爺譚正在檔口招呼顧客，一看勢色不同，便立即上前制止。他是認識大隻成的，但大隻成這時卻仰面朝天，假裝不認識他。平日譚叔前、譚叔後的叫個不停，這時卻板起面孔，完全像另一個人了！跟着，便吩咐手下，把汽燈及各種賭具砸個落地開花。嚇得一般賭客雞飛狗走，場面混亂之極。

師爺譚不禁惡向膽邊生。左手抓着大隻成的衣領，右手指向對方眼睛，大喝：「阿成，你瘋了不成？」不料大隻成一手撥開揪着衣領的手，一言不發，掄起身旁的一張橋櫈，沒頭沒腦的狠劈而下。

師爺譚文質彬彬，不善毆鬥。他的兩名馬仔早已嚇到面無人色，縮在一旁，不敢上前搶救。只聽「哎吔」連聲，師爺譚已被打倒在地，連那副近千度的近視眼鏡，也給砸碎了！眼鏡一失，眼前景象一片模糊，只有大叫救命，在地下滾來滾去。

沙皮狗的囑咐，是要大隻成裝作不知就裏，把師爺譚痛打一頓，也就算了。但大隻成這時殺得性起，大哥的吩囑早已置諸腦後。恰巧師爺譚滾到他的腳下，一把將他牢牢抱着，幾乎弄到四腳朝天。不禁惹起真火，把橋櫈狠狠向下一插！

可能師爺譚命該如此。這一插，正中下體要害，一聲慘叫，當場暈厥。大隻成也知闖下了彌天大禍，急忙拋下橋櫈，呼嘯一聲，和四名同伴飛奔離開現場。這一來，附近賭檔紛紛偃旗息鼓，鳴金收兵。剎那間，本來還鬧哄哄的一處地盤，馬上便變成鬼墟一樣。

說也奇怪，弄出人命的現場，距離油麻地警署只是一箭之遙，卻很久很久沒有警察趕到。暈在地下的師爺譚，竟然緩過氣來，慢慢的爬出榕樹頭，由途人扶持之下，截了一部的士返回家中。

師爺譚的家，是在西洋菜街的一處天台木屋。當他連爬帶滾的返抵上址時，又再度昏了過去。跟他住在一起的黎君（目前在一家建築公司任賣樓員之職），不禁大吃一驚。於是把他背下樓梯，打電話通知救傷車，送入醫院急救室。

次日上午，黎君被通知前往醫院。主診醫生告訴他，傷者的睾丸被硬物搗碎，仍在搶救之中。同時也詢問傷者何以如此。黎君實在一無所知，只能將當時傷者爬行返家的情形相告。醫生表示，傷者分明是被人打成這個樣子的，自己跌傷或碰傷的情形，絕對不會這樣。倘若黎君真的不知原因，便只有交由警方駐醫院的「意外傷亡調查組」辦理。黎君實在無可奉告，只好任由院方處理。

當天下午，師爺譚作回光返照的甦醒。「意外傷亡調查組」的探員，便把握時機，向他錄取口供。可能這個老江湖還謹遵「打死不報警」的「信條」罷，任憑探員如何詢問，一於沉默無言。稍後，黎君也前來探視，師爺譚只寫了幾個字：「請照顧我的養女。」便又昏迷過去。當天晚上，終於返魂無術，在休克中噏下了最後一口氣。

事後，黎君曾被警方再度傳訊，但也實在問不出甚麼名堂。警方對此雖然有所懷疑，但又無法找尋致死原因。何況當時仍在「兵荒馬亂」之中，也只好不了了之！

師爺譚未死之前，冷清清的無人過問，死了之後，情形又大大不同了！首先由沙皮狗通知仍然留港的「十八虎」（部份已被遞解出境），然後親自把遺體接出來，送入九龍殯儀館，並派專人到南丫島把死者的養女（當時年僅四歲，寄養於南丫島某農戶）接出九龍，披蔴戴孝，開喪殯殮，一切費用當然由沙皮狗一力承擔，留港的「十八虎」也紛紛致送奠儀，拜祭這位二兄（「十八虎」中，死者排行第二）；沙皮狗及豬油仔還俯伏靈前，號啕大哭。真是「英雄有淚不輕彈，只緣未到『傷心』處」了！

黎君和死者的關係，是中學時代的同學，但他卻不是黑道中人。當他在靈堂目睹這群大阿哥「搥心泣血」的悲痛情形，還以為黑社會中真有「義氣」存在，為之感動不已。及後陸續獲悉師爺譚的真正死因時，又不禁拍案大罵：「原來如此！」

最滑稽的還是死者棺木移上靈車時，沙皮狗還率領各「虎」，上演一齣「扶柩」活劇。棺中人有知，不伸出「鬼手」給他幾記耳光才怪！至於兇手大隻成，早已拿了三千元旅費，到澳門去耍樂一番了！

死者的養女，還獲得沙皮狗這位「世叔」致送的一萬元教養費。屈指算來，這位在南丫島長大的女孩，今天已是亭亭玉立，二八年華了！筆者由衷祝福她有個美好的將來，雖說「父仇不共戴天」，但這些已成過去的社會悲劇，糊裏糊塗，不聞不問也就算了！

本來想拿五個不同的「故事」，組成「黑海傳奇」一節。但類似的「故事」，一百個甚至一千個，筆者也可以寫將出來。而且，也保證每樁都是千真萬確的事實。不過多寫了，就算讀者不嫌煩膩，筆者也有「架床疊屋」之感。因此，餘下的一個，便在這種情形之下，「免了」也罷！

單從上述的四樁「故事」中，我們不難體會到黑社會組織的本質，和黑人物的作風了！舉此四例，以證其餘，本節就此結束。

（十）所謂「大圈仔」的探討

黑社會圈中所指的「大圈仔」，係指由中國大陸合法或非法進入香港居留，進而成為職業或業餘罪犯人物的泛稱。上文已略有解釋，在此不再贅述。本節要和讀者研討的問題，是下列數項：

1．何以有「大圈仔」這個名詞產生？

2．「大圈仔」是橘逾淮而枳，抑或其本身在中國大陸時即已具有惡劣本質，到香港後便自然而然地成為罪犯者？

3．「大圈仔」有無組織系統？與「陀地」黑社會各組合的關係怎樣？

4．香港的客觀環境，對「大圈仔」發生甚麼影響？

「大圈仔」稱謂　歷史頗長久

「大圈」即省城，這是黑社會的「背語」之一。在戰前，香港及廣州兩地的黑社會勢力，正在發展到如火如荼之際，廣州方面的「粵東」、「洪勝」……等黑社會人馬，經常來港活動（逃避緝捕或與「陀地」黑人物共同作案等），而「陀地」的黑人物，對這些來自五羊城的「龍兄虎弟」，一律稱之為「大圈仔」。故而此一名稱，在戰前已經存在，絕非由今日始。

一九六二年夏，大批東南各省的人，麕集廣州，伺機以非法方式進入香港；迨至「文化大革命」開始，紅衛兵派系鬥爭達到最高潮時，在武鬥中失勢的一派，往往被逼至走投無路。當時的形勢，是有理說不清，有冤無路訴。某些「敗下陣來」的人馬，頗有「天地雖大，無容身之所」之感。因此，除卻冒險逃亡海外，已難有其他途徑。

十多年來，在上述情形之下，非法進入香港的各省（自然仍以廣東省為最多）人士，據估計超過五十萬人。十多年後的今天，這些人有的已移民海外；有的已成家立業，落地生根；有的胼手胝足，以勞力博取溫飽，其中極為少數的一撮，由於各種原因，淪為職業或業餘罪犯。據圈內人估計，完全不務正業，專門以犯罪為「職業」的絕不超過一千人。如果以五十萬和一千比百分比，那真是微不足道的比例。

而這一小撮人，便被圈內人稱之為「大圈仔」。

上文指出的「各種因素」，包括有：

1．厭惡勞動，不甘食貧者；

2．願意工作或繼續就讀，但到處遭人白眼，或加以冷嘲熱諷，為了求生，逼得鋌而走險者；

3．原本已找到了噉飯棲身之所，但待遇微薄（據筆者所知，一些非法進入澳門的人，僱主除供應兩餐之外，月薪竟低至一百元葡幣），且經不起物質引誘，從而淪為罪犯者；

4．在「文化大革命」迭次「武鬥」中，早已養成兇狠暴戾之氣（一名姓林的青年，經常炫耀自己在湘省長沙一場武鬥之中，格斃對方七人）。來港後認為警方力量薄弱，憑藉過去「鍛煉」出來的「技能」，犯罪作案，必能「得心應手」者；

5．本來無意犯罪作案，但眼看同儔們淪為職業罪犯後，賺錢如此容易，不禁見獵心喜，從而「跟着幹」者。

除了上述各項之外，自然還有其他因素存在。不過原則上仍脫不了上列的幾項範圍。筆者接觸此類「大圈仔」幾達二十名，淪為盜匪的原因仍以二、三項為最多。

環境實無關　責任應自負

如果以「實踐是檢驗真理的唯一標準」的理論而言，這一小撮被人稱為「大圈仔」的人，所引致的大、小惡果（大則被若干人拿來作抨擊中國的藉口；小則個人自作自受，作案時被當場擊斃，或事後被捕判刑），一切都應由其個人負責，絕不能推諉到甚麼「環境」、「誘惑」、「生活」……等上面去！

關於此點，不必再行詳加分析。五十萬人之中，有四十九萬九千人都能適應環境，循正常途徑生活下去，單獨這一千人就會「為勢所逼」才「誤入歧途」？明乎此，根本就不必替這一小撮人作甚麼解釋、辯護了！

至於論及是否「橘逾淮而枳」的問題，如果說中國大陸的青少年，都是在毛澤東時代長成，其品質自然也不會太壞，只怪香港是個五光十色的殖民地，才把這些「好人」熏陶成為「壞人」。此一說，也是不合實際的。其實過去一年來，中國大陸各大城市公開審訊各類搶劫、盜竊、強姦……等刑事犯，早已公開報道。一個接近十億人口的國家，絕不可能沒有壞分子，出了一些壞分子，應該是不足為奇的。故而「橘逾淮而枳」的理論亦難以成立，縱然這些「大圈仔」之中確有個別此一類型人物。

遭遇頗相同　姑舉一實例

廖×雄（綽號「大圈雄」），三十一歲，廣東雲浮人，一九六八年四月偷渡來港。十年來，曾犯有暴力行劫、盜竊、藏有攻擊性武器及嚴重傷害他人身體等罪名，先後坐牢四次，合計刑期為六年零一個月又十七天。坐牢時間，佔來港時間幾達十分之七。

廖係一九六六年的華南師範學院附中應屆畢業生，是年底，加入「八一紅色造反團」，與敵對派迭次武鬥，受傷三次之多。其後被打為「反革命」，被對方「圍剿」，幾乎連性命也丟掉。於是溜回鄉間東藏西躲。其後，風聲緊急，如再不設法逃亡，勢難保存性命。於是逃到邊界，在月黑風高之夜，攀梧桐山，越深圳河，像千千萬萬的逃亡者一樣，非法進入港境。

可能廖×雄的命運特別坎坷，進入港境後卻被馬草龍的兩名居民強挾返家，禁錮起來，準備勒索其在港的親友。

說來可憐得很，廖×雄唯一在港的親屬，僅有一個身為女傭的堂姐，彼此間連面也沒見過，只是每年通訊三幾次而已。但那位堂姐卻不像一般香港人那末涼薄，毫不猶豫拿出一千二百元，協助這位海角逃亡的堂弟進入市區。

此後的一年內，廖×雄幹過雜工，送外資，搬送員……等工作。但從來未有賺到超過五百元的月薪。在油麻地菓欄做搬運員時，竟被別人嘲為「逃兵」；在閒談中他偶然提及中國大陸情形時，又往往給別人反駁：「你說大陸這樣好那樣好，香港則是人吃人的社會，那你為何千辛萬苦跑來此地？苦海茫茫，回頭未晚，我給你二十元路費返回大陸吧……。」如此這般之下，廖×雄覺得苦悶、徬徨、憤激、自卑。精神物質，兩皆空虛。犯法之念，不禁油然而生。於是，便開始單獨或夥同別人作案，終於成為案底纍纍的典型「大圈仔」。

在筆者接觸的「大圈仔」中，和廖×雄的遭遇大同小異的，幾乎佔十分之九。表面看來，這些人全是為了「時勢所逼」。但進一步分析，卻並不一定是那回事。受人嘲諷便會覺得困擾自卑嗎？生活平淡便要作奸犯科嗎？

總而言之，有「大圈仔」這類人存在，但並不普遍，更沒有成立黑社會堂口；至於這小撮人的所作所為，自然也不值得諒解。

自大如「夜郎」 「陀地」皆側目

至於「大圈仔」和「陀地」黑人物的關係，說起來相當微妙。你說他們之間完全沒有關聯嗎？但彼此之間卻經常攜手作案；說他們之間有「手足」（指黑社會關係）情誼嗎？事實上「大圈仔」跟黑社會組合卻沾不上邊。在互相利用之下則臨時合作；有利害衝突時則互相砍殺。在既無利用又無衝突之下，則等同陌路，毫不關聯。

「陀地」各堂口的黑人物，對「大圈仔」的態度是「敬而遠之」。「敬」的方面，由於「大圈仔」極少被警方利用充當「鬼頭仔」，聯同作案失手時，亦很少在刑求之下供出同夥；「遠」的方面，則因「大圈仔」一般作風倔強，少有「陀地」黑人物那種爾虞我詐，吃裏扒外的作風。而且，「大圈仔」多數曾經參加「武鬥」，「開片」時奮不顧身，所向披靡，絕非一般「陀地」黑人物所能比擬。因此，提起「大圈仔」三個字，本地江湖人物無不忌憚三分。

「大圈仔」雖然沒有「設壇立舵」，但卻有個別參加「陀地」各堂口的。例如上文提及的「大圈雄」，便已被「十四K」招攬入夥；另一名綽號「高佬賢」的，亦已成為「同新和」的「紅棍」，不過，比例上較為少有罷了！

「黑幫」與「黑幫」之間發生摩擦，需要「講數」解決時，進行中自有一套儀式（互相盤問及打出手勢等）。但「大圈仔」並無堂口組合，對「陀地」黑社會的手勢、背語，亦均「不求甚解」。萬一雙方進行講數時又怎樣呢？就筆者所知，就曾經發生過以下的一則笑話。

一九七八年十一月間，「和記」的兩名嘍囉，打聽到紅磡街市一名擁有兩張肉枱的老闆，每晚收市時必經馬頭圍道差館里附近。但這兩名「勝和仔」卻不敢下手，於是便找到一名綽號「沙膽成」的「大圈仔」合作。由後者下手，而前者則分回「線費」。

商議既妥，「沙膽成」夥同另一名「大圈仔」進行截劫，手到拿來，十分順利。事前「勝和仔」估計肉枱老闆身上款項，絕不超過一萬五千元。故而議定事後分取四千五百元（三成）「線費」。不料當天那名肉商剛好標了一份日會，身上現款竟達四萬元之鉅。於是，爭執發生了！

「勝和仔」要分四萬元的三成；但「大圈仔」則堅持事前協定，只給予四千五百元。一言不合，大打出手。「勝和仔」落荒而走，找到「大阿哥」肥球出馬，與「大圈仔」講數。

講數地點係窩打老道近海旁的一家茶樓。肥球自恃為「和記叔父」，一開始便以黑社會背語向對方盤問。不料對方問非所答，例如：

和：「請老兄交出『風詩』！」

圈：「甚麼『風詩』老子不懂，只知『紅旗派』打過『東風派』！」

和：「請仁兄過五關！」

圈：「老子來香港是過過五關的，廣州站、深圳站、梧桐山、深圳河、邊防禁區，是為老子的過五關！」

這一來，把身為「叔爸」肥球弄到啼笑皆非。結果，這枱「數」當然「講」不下去，不了了之，而這則笑話則傳遍了黑圈之內。

在監獄中，各黑幫分堂別類時，「大圈仔」多數列入「四大」之內。其原因何在？有無其他意義，筆者暫時無法指出。相信這是「偶然」開始，以後則成為「傳統」吧！

寫在後面

由於搜集及印證資料，脫稿時間竟比預期出多四十餘天。再把原稿從頭到尾校閱一番之後，仍有「意猶未盡」之感。

因為黑社會組織問題是世界性問題，除了為非作歹，專門和法律作對這點本質均盡相同之外，其他如背景、歷史、發展過程、組織系統⋯⋯等等，都各有差別之處。至於各地警方對付黑社會的原則（手法），自然亦有寬有緊，不盡雷同。別說歐美各國了，單以亞洲而論，日本和泰國對付黑社會組織的手法就似乎較為「寬大」（也許當地在立法時對此不大重視之故），所以上述兩國的黑人物也特別活躍。至於香港，自從一九五六年黑社會大暴動之後，香港政府總算受過「教訓」，於是痛定思痛，先後增設若干專門律例，以限制黑社會組織活動；而警方也特別設立反黑部門，從事鎮壓。只可惜以後的十多年之中，警、黑互相勾結，朋比為奸，弄出個「百花齊放」的局面。於是，若干貪官的財富大大的增加了，而黑社會組織也在這般情況之下，日益坐大，聲勢和作惡程度，較諸一九五六年前，不知擴大了多少倍。

筆者的一位世侄輩K君，去年才卒業於中文大學社會系。某次跟筆者談起香港黑社會問題時，他認為「以香港警方的力量，要將黑社會分子的活動壓制到最低程度，絕非難事。但以歷年事實而論，警方高層人物把執行責任全部放在中、下層員佐身上，這些負責執行的人卻採取敷衍塞責態度，從不積極行動，因而黑社會勢力日益擴大，一般市民所受禍害也日漸增加。如果讓這種情形延續下去，則反黑工作有等於無，徒然浪費納稅人的金錢而已……」

當然，K君雖然放下書包還沒多久，實際的社會經驗也還「嫩」了一些，但理論上確屬一針見血，一語道破了反黑工作無法推行的癥結。實則除此之外，高高在上的官員和「高等華人」，沒有「機會」嘗試到黑社會的滋擾和迫害，也是主要因素之一。有關此點，已於上文詳細論及了。

還有一點，可能被執法人員和社會工作者疏忽了的，就是如何輔導誤入黑道的青少年走上正道，這應該是一項非常值得研討的問題。

參與黑社會組合的青少年也是人，他（她）們之誤入歧途，也具有各種不同的因素。

相信一時糊塗，而事後深感後悔的亦大有人在。假設有這麼一個人，起初被迫（或自願）加入黑社會組合，其後深深知錯，要跳出這個「黑圈」，應該怎樣做才對呢？

以筆者所知，實在找不到較為完善的辦法。因為脫離黑社會組合，不同於離職、分居、退股……等問題，在報紙上刊出「聲明啟事」，讓親朋戚友都知道這回事便算一清二楚；此外，警方曾經呼籲藏有攻擊性武器者，在限期內交出武器便絕不追究，禁毒部門亦曾呼籲吸毒者前往登記，接受美沙酮治療，且還絕對守秘。可是有關部門，會號召誤入黑社會的市民，登記自新嗎？相信任何人都知道沒有這回事。

有人認為黑社會組合並非合法團體，只要你斬斷一切關係，不再跟其他黑人物廝混，不就一了百了？

這條路是行不通的。只要對黑社會問題稍有認識的人，都知道要抽身退出並非說說那麼簡單；而且，你不跟他們廝混，他們也會上門找你惹你，甚至嫁禍你迫害你。黑社會的傳統規矩，只有「轉會」而無「退出」，正如特務組織一般，一經加入，便成為「終身職業」了！

亦有人說，要脫離黑社會組合，儘可依照法律行事。只要到警署自首（經濟環境許可的更可以請個律師陪同前往），經過法庭判決之後，便可以脫離組合，堂堂正正重新做人了！

這條路也是似通不通的。也就是上文曾經一再提及的「洗底」。此項辦法，經過自首之後，法庭只是根據控方檢控的「身為黑社會會員」的罪名，而作出警誡、簽保、緩刑等處分，並非證明你今後不再是黑社會會員，還你清白。更沒有法律上的保障，使別人認為你已經不是黑人物；此外，還留下「身為黑社會會員」的案底。

即使有人認為「洗底」是法理上唯一可行（宣告脫離黑社會組合）的辦法，但今後這個給「洗」過的人的出路是怎樣呢？投考公務員絕對不會被取錄，要到海外向警方申請發給「良民證」絕不會發給，要加入大機構工作嗎？也會因人事部門向警方查詢有無刑事記錄時而被摒諸門外。至於家人親友，是否會因為你「洗」過「底」而產生良好觀感也成問題。因此，「洗底」既不能還你清白，也不可能改變別人對你的觀感。

如此說來，一經加入黑社會組合，豈不「一失足成千古恨」，永遠沒有自新的機會？非常遺憾，以目前的法律而言，正是如此。因而許多誤入歧途的青少年，即使加入黑社會後，很快便認識錯誤，但社會上並沒有一條路給他（她）們退出。久而久之，連那一點點後悔之心也消失了，進而仇視社會，泥足深陷。主、客觀環境都逼使他（她）們變本加厲，進而成為職業罪犯，永無悔改之期。這是千真萬確，不可忽視的事實，絕非筆者危言聳聽，誇大渲染。

筆者在拙作《香港昔日監獄生活真相》一書中，客觀地報道出若干監獄黑幕。其後，監獄當局在行政及管理方面，逐漸地走上軌道；在另一拙作《香港毒品氾濫真相》一書中，指出香港政府莫視禁毒宣傳，以及戒毒機構的病牀不足。結果，官方及社團掀起了大規模的戒毒宣傳運動，美沙酮戒毒中心也遍設港九。但筆者還懂得「自量」二字，在此鄭重聲明，這都是巧合的事，絕非人微言輕的筆者湊拼出來的文章，能夠「上達天聽」。這本書出版之後，也希望再有一次巧合，執政諸君能夠想出一個合乎情、理、法的條例，安排一條出路，使若干回頭是岸的黑人物，得以脱離黑色魔掌，在社會上挺起胸膛、豎起脊樑，重新成為一個有用的市民。如此，在消長相對的情形下，未嘗不是一種積極的反黑政策。

此外，宣傳方面，也應該不遺餘力，揭開黑社會組合的神秘面紗，使廣大市民對它不再存有畏懼的心理；對於加入黑社會組合的害處，亦應大力宣傳，使逡巡於黑色大門外的青少年，有所認識、有所警惕，則「大阿哥」們招兵買馬的工作，勢必受到嚴重打擊。

目前，數目龐大的黑社會人物之中，老的一輩多已「金盆洗手」銷聲匿跡了；中年一輩，經過若干風霜雨雪，大都進入「撈到化」的階段（倒數五年之中，在法庭被控的疑犯，絕少超過四十歲的）；剩下來仍在搞風搞雨的，絕大多數是三十以下的「初生之犢」。如果針對這些誤入歧途的青少年下功夫，一方面以嚴刑峻法懲罰怙惡不悛者，一方面對具有悔改之心的，安排出路輔導自新。如此恩威並濟，軟硬兼施，相信三年之後，香港黑社會問題，再不會是「提起令人頭痛」的嚴重問題。世間沒有解不開的死結，何況香港的警察部門，擁有二萬人員，是全部進入現代化的強大隊伍？

在警察各級人員，也應減低「破案全靠線人」的依賴性。須知「線人」也者，百分之百屬於黑人物。跟這類人打交道，無異引虎驅狼，極容易產生「警黑掛鈎」弊端。此外，多點和市民接近，多點培養像「少年警訊」一類組織，相信比較依賴「線人」供給線索好得多了！

最後，香港之有黑社會組合，上下幾達百年。以筆者一枝禿筆，一人所知，要將所有黑社會問題巨細無遺地羅括本書之內，實在無此可能。而且對一些毫無根據，或者誇大附會的傳說，一概不予記述。在寧缺毋濫的原則下，疏漏之處，在所難免。在此謹盼讀者包涵則個！

最後，對於港、澳、台三地的多名「叔父」（老大姐）輩，或提供內幕資料，或出示「珍貴文獻（堂口的手抄本）」，使本書內容不至太過空泛，對他（她）們再致由衷謝意。至於人數統計，則係根據各堂口的「執事者」約略估計，自難與確實數字相符，於此合併聲明。